ケイスメソッド

民法 II 物権法

湯川益英　大窪久代　工藤 農　舘 幸嗣
上條 醇　小林秀年　伊野琢彦

不磨書房

―――― 〔執筆分担〕 ――――

湯川　益英（山梨学院大学教授）　　　　　　*No. 1 ～ No. 9*
大窪　久代（近畿大学短期大学部助教授）　　*No. 10 ～ No. 15*
工藤　農　（東北福祉大学教授）　　　　　　*No. 16 ～ No. 20*
舘　幸嗣　（中央学院大学教授）　　　　　　*No. 21 ～ No. 26*
上條　醇　（山梨学院大学教授）　　　　　　*No. 27 ～ No. 36*
小林　秀年（東洋大学教授）　　　　　　　　*No. 37 ～ No. 43*
伊野　琢彦（山梨学院大学講師）　　　　　　*No. 44 ～ No. 52*

―――― 〔執筆順〕 ――――

はしがき

　昨年出版された『ケイスメソッド民法Ⅰ　総則』に引き続いて，『ケイスメソッド民法Ⅱ　物権法』を出版することになった。『民法Ⅰ』は，比較的平明で事例ごとに完結しているためにわかりやすかったと学生諸君から言われ喜んでいる。今回の『民法Ⅱ』も『民法Ⅰ』と同様の体裁をとっているので，この方式に慣れてほしいと思う。

　ケイスメソッドとは，具体的な事例を取り上げてその解釈を試み，そこからさまざまな原理を導き出すという手法をいう。したがって，まずケイスを取り上げ，本文を読み進むうちにその解決方法がわかる仕組みになっている。しかし，『民法Ⅱ』の扱う分野は，物権・担保物権という民法の中でもボリュームが豊かで難しい理論を多く含むところである。図解を取り入れるなどして，視覚的にもわかりやすくする努力をしたつもりである。しかしながら，もし難しいと感ずる学生諸君がいたなら，その場合は，六法全書を併用して何回も読んでいただきたい。繰り返し読むうちに徐々にわかってくると思う。

　物権法では，物権変動理論が，また担保物権法では抵当権が，民法の醍醐味といわれるところである。抵当権については，最近の経済状況の中で，従来からの考え方が変わりつつある。法律は必ずしも絶対的なものではないから，今後の民法改正の動きにも注目してほしい。

　ケイスメソッドという名称ゆえに判例の見解を中心に書かれているというイメージが先行してしまうかもしれないが，むしろ学説の見解を重視して書いている。学説があって判例がそれに続くという認識を忘れないでほしい。

　　2002年5月

執筆者代表

上　條　　醇

目　次

はしがき

I　物権総論

No. 1　物権の意義と物権法定主義 …………………………………………… 2
　　　　1　物権（法）の限界と意義　2　　2　物権法定主義　3
No. 2　物権の効力，物権的請求権 …………………………………………… 7
　　　　1　はじめに　7　　2　優先的効力　7　　3　物権的請求権　8

II　物権変動

No. 3　物権変動と公示・公信の原則 ……………………………………… 14
　　　　1　はじめに　14　　2　物権変動論・総説　14
　　　　3　物権変動と取引の安全　17　　4　公示の原則　18
　　　　5　公信の原則　19
No. 4　物権行為と債権行為 …………………………………………………… 20
　　　　1　はじめに　20　　2　学説・判例の概観　20
　　　　3　物権の移転時期と物権行為の独自性　23
No. 5　不動産物権変動の対抗要件（177条の第三者，背信的悪意者） …… 25
　　　　1　はじめに　25　　2　登記を必要とする不動産物権　25
　　　　3　登記を必要とする不動産物権変動　26
　　　　4　177条の「第三者」の範囲　26
　　　　5　単なる悪意者と，公示の原則・対抗要件主義　28
　　　　6　類似の問題　29
No. 6　意思表示の取消と登記 ………………………………………………… 31
　　　　1　物権の復帰的変動と登記　31　　2　取消と登記　31
　　　　3　類似の問題　32
No. 7　意思表示以外の原因による物権変動と登記 ………………………… 35
　　　　1　はじめに　35　　2　相続と登記　35　　3　時効取得と登記　36
　　　　4　公売・公用徴収と登記　37　　5　契約上の地位と登記　37
No. 8　不動産登記の意義と登記請求権 ……………………………………… 40
　　　　1　不動産登記の意義　40　　2　不動産登記の方法　41
　　　　3　登記請求権　45

v

目次

No. 9 登記（仮登記）の効力と中間省略登記 ……………………………47
 1 登記（本登記）の効力 *47* 2 仮登記の意義と効力 *48*
 3 予告登記 *50* 4 中間省略登記 *50*

No. 10 動産物権変動の対抗要件 ……………………………………………52
 1 民法178条の趣旨 *52* 2 対抗要件としての引渡の態様 *53*
 3 登記・登録 *54*

No. 11 受寄者は178条の第三者か ………………………………………56
 1 引渡がなければ対抗できない第三者 *56* 2 寄託物の譲渡 *56*

No. 12 即時取得の成立要件 …………………………………………………58
 1 即時取得の意義 *58* 2 即時取得の成立要件 *58*
 3 動産の即時取得の効果 *60*

No. 13 盗品および遺失物について ………………………………………62
 1 盗品・遺失物の特則 *62* 2 盗品および遺失物 *62*
 3 効果 *62*

No. 14 明認方法 …………………………………………………………………64
 1 明認方法 *64* 2 明認方法による対抗 *64*

No. 15 物権の消滅 ………………………………………………………………66
 1 消滅原因 *66* 2 目的物の滅失 *66* 3 消滅時効 *66*
 4 放棄 *66* 5 混同 *67*

Ⅲ 占 有 権

No. 16 占有権の社会的機能 …………………………………………………70
 1 占有制度 *70* 2 多元的構成 *71* 3 占有の成立 *72*
 4 準占有 *74*

No. 17 占有の形態 ………………………………………………………………78
 1 代理占有 *78* 2 占有の態様 *80*

No. 18 占有権の取得 ……………………………………………………………85
 1 はじめに *85* 2 意思にもとづく占有の移転 *85*
 3 占有権の相続 *87* 4 占有権の消滅 *89*

No. 19 占有権の効力 ……………………………………………………………93
 1 はじめに *93* 2 権利の推定 *93* 3 果実の取得 *95*
 4 滅失・毀損の責任 *96* 5 費用償還請求権 *97*
 6 家畜外動物の取得 *98*

No. 20 占有訴権 …………………………………………………………………101
 1 占有訴権の存在理由 *101* 2 占有訴権の法律的性質 *102*

　　　　3　占有保持の訴え　*103*　　4　占有保全の訴え　*105*
　　　　5　占有回収の訴え　*106*　　6　占有訴権と本権の訴えとの関係　*108*

Ⅳ　所　有　権

No. 21　所有権の性質と内容 ··· 112
　　　　1　所有権の意義・性質　*112*　　2　所有権の内容と制限　*113*
　　　　3　所有権の客体と土地所有権の範囲　*115*

No. 22　相　隣　関　係 ··· 117
　　　　1　意義　*117*　　2　隣地立入権・隣地通行権　*117*
　　　　3　境界に関するもの　*118*　　4　境界に関しないもの　*121*

No. 23　建物の区分所有法 ··· 124
　　　　1　区分所有法の制定　*124*　　2　昭和58年の大改正　*125*
　　　　3　区分所有法制定後の主たる問題点　*126*
　　　　4　マンション適正化法と区分所有法の改正の動き　*128*

No. 24　所有権の取得 ··· 131
　　　　1　所有権の取得とは　*131*　　2　無主物先占　*131*
　　　　3　遺失物拾得　*132*　　4　埋蔵物の発見　*133*　　5　添付　*134*

No. 25　共有の形態と性質 ··· 137
　　　　1　共有の意義・本質　*137*　　2　共同所有の形態　*138*
　　　　3　共有関係の成立　*138*　　4　共有持分の決定　*140*
　　　　5　持分権の処分・主張　*140*　　6　共有物の使用　*141*
　　　　7　共有物の収益・処分　*142*

No. 26　共有物の分割 ··· 144
　　　　1　共有物の分割　*144*　　2　準共有　*146*

Ⅴ　用　益　物　権

No. 27　地上権と賃借権による借地権 ··· 150
　　　　1　地上権と賃借権　*150*　　2　新借地借家法の制定　*151*
　　　　3　賃借権の物権化　*151*　　4　地上権　*152*

No. 28　永　小　作　権 ··· 155
　　　　1　永小作権の意義と法的性質　*155*
　　　　2　永小作権の取得と存続期間　*155*
　　　　3　永小作権の効力　*156*　　4　永小作権の消滅　*156*

No. 29　地役権・入会権 ··· 158
　　　　1　地役権の意義および性質　*158*　　2　地役権の種類　*158*
　　　　3　地役権の取得　*159*　　4　地役権の効力　*159*

目　次

Ⅵ　担保物権

No. 30 担保物権の機能と通有性 ··· *162*
　　1　担保物権の意義と種類　*162*　　2　担保物権の性質　*162*

No. 31 留　置　権 ·· *165*
　　1　留置権の意義　*165*　　2　留置権の成立要件　*165*
　　3　留置権の効力　*166*　　4　留置権の消滅　*168*

No. 32 先　取　特　権 ··· *170*
　　1　先取特権の意義および種類　*170*　　2　先取特権の効力　*172*

No. 33 質権と抵当権の比較 ··· *175*
　　1　質権と抵当権の相違　*175*　　2　質権と抵当権の社会的機能　*176*

No. 34 質権の設定と効力 ··· *178*
　　1　質権の設定　*178*　　2　質権の効力　*179*

No. 35 転　　　質 ··· *183*
　　1　転質権の意義　*183*　　2　責任転質　*184*

No. 36 抵当権の意義および性質 ·· *186*
　　1　抵当権の意義　*186*　　2　抵当権の設定　*186*

No. 37 抵当権の効力の及ぶ範囲 ·· *189*
　　抵当権の効力の及ぶ範囲　*189*

No. 38 優先弁済権 ··· *193*
　　1　抵当権の優先弁済的効力　*193*
　　2　抵当権者と他の債権者との優劣関係　*193*

No. 39 抵当権と用益権の関係 ··· *196*
　　1　抵当権と用益権の関係　*196*　　2　短期賃貸借保護　*197*
　　3　法定地上権　*199*

No. 40 抵当権と第三取得者との関係 ·· *202*
　　1　抵当不動産の第三取得者の地位と保護の必要性　*202*
　　2　代価弁済　*203*　　3　滌除　*204*

No. 41 抵当権の侵害 ··· *206*
　　1　抵当権侵害の意義　*206*　　2　抵当権にもとづく物権的請求権　*206*
　　3　抵当権侵害に対する損害賠償請求権　*206*
　　4　期限の利益の喪失・増担保請求　*207*

No. 42 抵当権の処分 ··· *209*
　　1　抵当権処分の意義　*209*　　2　転抵当　*209*

目　　次

　　　3　抵当権の譲渡・抵当権の放棄　210
　　　4　抵当権の順位の譲渡・抵当権の順位の放棄　212
　　　5　抵当権の順位の変更　212
No. 43 抵当権の消滅 ……………………………………………………214
　　　1　抵当権の消滅に関する特則　214　　2　抵当権の時効消滅　214
　　　3　抵当不動産の時効取得による消滅　215
　　　4　抵当権の目的である用益権の放棄による消滅　215
No. 44 共 同 抵 当 ……………………………………………………………217
　　　1　共同抵当の意義　217　　2　共同抵当権の設定と公示　218
　　　3　共同抵当の効力　218　　4　物上保証人・第三取得者との関係　220
No. 45 根抵当権の意義 …………………………………………………223
　　　1　根抵当制度の制定　223　　2　根抵当権の内容　224
No. 46 根抵当権の設定 …………………………………………………226
　　　根抵当権の設定　226
No. 47 根抵当権の効力（処分）………………………………………230
　　　1　根抵当権の処分　230　　2　根抵当権の処分方法　230
No. 48 共同根抵当 ………………………………………………………234
　　　1　共同根抵当の意義　234　　2　純粋共同根抵当　235
　　　3　累積式共同根抵当権　236
No. 49 特別法上の抵当制度 …………………………………………238
　　　1　特別法上の抵当権の意義　238　　2　立木抵当権　238
　　　3　動産抵当　239　　4　財団抵当　239
　　　5　工場抵当権（狭義の工場抵当）　240　　6　企業担保権　240
　　　7　証券抵当権　241
No. 50 譲渡担保の意義および性質 ……………………………………243
　　　1　譲渡担保の意義　243　　2　譲渡担保の法的性質　244
No. 51 譲渡担保の効力 …………………………………………………247
　　　1　不動産譲渡担保の意義　247　　2　譲渡担保の対内的効力　248
　　　3　対外的効力　249
No. 52 仮登記担保 ………………………………………………………252
　　　1　仮登記担保の意義　252　　2　仮登記担保権の内容　253
　　　3　仮登記担保権の実行　254

　　解　　答 ……………………………………………………………………257
　　事項索引 ……………………………………………………………………271

〔参考文献〕

我妻　栄『物権法（民法講義Ⅱ）』1952　岩波書店
我妻　栄『新訂担保物権法（民法講義Ⅲ）』1968　岩波書店
我妻　栄ほか『民法Ⅰ総則・物権法』第三版全訂　1976　一粒社
柚木　馨『担保物権法（法律学全集19）』1958　有斐閣
柚木　馨編『注釈民法第9巻物権4』増補再訂版　1982　有斐閣
船橋諄一『物権法（法律学全集18）』1960　有斐閣
舟橋諄一編『注釈民法第6巻物権1』1967　有斐閣
林　良平編『注釈民法第8巻物権3』1965　有斐閣
川島武宜編『注釈民法第7巻物権2』1968　有斐閣
原島重義ほか『民法講義2　物権（有斐閣大学双書）』1977　有斐閣
高木多喜男ほか『民法講義3　担保物権（有斐閣大学双書）』1978　有斐閣
玉田弘毅『物権法Ⅰ』1978　啓文社
玉田弘毅ほか『担保物権Ⅰ』1978　啓文社
鈴木録弥『物権法講義』二訂版　1979　創文社
甲斐道太郎『入門法学全集5・物権法』1979　日本評論社
広中俊雄『物権法上巻（現代法律学全集6）』1979　青林書院新社
広中俊雄『物権法下巻（現代法律学全集7）』1981　青林書院新社
槇　悌次『担保物権法』1981　有斐閣
森泉　章編『民法Ⅰ（司法書士受験講座1）』1982　法学書院
水本　浩ほか編『新版民法（総則・物権）講義』1983　青林書院
星野英一編『民法講座2　物権(1)』1984　有斐閣
星野英一編『民法講座3　物権(2)』1984　有斐閣
三和一博ほか編『物権法要説』1989　青林書院
石田喜久夫ほか編『物権法（青林法学双書）』1993　青林書院
内田　貴『民法Ⅲ』1996　東京大学出版会
遠藤　浩ほか編『民法(2)物権（有斐閣双書）』第4版　1996　有斐閣
遠藤　浩ほか編『民法(3)担保物権（有斐閣双書）』第4版　1997　有斐閣
鳥谷部茂ほか『導入対話による民法講義（物権法）』1998　不磨書房
内田　貴『民法Ⅰ』第2版　2000　東京大学出版会
松井宏興ほか『プリメール民法2物権・担保物権法』2000　法律文化社
田山輝明『通説　物権・担保物権法』第2版　2001　三省堂

I 物権総論

I 物権総論

No. 1　物権の意義と物権法定主義

〈CASE〉　AはBに1,000万円の金銭を貸与したが，Bは期日を過ぎても返済しなかった。この際，Aは，Bに対して，貸金債権としてもっている財産を，所有権にもとづいて返還請求することができるか。

1　物権（法）の限界と意義

　日本民法典は，財産法上の権利を，物権と債権に大別し，対置している。
　物権とは「物に対する直接的・排他的支配権」であり，債権とは「特定の人に対して特定の行為を要求することができる権利」であると一般に説かれている。物権は，万人に対して主張できるゆえ「絶対権（対世権）」と称され，不可侵性をもつ。他方，債権は，債務者のみに対する権利であることから「相対権（対人権）」と称され，不可侵性をもたないと解されてきた（ただし，第三者による債権侵害に対して不法行為が成立する場合がある）。また，同一物に対しては同一内容の物権は成立しない（一物一権主義，なお，「一物一権主義」は別の意味でも用いられる〔『ケイスメソッド民法Ⅰ』82頁以下〕）が，同一の債務者に対しては同一内容の複数の債務が成立しうる。物権には排他性があり，債権には排他性がないといわれるゆえんである。
　「物権法」は，有体物所有権を基軸として体系的に構成されている。もっとも，後述するように，法は，有体物以外の「物」をも排他的支配の対象にする。
　そこで，以下の記述においては，有体物，広義の「物」や「集合物」，さらに「債権」に対する排他的支配を，「所有権」概念と区別して，「私的所有」と表記する（川村泰啓『商品交換法の体系(上)』17頁以下を参照）。
　ガイウスの『法学提要』にはじまる物権と債権の対置のドグマーティク，また，上記のような「物権法」の体系構成は，有体物のみが私的所有の客体として現れたローマ社会の所有の構造に制約されてなったものである。
　さらに，近代私法学の父と称され，わが国民法の母法の1つであるドイツ民

法に多大な影響を与えたサヴィニーも，人間の意思の対象となるものとして，「不自由な自然」と「他の人格」を挙げ，「不自由な自然」は一定の空間的限定の下でのみ意思支配の対象となるにすぎず，こうした「限定された自然の一部」が物（Sache）であるとする（「他の人格」を対象とする法的関係は債権＝債務（Obligation）と家族（Familie）に分類される）。

それゆえ，これを継受した日本民法典の物権編もまた，有体物に対する特別支配権として抽象化された「物権」関係についての法規範である。すなわち，その「全面的」支配権である所有権を完全物権として規定し，これに所有権から派生してくる諸権利を「一面的」支配権である制限物権として追加規定する。

上記のように，一定の歴史的制約によって，財産法上の権利を区分することは，所有権のような典型的な物権や，典型的な債権については合理性を有する。

しかしながら，近代の資本制経済の確立，科学技術の進歩による商品の多様化，市民の価値観や要求の多様化・複雑化によって，現代の商品交換社会においては，取引の基礎・起点となる私的所有の対象は，有体物に限定され得ず（たとえば，労働力の私的所有，無体のエネルギーの私的所有，特別法によって規定されている精神的創作物のうえへの私的所有など〔『ケイスメソッド民法Ⅰ』82頁以下を参照〕），さらに，集合物や債権さえも私的所有の対象と解されうる局面がみられる（たとえば，財団抵当制度，賃借権の物権化現象など）。

したがって，現代社会において，物権法は，私的所有の法理を，それがもっとも典型的な形をとって現れる「有体物の私的所有」に限定して規範化したものであり，さらに，人と物（＝私的所有の対象）との法的関係を規定した一般法としての意義を有することになる。

なお，占有権の規定は，所有権や制限物権（「本権」として占有権に対置される）の規定とは異なる「物権的支配の秩序維持」という意義をもって，物権法に収められている。

2　物権法定主義

(1) 物権の種類（図1−1）

民法が定める物権には，有体物（動産・不動産）の完全支配権であり，それを使用・収益し，さらに処分することによって交換価値を実現することができ

る所有権（*No. 21*～*No. 26*参照）と，所有権の権能の一部を分離して，権利の対象とする制限物権とがある。

制限物権には，使用・収益権能を対象にする用益物権と，交換価値を対象にする担保物権とがある。

用益物権は，他人の所有する土地の利用に関する物権であり，さらに，地上権，永小作権，地役権，入会権に分類される（*No. 27*～*No. 29*参照）。

また，担保物権は，留置権，先取特権，質権，抵当権に分類され，当該物権をあらかじめ設定しておくことによって，債務者が任意に債務の履行を行わない場合に，債権者がその目的物を処分して交換価値を実現し，そこから優先的に弁済を受けることを可能にする（*No. 30*～*No. 52*参照）。このうち，留置権と先取特権は，一定の条件の下に法律上当然に認められる「法定担保物権」であり，質権と抵当権は，当事者間の約定によって設定されうる「約定担保物権」である。

これら観念的タイトルとしての物権である「本権」に対置して，占有権という物権的な支配の現実（家に住んでいる，六法全書を携帯しているなど）を法的に保護する特殊な物権がある（*No. 16*～*No. 20*参照）。もっとも，事実上の支配なしに占有が認められる余地もあり（部屋を賃貸している場合，賃借人のみならず，賃貸人も占有を有する），「占有の観念化」と称される。

図1－1

物権	本権	所有権		
		制限物権	用益物権	地上権
				永小作権
				地役権
				入会権
			担保物権	約定担保物権	抵当権
					質権
				法定担保物権	留置権
					先取特権
	占有権			

(2) 物権法定主義の根拠と意義

物権は，民法をはじめ，法律によって定められたもの以外は，当事者が任意

に創設することはできない（175条）。これが「物権法定主義」である。つまり，新しく物権を創設することも，法律で定められた内容を逸脱して，既存の物権の内容を変えることも許されないことになる。

物権法定主義は，封建制度下の土地所有に関する複雑な拘束関係を廃し，市民社会において，自由な所有権を基軸とする明解な物権関係を創設するための原理であり，いわば，近代市民社会の理念の法における実現のひとつである。

物権法定主義に従って，物権が，所有権と制限物権その他に限定されたことは，物権の種類をあらかじめ明らかにすること，また，公示の利便にもつながり，実際の取引の安全の担保に資することになる。

(3) 物権法定主義と慣習法上の物権

ところで，民法あるいはその他の該当する法律の制定以前に，慣習法として存在していた物権，制定後に生じた商慣習としての物権などは，物権法定主義に抵触することになるのであろうか。

民法施行法35条は，民法施行前に既に発生していた慣習上の物権の効力を否定した。また，法例2条も慣習法上の物権の承認については消極的である。

しかし，判例は，市民社会の理念に反しないものについては，取引の混乱を防止するという見地から，いくつかの慣習法上の物権を承認する。水流利用権や温泉専用権（湯口権）は，判例で認められた慣習法上の物権として有名である（大判昭15・9・18民集19巻1611頁）。

民法制定後には，担保物権の領域で，多くの商慣習としての物権が生じている。民法に規定されている担保物権が典型担保物権と称されるのに対して，これら商慣習としての担保物権は，非典型担保物権と称される。

非典型担保物権のうち，根抵当権と仮登記担保権は，今日では実定法上の規定をもつにいたり，譲渡担保権は，判例によって承認されている（最判昭54・2・15民集33巻1号51頁，東京高判昭47・3・29判時667号57頁）。

Step up

●**債権の私的所有**　日本民法における所有権概念は，債権の私的帰属について当てはめることはできない。しかし，〈CASE〉におけるAの債権は，対価的相互性の論理が貫徹さるべき契約上の債権ではなく，それ自体独自な取引価

I 物権総論

値＝財産価値をもち，取引の基礎・起点となりうる。債権の譲渡性の保障や証券化といった法技術の存在は，「債権の私的所有」が法的に承認された例として理解することができよう。それゆえ，私的所有の論理を内在している債権，すなわち「債権の私的所有－物権的性質を有する債権－」といった概念が，整理概念として，また，規範概念としても一般に認知されるべきであると考える。

Practice

下記の各問の正誤を答えなさい。

問1． 物権は絶対的なものであるから，外から制約を受けることはない。（　　　）

問2． 債権は相対権であるから，排他性を有することはありえない。（　　　）

問3．「物」概念の拡大によって，所有権の対象は有体物だけではなくなった。（　　　）

問4． 占有権は，動産を実際に所持していなければ発生しない。（　　　）

| *No. 2* | 物権の効力，物権的請求権 |

〈CASE〉 AはBに所有する自動車を賃貸したが，賃貸期間が終了しても，Bは当該自動車を返さなかった。AはBに対してどのような請求が可能か。

1 はじめに

諸物権はおのおの独自の効力を有している（たとえば，不動産を使用する，そこから収益を得る，それを処分することによって交換価値を得る，その担保価値から優先弁済を受けるなど）が，ここでは，物権の一般的効力について説明する。

物権が通有している効力としては，優先的効力と物権的請求権の2つがあげられる。この他に，追及効（追及権）を3つ目の類型としてあげる見地もあるが，物が何ぴとの手に渡っても，権利者（たとえば，所有権者）がその物に追及して物権を行使しうる効力と定義される追及効（追及権）は，優先的効力の現れとして，あるいは物権的請求権の効果の1つとして把握することが妥当であると思われる。

2 優先的効力
(1) 物権相互の間での優先劣後

物権の排他性により，同一の物の上に同一内容の物権は成立しない。たとえば，Aの所有地の上にBの所有権は成立しえない。地上権・抵当権，その他についてもそうである。物権相互の間では，原則として，先に成立したものが優先して効力を有することになる。

ただし，先取特権相互あるいは先取特権とその他の担保物権の間の優劣については，公益ないし公平の観点から，成立時の前後によらず，法定されている（329条～332条・334条・339条）。

抵当権が成立した後に，同一の不動産上に，さらに別個の抵当権を設定する

I 物権総論

ことは可能である。この場合には，成立の順序（一番抵当，二番抵当といった順位）に従って，先順位の抵当権者が後順位の抵当権者に優先する。

なお，わが国民法は，対抗要件主義を採用するゆえ，登記を必要とする物権変動においては，物権の効力は，対抗要件具備の順序に従うことになる（詳細は，*No. 3* および *No. 5* で説明する）。登記は，後に本登記がなされるのであれば，仮登記でもよい（不動産登記法6条および7条，なお，*No. 9* 参照）。

(2) 債権との優先劣後

同一物につき，物権と債権とが並存する場合には，原則として，物権が優先する。ただし，不動産の賃借権は，債権ではあるが，登記をすることが認められており（不動産登記法1条），登記を具備した場合には，その後に成立する物権に対して優先権が認められる（605条，不動産登記法132条）。

また，建物，農地などの賃借権は，目的物の引渡があれば，その後の物権取得者に優先する（借地借家法31条，農地法18条）。

さらに，不動産物権の変動を請求する債権は，仮登記を備えることによって，その後に成立する物権に対して優先権が認められる（不動産登記法2条2号および7条2項，なお，*No. 9* 参照）。

3　物権的請求権

(1) 物権的請求権の意義と根拠

物権が，他者によって侵害され，その完全な実現をなしえないとき，当人に対して，その侵害を除去して物権本来の内容を実現できるよう請求することができる。これを物権的請求権，または物上請求権とよぶ。

日本民法は，物権一般について物権的請求権を規定していない。しかし，権利，とりわけ絶対権である物権の本質に鑑みれば，これを承認するのが合理的であろう。また，民法が，占有権について，その保持・保全・回収の訴えを規定していること（198条～200条）とのバランス，本権の訴えを認めていること（202条）などからも，本権たる物権については，右請求権の存在は当然に帰結されるべきであると考えられている。

(2) 物権的請求権の法的性質と内容

物権的請求権の法的性質については，学説の見解は分かれる。すなわち，こ

れを「①物権の効力の一部であるとして，独立の権利であることを否定する見地」と，物権から独立した権利であるとする見地である。後者は，さらに，これを「②純粋の債権であるとするもの」と，「③純粋の債権ではないが，それに準ずる権利であるとするもの」とに分かれる。通説は，物権的請求権は，物権から独立して消滅時効にかかることはないとし（判例・通説は，所有権にもとづく物権的請求権は永続すると解するが，これに反対する見地もある），それを物権から分離して譲渡することも否定する。他方，破産の際には，物権的請求権と債権とは，異なった取扱いを受けることを承認する。いずれにせよ，物権的請求権の法的性質の追求そのものは，解釈論的な実益に乏しいと思われる。

　実用法学上，有意味なのは，むしろ物権的請求権の内容の検討である。そこでは相手方に何らかの行為を請求する行為請求権であるとする見地と，権利者の権利行使に対して相手方に忍容を求める忍容請求権であるとする見地が対立しているが，これは侵害除去の際の費用をいずれが負担するかという議論につながる。

　たとえば，Aの庭に植えてあったA所有のケヤキの大木が，隣接するBの所有地に倒れた場合，これを除去する費用を負担するのはどちらか，という問題である。物権的請求権を行為請求権と解すれば，費用はBが負担することになりそうである。また，物権的請求権を忍容請求権と解すれば，費用はAが負担することになりそうである。

　しかし，倒木の原因がBにある場合はともかく，台風の強風による場合にまで，Bに除去費用の負担を強いるのは不当であろう。また，行為請求権と解すると，Aの返還請求権とBの妨害排除請求権が衝突し，問題の解決が困難になる。

　したがって，原則的に，物権的請求権は忍容請求権と解さるべきであり，Bの行為を介して権利侵害がなされた場合には，Bに費用負担をも求める行為請求権と解さるべきであろう。

(3) 物権的請求権の種類

　占有権について承認されている3種類の訴権に対応して，物権一般についても，物権的返還請求権，物権的妨害排除請求権，物権的妨害予防請求権が認められている（図2-1）。物権的請求権は，現実に物権を侵害し，または侵害

するおそれのある相手方に対してのみ行使することができる。その際，相手方に故意または過失があることは要件ではない。また，相手方の責任能力の有無も問題にならない。

　(a) 物権的返還請求権　　物に対する正当な支配を完全に奪われているときに，その物の返還を請求できる権利である。なお，返還請求を行う場合には，相手方との間で利害調整が必要になることがある。たとえば，侵害者が占有中に占有物から生じた果実の収取権はどちらに属するのか，必要費・有益費はどちらが負担するのか，滅失・毀損の場合の損害賠償範囲の画定などである。これらについて，民法は，占有権の効力について定めた第2編第2章第2節に規定を置いている（189条〜191条・196条）。

　(b) 物権的妨害排除請求権　　正当な物の支配を部分的に妨げられているときに，その妨害の除去を請求する権利である。近時，騒音（カラオケ）・悪臭などのイミッシオーンに対しても当請求権が行使され，忍容されている。

　(c) 物権的妨害予防請求権　　正当な物の支配を害されるおそれがあるときに，その原因の除去を請求する権利である。

図2－1

	類　型	要　件	効　果
物権的請求権	物権的返還請求権	権利者の占有喪失	目的物の返還
	物権的妨害排除請求権	物権内容の実現の妨害	妨害の排除
	物権的妨害予防請求権	物権侵害のおそれがあること	妨害原因の除去

	類　型	条　文	要　件	効　果
占有訴権	占有回収の訴え	200条・201条3項	占有を奪われたこと	目的物の返還
	占有保持の訴え	198条・201条1項	占有の部分的侵害があること	妨害の停止
	占有保全の訴え	199条・201条2項	占有妨害のおそれがあること	妨害の予防

Step up

●**物権的請求権と契約上の請求権の関係**　　Aは，所有権にもとづく返還請

求権によっても，契約上の権利によっても，自動車の返還を請求できるが，両請求権の要件・効果には相違がある（たとえば，消滅時効期間）。判例は両請求権の競合を認めるが（大判大11・8・21民集1巻493頁），当事者間の特別関係から生じる契約上の請求権のみが成立すると解する見地，訴訟法学からの第三のアプローチもなされている。契約責任と不法行為責任の競合論や制度間競合論，訴訟物理論にもつながる課題であり，さらなる議論が待たれる。

Practice

下記の各問の正誤を答えなさい。

問1. 物権的請求権は，相手方に責任能力がない場合には行使できない。
（　　　）

問2. 物権侵害に対して物権的請求権を行使したときには，重ねて損害賠償請求権を行使することはできない。
（　　　）

問3. 抵当権相互間に限って，同一不動産上に同一内容の抵当権が成立しうる。
（　　　）

II 物権変動

No. 3 物権変動と公示・公信の原則

〈CASE〉 Aは、所有している不動産をBに譲渡し、その後、同じ不動産をCに譲渡し、Bの未登記に乗じて、先に登記を移転した。Aが無権利者であることをCが知っていたとしても、Cは当該不動産の所有権を取得できるか。

1 はじめに

ローマ法（ユスティニアヌス法）においては、動産物権と不動産物権の別を問わず、物権の設定・移転には、設定・移転の合意および引渡（traditio）が必要とされ、その影響下にあるフランス民法・ドイツ民法は、それぞれがこれに異なった意義を付与しつつも、物権変動には意思表示が必要であり、公示が相応の意義を有するものとする（詳細は *No. 4* に譲る）。

また、大陸法とは異なった法体系である英米法においても、かつては単純契約による物権の移転が行われていたものの、後に、Deed of grant の介在が必要とされ、さらに登記制度が採用されるにいたる。

このように比較法制度史的視点からみて、物権変動と公示・公信の連関は、物権法を学ぶにあたって普遍的かつ重要なポイントであると考えられる。

2 物権変動論・総説

(1) **物権変動の意義と概観**（図3－1）

物権変動とは、客観的に（権利客体の観点から）みれば、物権の発生（移転）・変更・消滅を意味し、主観的に（権利主体の観点から）みれば、物権の取得・変更・喪失を意味する。

(a) 物権の発生または取得　物権の発生または取得には、絶対的発生＝原始取得と、相対的発生＝承継取得とがある。前者は、ある権利を他人の権利にもとづかないで取得する場合（たとえば、先占、取得時効、遺失物拾得など）

であり，後者は，ある権利を他人の権利にもとづいて取得する場合（売買，相続など）である。

また，承継取得は，次のように分類される。

① 移転的取得と設定的取得　　前者は，既存の権利をそのままの状態で取得する場合であり，後者は，既存の権利にもとづいて別個の権利を設定する（たとえば，土地所有権の上に抵当権を設定する）場合である。

② 包括承継（一般承継）と特定承継　　前者は，相続のように，前権利者の権利を単一の原因にもとづいて一体として承継する場合であり，後者は，売買のように，個々の権利を個々の原因にもとづいて取得する場合である。

③ 意思表示を原因とするものと，意思表示以外の原因によるもの

(b) 物権の消滅または喪失　　物権の消滅または喪失も，絶対的なものと相対的なものとに分かれる。前者は，権利の客体が滅失したとき，あるいは消滅時効にかかったときのように，物権がその名宛人を離れて誰にも帰属しない場合であり，後者は，物権がAからBへと移転するような場合である。すなわち，Aにとっては物権の喪失であり，Bにとっては物権の取得である。

(c) 物権の変更　　物権の変更は，物権の主体，内容，作用の変更に大別される。主体の変更は，承継取得と同値である。内容の変更は，権利の客体たる物の増減や，物権の存続期間の延長・短縮などを意味し，作用の変更は，たとえば，抵当権の順位を変えるような場合である。

図3－1

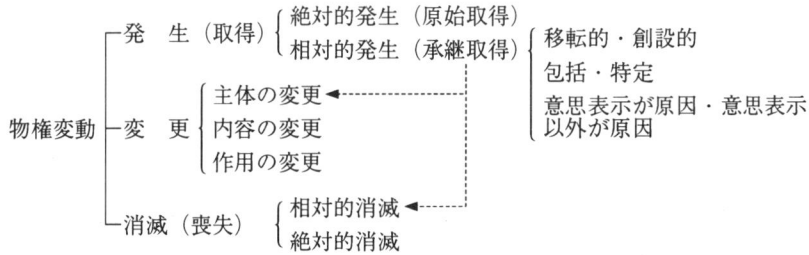

(2) **主たる物権変動原因**

前節で述べた物権変動について，具体的な原因別に，その主たるものを概観すれば次のとおりである。

Ⅱ 物権変動

(a) 無主物の先占（239条）　所有者のいない動産を所有の意思をもって占有した場合，その動産についての所有権が発生する（所有者のいない不動産は国庫に帰属し，無主物の先占の対象にはならない）。たとえば，一般に，海で釣り上げた魚の所有権は釣り人に発生する。

(b) 取得時効（162条～165条）　所有の意思をもってする占有が一定期間継続することによって，権利取得の効果が付与される。たとえば，Aが，自分の所有地であると思い込んでいる土地上に家を建て，一定の条件の下で，一定期間（10年あるいは20年）継続してその土地を占有した場合には，その真の所有者がBであった場合でも，当該土地の所有権はAに発生する（詳細は，『ケイスメソッド民法Ⅰ』*No. 43*　取得時効　212頁以下参照）。

(c) 相続（896条）　死者が生前にもっていた物権が他者により承継される。

(d) 法律行為　売買契約・贈与契約・抵当権の設定契約などにより物権変動が，取消・解除により物権の復帰的変動が生じる（なお，契約＝法律行為による物権の取得については，本書 *No. 4* 参照）。

(e) 権利対象の創造・滅失　たとえば，自己の材料でした家の新築により所有権が発生し，家屋の全焼によってその上の物権が消滅する。

(f) 放棄　物権の権利者は，物権を消滅させる旨の一方的意思表示によってこれを消滅させることができる。このことは地上権に関して明文の規定を有するが（268条1項），物権一般についてもこれを放棄することは可能であると考えられている。ただしそれによって害を被る第三者は保護される（398条）。

(g) 消滅時効　所有権・占有権以外の物権は消滅時効にかかって消滅する（167条2項）。また，所有権は，取得時効の反射的効果によって変動する。

(h) 混同　所有権と他の物権が同一人に帰属した場合（179条1項本文），あるいは，所有権以外の物権と，これを目的にする他の権利が同一人に帰属した場合（179条2項）に物権変動が生じる。

前者の例は，A所有の土地上にBが地上権を有しており，その後，A所有の当該土地をBが購入したという場合である。Bは自身が地上権を有している土地の所有権を有することになるので，当該地上権は概念的に区別される必要がなくなり，消滅することになる（図3－2）。ただし，Bの地上権にCが抵当権を設定しているような場合には，当該地上権は，依然，Cの抵当権の目的とし

て，概念的に区別される必要があるので，混同が生じることはない（179条1項但書）（図3-3）。後者の例としては，次のようなものが想定できる。すなわち，Aの有する地上権にBが抵当権を設定し，その後，Aが当該抵当権をBから譲り受けたというケースである。Aは地上権とこれを目的とする抵当権を有することになるが，このとき抵当権は意義を失う。したがって，この抵当権は消滅することになる（図3-4）。

なお，本権と占有権の性質の差異に規定されて，当然のことながら，占有権については，179条1項・2項は適用されない（179条3項）。

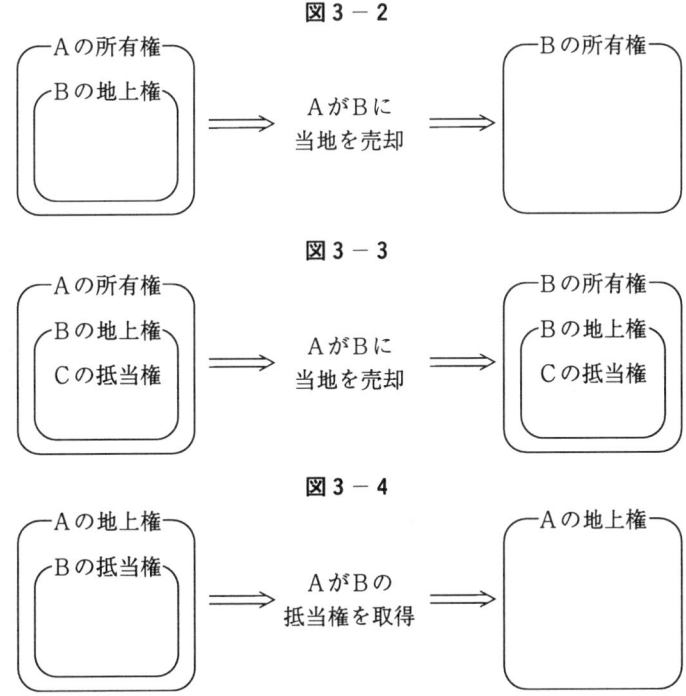

(ⅰ) その他　遺失物の拾得（240条），埋蔵物発見（241条），添付（242条〜46条），公売，公用徴収，没収などによっても物権変動が生じる。

3　物権変動と取引の安全

権利とは，実体ではなく観念であり，物権もその例外ではない。したがって，

前項に概観したような物権の変動それ自体を（さらに，物権の所在そのものさえも）認識することは，通常は不可能である。それゆえ，物権に関する取引においては，相手方が真の権利者であるか否か，購入した不動産が抵当権の対象とされているか否か，などを確知することは困難であろう。また，そこからさまざまな紛争が生じることも想像に難くない（購入した不動産あるいは動産の所有者が売主ではなく，真の所有権者から返還を求められた。抵当権の設定してある不動産を知らずに購入し，抵当権を執行された，など）。

そこで，このような紛争を未然に防止し，また，解決すべく説かれるのが，公示の原則と公信の原則である。

ところで，取引の安全の保護の重視は，物権の真の権利者の保護と相互に矛盾・対立する関係にある。これが，いわゆる動的安全の保護と，静的安全の保護との対立である。実定法としての日本民法においても，両者の調整が図られているが，その解釈・運用においても，このことが留意さるべきであろう。

4　公示の原則

物権は他者の権利の成立を排斥する強い効力を有する。しかも，上記のごとく，物権の存在およびその変動そのものを確実に認識することはできない。

そこで，物権法の分野においては，物権の所在および変動は，占有・登記・登録といった，外部からの認識の契機を伴わなければならないとする原則が古くから承認されてきた。これを「公示の原則」という。

現行民法は，177条において，不動産の物権変動の結果が，登記法の定める登記によってなされていない場合には，その得喪および変更を第三者に対抗することはできないものとした。また，178条は，動産物権の引渡がなされていなければ，その譲渡を第三者に対抗することはできないものとした。

公示の効力に関する立法例には，これを物権変動の対抗要件とするもの（フランス民法）と，成立要件・効力要件にするもの（ドイツ民法）とがあるが，日本民法は前者の立場をとる。なお，わが国においては，登記・引渡以外に，登録，通知・承諾，立て札を立てるなどの明認方法のような公示の手段が，特別法あるいは判例によって認められている。

5　公信の原則

　既述のような事情から，物権の取引は，公示という外面的契機を頼って行われる。したがって，不動産の登記が権利の所在を正しく表していなかったり，動産の占有者が所有権をもっていなかったりした場合に，物権変動が生じないことにすると，物権取引の動的安全は著しく阻害されることになる。

　そこで，虚偽の登記を信頼して不動産を購入したり，債務者が預かって占有しているにすぎない動産に担保権を設定した債権者を保護するために，こうした行為を有効とする法原則が見られる。これを「公信の原則」という。

　日本民法は，即時取得＝善意取得（192条）という形で，動産についてはこの適用を認めるが，不動産については認めない。

　一般に，公信の原則は，権利の外観を信頼したものを保護するという「権利外観法理」の一環として説明される（なお，この点についての詳細と疑問は，『ケイスメソッド民法Ⅰ』*No. 28*，126頁以下，本書 *No. 9* － 1 －(2)参照）。

Step up

　●**対抗要件主義の本質**　〈CASE〉におけるCは，登記を移転されているから，登記のないBに対抗でき，所有権を取得できる。かつて，学説・判例は，対抗要件主義をこのように解していたが，今日では，異論も少なくない。既述の対抗要件主義の本質を省みれば，少なくとも真の所有権者を知っているCに対しては，公示の必要はなく，Cの所有権取得には合理性がないと思われる。

Practice

　下記の各問の正誤を答えなさい。

問１．わが国の民法において，動産物権の変動については公信の原則が認められている。　　　　　　　　　　　　　　　　　　　（　　　）

問２．商品交換における動的安全は，静的安全に優先して法的保護を受けるべきである。　　　　　　　　　　　　　　　　　　　（　　　）

問３．引渡は，動産の公示手段として全く形骸化している。　（　　　）

問４．不動産売買において，登記に公信力を付与しようとする考えと，94条 2 項の類推適用とは，同様な法理論である。　　　　　　（　　　）

Ⅱ 物権変動

No. 4　物権行為と債権行為

〈CASE〉 10月1日に，A－B間で，Aが所有する土地をBに売却する旨の売買契約が締結され，その後，同月8日にBは代金を支払い，Aが同月18日に当該土地を引き渡し，10月28日に登記が移転された。AからBに土地の所有権が移転したのはいつか。

1　はじめに

　契約＝法律行為による物権の変動は，通常次のようなプロセスで行われる。たとえば，Aが所有している特定の不動産を，Bが購入するときには，売買契約が締結され（A－B間で売買の合意がなされ），その順序はおのおのの事案によって異なろうが，代金の支払，不動産の引渡，移転登記という複数の行為を経由して，当該不動産の所有権はAからBへと移転することになる。

　そこで，現実売買において上記のプロセスが一時的に行われた場合を除いて，いかなる要件が具備されれば，所有権の移転が行われるのか，どの時点で所有権は移転するのかが，果実の帰属，危険負担，対第三者関係などをめぐって問題になる。

　ここでは，主として，契約＝法律行為による物権変動の典型である，売買契約にもとづく特定不動産の所有権移転について説明する。なお，動産の物権変動については，公示手段が登記ではなく引渡であることから生じる偏差を中心にして，不動産の物権変動の場合とほぼ同様の論点が説明されるのが常である。

2　学説・判例の概観

　契約＝法律行為による物権変動については，態度を異にした法制度に由来する2つの見地が対立している。すなわち，物権変動は債権行為（たとえば，売買契約）の効力として生じるとする見地と，債権行為は，物権行為を行うという債権＝債務を生じさせるに止まり，物権変動のためには，さらに，物権行為

を要するという見地との対立である。物権行為は，物権契約ともよばれ，債権契約とは概念的に分離・独立した，物権を移転するという契約＝合意である。

前者の見地はフランス民法が採用した制度であり，後者の見地はドイツ民法が採用した制度である（図4－1）。そうして，後者の見地によれば，たとえば，債権行為が取消あるいは解除された場合でも，物権行為は何ら影響を受けない。これを物権行為の独自性（あるいは物権行為の無因性）という。この問題は，契約の解除の効果をめぐる直接効果説と間接効果説の対立にもつながるものである（債権各論の論点であるので，本書では，*No. 6*で簡単に触れるに止める）。

わが国の学説においても，物権変動の時期をめぐって，上記の２つの見地に則した学説上の対立がある。以下に，概観する。

① 通説　通説は，日本民法176条がフランス民法711条を継受した規定であること，および，その文言を根拠に，わが国においては，意思主義がとられ，債権行為と物権行為は峻別されてはいないとする。すなわち，物権変動は，債権的効果を生じさせるものと同一の「意思表示」を契機として生じることになり，物権行為の独自性は問題にはならない。また，意思主義的見地からの当然の帰結として，物権は，契約＝合意の時に変動することになる。取消や解除による物権の復帰的変動においてもこの原理が貫徹される。

② 物権行為独自性説　176条の「意思表示」を債権行為とは別の物権行為（物権的合意の契機）であると解し，物権行為を物権変動の不可欠の要件とする。また，物権変動は，債権契約＝物権契約締結時（本説は，債権契約の中に物権移転の合意を含ませ，債権行為と物権行為が同時に行われる可能性を否定しない），物権行為＝物権契約時（代金の支払時，不動産の引渡時あるいは移転登記時）のいずれかに生じることになる。こうした構成は，取消や解除による物権の復帰的変動の際の転得者の保護につながるとされる。なお，既述のように，本説は，物権行為の無因性を主張しつつ，特約があるときには有因となりうることも認める。

③ 折衷説　物権行為の独自性を否定し，通説が採用する意思主義的見地を維持しつつ，物権変動の時期については，代金の支払時，不動産の引渡時あるいは移転登記時のいずれかであるとする。

Ⅱ 物権変動

 このほか,わが国においても,公示手段(登記)を具備することをもって物権変動の要件とする(登記によって,債権が物権に転化すると解する)説があるが,解釈論としては無理があろう。通説である①説に対しても,合意の瞬間に物権変動が生じると解することが,とくに不動産取引の実際に照らして,常識に反するとの批判がある。また,②説は,不動産物権変動のために登記という形式が必要とされるドイツにおいては,当事者関係と対第三者関係とを一元的に処理しえ,取引の安全を図りうる点で有意義であるが,登記が対抗要件であるわが国においては,そうした意義が少なからず失われることになる。取消や解除による物権の復帰的変動の際の転得者の保護についても同様であろう。

 ところで,意思主義的観点を貫けば,物権の移転時を合意によって(また,契約の解釈によって),おのおのの事例に則して,合理的に確定することもまた法的に可能であろう。176条の文言も,物権の変動が「意思表示ノミニ因リテ其効力ヲ生ス」ことを規定するものであり,物権変動の時期が「契約締結時」であることまで明示してはいない。また,既述のように,②説も,物権行為の独自性を主張しつつ,反対の特約があるときには有因となることを認める。

 したがって,いずれの学説をとっても,実際の問題解決にさほどのメリット,デ・メリットは生じないと言いうる。

 なお,判例も,かつては,通説と軌を一にしていたが(大判大2・10・25民録19輯857頁,最判昭33・6・20民集12巻10号1585頁),後に,特約によって所有権移転時期を遅らせることを承認する(最判昭38・5・31民集17巻4号588頁)。

図4-1

	フランス民法	ドイツ民法
物権行為の独自性	なし	あり
契約・法律行為の取消・解除と物権の復帰的変動	債権行為の失効によって物権が復帰的に変動する。	物権の復帰的変動は生じない。
公示の効力	対抗要件	成立要件(形式主義)
条文	711条・1138条	873条・928条・929条
登記の公信力	なし	あり

3 物権の移転時期と物権行為の独自性

　民法における自由意思の支配，契約自由の原則によれば，物権の変動時期は，両当事者の合意によって決定しえ，あるいは，信義則にもとづく契約の解釈によって，合理的に確定しうる。

　また，物権変動の時期をめぐる法律上の諸問題は，果実の帰属（575条），危険負担（534条以下）などの民法の規定，あるいは登記・引渡の有無などによって解決が可能であり，固有の意味で「いつ物権が移転したのか」という問いに還元されるべきものはない。

　したがって，あえて債権行為と物権行為を概念的に分離し，物権行為の独自性を理由に物権変動の時期を決定しようとするシステムは，少なくとも登記を不動産物権変動の成立要件としないわが国においては，必然性・有用性をもたない。

Step up

　●**所有権の「なしくずし的」変動説**　物権変動の時期をめぐる法律上の諸問題のうち，固有の意味で「いつ所有権が移転したのか」という問いに還元されるべきものはないと思われる（本項3を参照）。しかし，あえて，この問いに論理的かつ実態に則した答えを見出そうとすれば，どのようなものになるだろうか。

　鈴木禄弥教授は，「事態を素直に見るならば，わが民法においては，所有権の法的効果と考えられる各種の権能は，ときを異にして，売主から買主に移行し，売買プロセスの開始前に完全に売主に属していた所有権は，プロセス中の浮動状態を経て，プロセスの終了後は，完全に買主に属するに至る。プロセス中は，売主も買主も，ともに，完全な所有者ではないが，完全な非所有者でもな」い。「もし，所有権移転の状態をあくまで説明しろというのなら，売買契約締結・代金支払・引渡・移転登記等の過程を通じて，所有権がなしくずし的に売主から買主に移って行く，と説明してもよいであろう」という。

　「所有権」とは，土地や建物，本や衣服のような実体ではなく，さまざまな権能を要素とする概念であることを直視すれば，上記の鈴木教授の説明には強い説得力があると考える。

II 物権変動

Practice

下記の各問の正誤を答えなさい。

問1． 債権行為と物権行為が同一の「意思表示」によってなされることはない。
（　　　）

問2． 不動産の所有権は，登記の移転を待たずに変動すると考えることができる。
（　　　）

問3． 物権行為の独自性を認める見地によれば，瑕疵ある意思表示による動産の売買契約が取り消された場合には，取消の意思表示のみによって所有権が売主のもとに復帰することはない。
（　　　）

問4． 不動産の場合と異なり，動産の物権変動については，物権行為の独自性を考える余地はない。
（　　　）

| *No. 5* | 不動産物権変動の対抗要件
(177条の第三者，背信的悪意者) |

〈CASE〉 Aは所有している家屋をCに賃貸していたが，その後，当該家屋をBに譲渡した。Bが，Cに対して賃貸料を請求するためには登記が必要か。AがBより前に，当該家屋をDに売却し（二重譲渡），移転登記が済まされていた場合はどうか。

1　はじめに

177条は，不動産物権変動の対抗要件として，登記法の定めるところに従って登記をなすことを求めている。しかし，あらゆる不動産物権の，すべての変動について登記が求められているわけではなく，また，物権ではなくても，登記を対抗要件とするものもある。

さらに，登記を完了していなければ，当然第三者には対抗しえないと解されるべきなのか，あるいは，登記がなくても対抗しうる場合があるのかについても，学説・判例上議論がある（無制限説と制限説との対立）。

すなわち，不動産物権変動の対抗要件をめぐっては，登記を対抗要件とする物権および物権変動の区分と，177条にいう「第三者」の範囲の画定が課題となる。

なお，ここでは，不動産物権変動の対抗要件をめぐる一般的・総論的問題を扱うに止まり，おのおのの物権変動の原因に規定された各論的問題については，別の項目に譲ることになる（概略および契約＝法律行為と登記の問題については，すでに，*No. 3* および *No. 4* で展望した。また，取消と登記の問題については *No. 6* で，相続・時効取得と登記の問題については *No. 7* で解説する）。

2　登記を必要とする不動産物権

不動産登記法1条によれば，登記は，不動産の表示，または，権利の設定，保存，移転，変更，処分の制限，消滅についてなされ，その対象となる物権

は，所有権，地上権，永小作権，地役権，先取特権，質権，抵当権である。また，債権ではあるが，不動産賃借権や，採石権も，登記をすれば第三者に対抗できる。

しかし，不動産物権であっても，占有権，留置権，入会権は，その性質上，登記を対抗要件としない。

3 登記を必要とする不動産物権変動

古くは，判例によって，登記を必要とする不動産物権変動は，意思表示によるものに限られると解されていたが，今日では，判例および学説の多数により，すべての不動産物権変動について，登記が必要と解されるにいたっている。すなわち，相続，取得時効といった物権変動も登記をしなければ第三者には対抗できないことになる。

なお，判例・通説によれば，強制競売（民事執行法22条以下），任意競売（民事執行法181条）などの公売，土地収用や農地買収などの公用徴収にもとづく物権の変動は，いずれの場合にも登記が要求される。

4 177条の「第三者」の範囲

(1) 177条の「第三者」に当たる者（登記なしには対抗できない者）

177条を文字どおりに読めば，物権変動の当事者や，物権の相続人などの包括承継人以外の者は，すべて登記なしには対抗できない第三者となろう。

古くは，判例は，この立場をとっていた（無制限説）が，今日では，通説・判例とも，登記なしには対抗できない第三者と，対抗できる第三者を峻別する（制限説）。制限説台頭の契機となった大審院判決によれば，両者を分ける基準は，「登記ノ欠缺ヲ主張スル正当ノ利益ヲ有スル」か否かであり（大（連）判明41・12・15民録14輯1276頁），学説・判例もこれを支持する。同一不動産について，両立しえない物権を主張しあう者の間で，その優劣を判断する基準を提供することが，登記制度の意義のひとつであることに鑑みれば，上記大審院判決の基準は正当であろう。

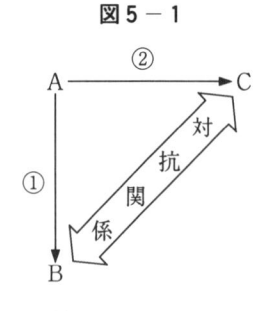

図5-1

No. 5 不動産物権変動の対抗要件（177条の第三者，背信的悪意者）

したがって，たとえば，Aが所有している土地を，Bが譲渡され，移転登記が済まないうちに，CがAから当該土地の所有権を譲渡された場合（図5－1），または，Dが当該土地に地上権・抵当権の設定を受けた場合，C・Dは「第三者」であり，Bは，一般に，登記がなければ彼らに対抗できないことになる。

(2) **177条の「第三者」に当たらない者（登記なしに対抗できる者）**

(a) 虚偽表示による登記移転者　BがAから土地を譲渡された後で，Aが虚偽表示によってCに登記を移転した場合（図5－2），B－Cは対抗関係になく，Cは，登記の欠缺を主張する正当の利益を有しない（『ケイスメソッド民法Ⅰ』124頁以下参照）。

図5－2

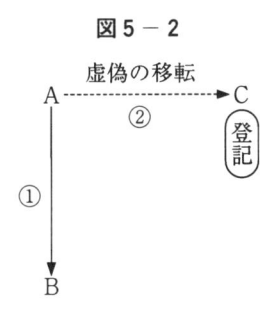

(b) 不動産登記法4条および5条に該当する者　不動産登記法は，4条および5条において，登記の欠缺を主張できない者を規定する。すなわち，「詐欺又ハ強迫ニ因リテ登記ノ申請ヲ妨ケタル第三者」と「他人ノ為メ登記ヲ申請スル義務アル者」（登記の申請を委任された代理人）とである。

(c) 背信的悪意者　かつて学説・判例は，不動産の二重譲渡の優先劣後の判断に際して，第二の譲受人が善意であろうが悪意であろうが，「第三者」に該当するとした。たとえば，AがBに土地を売却した後で，Bがいまだ移転登記を経由していないことを知っていたCが，当地をAから二重譲渡され，登記を移転した場合には，BはCに対して，所有権を対抗しえないと解されたのである。

しかしながら，その後，判例は，単なる悪意者ではない，「背信的悪意者」については，これを「第三者」から除外し（最判昭44・4・25民集23巻4号908頁），学説の多数もこれを支持するにいたっている（図5－3）。

図5－3

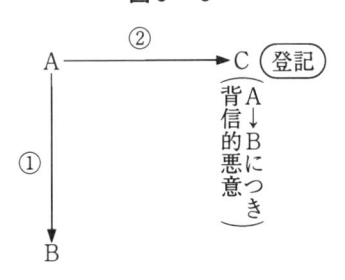

上記の例に即していえば，Cは，AのBへの不動産の譲渡を「知っていた」だけではなく，加えて信義則違反をおかしていた場合に背信的悪意者となる。具体的には，次のような行為をなした者が，「背信的悪意者」とされる。

Ⅱ 物権変動

① 目的不動産の公売代金からすでに配当を受けた抵当権者（債権者）が，買受人の登記未了に乗じて，所有名義人（債務者）の所有不動産として，再度当該不動産の強制競売を申し立てた場合，この抵当権者は「背信的悪意者」である。
② 第一の譲受人の登記未了に乗じて，同人に不当な高価で売るために，重ねて不動産を買い取った第二の譲受人は「背信的悪意者」である。
③ 第一の譲受人に対する特別の害意をもって，売主を教唆し，重ねて不動産を譲渡させた第二の譲受人は「背信的悪意者」である。

ところで，上記の例において，Cが背信的悪意者であり，さらにDに土地を転売し，登記を移転した場合には，BはDに対して所有権を対抗しうるであろうか（図5－4）。背信的悪意者であるか否かは，個々人に固有の問題であり，DがBに対して背信的悪意者でないかぎり，Dには所有権を取得する可能性があるゆえ，B－Dは対抗関係に立つと解されるべきである（もっとも，Cの背信性との関係で，A－C間の売買契約が無効とされる可能性もあろう）。

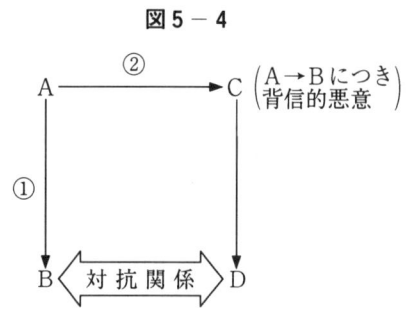

図5－4

5 単なる悪意者と，公示の原則・対抗要件主義

既述のように，判例は，背信的悪意者に限って，登記の欠缺を主張する正当の利益を有する第三者には当たらないとする。また，多くの学説も，これに同調する。判例・多数説が，背信的悪意者のみを「第三者」から除外し，単なる悪意者は「第三者」の範囲に包含するのは，次のような理由からである。すなわち，自由競争の原理が認められている今日では，他人のために物権変動が生じたことを知っている場合でも，その対抗要件の欠缺を主張して，自己の権益を確保することは，社会生活上，正当な自由競争の範囲を超えないかぎり，保護されるべきであると解するのである。

しかしながら，一部学説は，「自由競争」を理由に，単なる悪意者を「第三者」から排除することを疑問視する。確かに，自由競争の原理は，契約交渉段

階・契約締結段階で機能すべきものであり，すでに，契約が有効に成立した後で論じられるべきものではない。

　そもそも，公示の原則・対抗要件の本来的意義は，取引の安全のために，不動産物権の所在および変動を，利害関係を有する他者に向けて明示することにある。それゆえ，すでに，それらについて確知している者（悪意者）に対しては，公示＝登記の必要はあるまい。

　したがって，背信的悪意者に限らず，悪意者一般が177条の「第三者」には当たらないと解するのが合理的であると考える。

6　類似の問題

　この他，177条の「第三者」の範囲の議論と類似する諸問題がある。

(1)　不法占拠者

　判例によれば，土地の購入者は，当該土地を不法に占拠していた者に対して，登記なくして明渡請求や損害賠償請求をすることができる（最判昭25・12・19民集4巻12号660頁）。

　ただし，これは，両立しえない物権相互の優劣の問題ではなく，購入者が物権的請求権や損害賠償請求権を有しているか否かの問題である。

　したがって，土地の購入者が，登記なくして，不法占拠者に明渡請求や損害賠償請求をすることができるのは，対抗要件主義によるものではない。

(2)　賃　借　人

　判例によれば，Aの所有している家屋をCが賃借しており，後に，AがBに当該家屋を譲渡した場合，BがCに対して賃料を請求したり，債務不履行（賃料未払い）を理由に賃貸借契約を解除するために，Bは「第三者」であるCに対して，登記を具備する必要がある（図5－5）（最判昭49・3・19民集28巻2号325頁）。

　しかし，Bの所有権とCの賃借権（＝債権）とは両立するから，少なくとも，公示の原則・対抗要件主義の観点からは，Bの登記は不要であると考えられる。

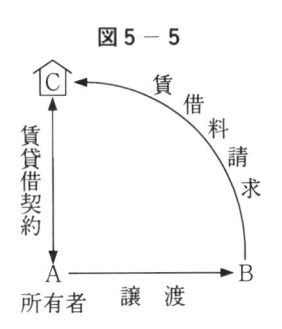

図5－5

Step up

●権利保護資格要件　Bの所有権とCの賃借権とは両立するから，少なくとも，対抗要件主義の観点からは，Bの登記は不要であると考えられる。もっとも，Cが賃借料を二重に請求されることを防ぐためにも，登記に意義がないとはいえない。また，Bより前に，当該家屋がDに売却され，移転登記が済まされていた場合には，家屋の所有権と賃料債権の名宛人が異なる可能性が生じ，問題である（図5－6）。したがって，この際にも登記に意義がないとはいえない。

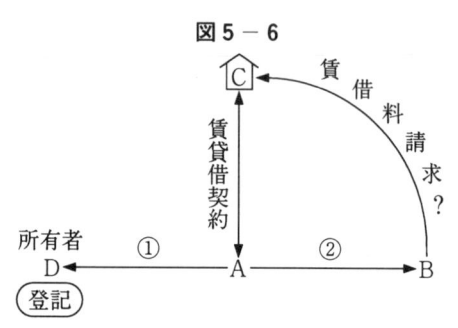

一部学説は，上記のような意義を有する登記を権利保護資格要件と称し，対抗要件としての登記と区別する。

図5－6

Practice

下記の各問の正誤を答えなさい。

問1．AがBの所有地を，偽造文書を使ってA名義に移転登記し，さらにこれをCに売却し，登記を移転した場合，Bは，登記がなくても，Cに対して自身の所有権を主張できる。（　　　）

問2．不動産物権変動の当事者以外の者に対しては，登記を具備していなければ対抗できない。（　　　）

問3．民法で法定された物権は，登記を対抗要件とする。（　　　）

問4．AはBから家屋を購入したが，移転登記を済ます前に，Cがこの家屋に放火し，全焼させた。Cは，Bが未登記であることを理由に，Bからの損害賠償請求を拒むことができる。（　　　）

| *No. 6* | 意思表示の取消と登記 |

〈**CASE**〉 AはBに不動産を売却し,AがBの詐欺によって意思表示を取り消した後,Bは当該不動産をCに転売した。このケースと,AがBの債務不履行を理由に売買契約を解除した後,Bが当該不動産をCに転売したケースとでは,Cに対する法的保護の態様は異なるか。

1 物権の復帰的変動と登記

不動産物権が,法律行為によって変動した場合には,当然のことながら移転登記が必要になる。それでは,いったん移転した不動産物権に,実質的な復帰的変動が生じた場合,登記をめぐっていかなる問題が生じ,いかなる解決がなされているのであろうか。

ここでは,意思表示の取消と登記の問題を解説し,これに類似する問題についても概観する。

2 取消と登記

法律行為によって生じた不動産の物権変動が,意思表示の取消によって効力を失い,物権が復帰する場合には,第三者に対する対抗要件として登記が必要とされるのであろうか。

取消の効果は,詐欺の場合を除いて(詐欺による取消の効果は,善意の第三者に対抗できない〈96条3項〉),原則として遡及的かつ絶対的に生じるものである。それゆえ,取消の結果として生じる復帰的な物権変動をあらかじめ登記することは不可能である。

判例によれば,取消の前に取引を行った第三者に対しては,詐欺による取消の場合を除いて,登記がなくても対抗することが可能である(121条)が,取消の後に取引を行った第三者に対しては,登記なくして物権の変動を対抗することは不可能であると解さるべきであるとされる(大判昭17・9・30民集21巻911

頁)。

　なぜならば，既述のように，取消権者に，事前に登記がないのは通常であり，取消前に譲渡された者に登記なくして対抗できないとすれば，詐欺・強迫・無能力による取消制度は意味を失うことになる。

　他方，取消権行使後に登記の回復を放置しておくことは，第三者の利益を侵害することになるからである。

　たとえば，未成年者であるAが，法定代理人の同意なくして所有地をBに売却し，AがBに対する譲渡行為を取り消した後で，BがそれをCに転売したケースでは，A・B・Cの関係は，BがAとCに当該不動産の二重譲渡を行ったケースと同一と解される。それゆえ，この際は，A・Cのうち早く登記を得たものが優先されることになる。また，取消前に譲渡がなされた場合には，Aは登記なくしてCに対抗しうることになる（図6−1）。

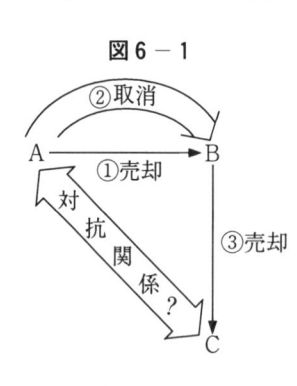

図6−1

　学説の多くも，判例と同様に，当問題を，取消の前に取引を行った第三者の場合と，取消の後に取引を行った第三者の場合とに分けて考える。

　もっとも，取消後の第三者についても，96条3項により，登記の有無とは無関係に善意の第三者を保護すべしとする見地や，94条2項の類推適用によって，善意・無過失の第三者のみを保護すべしとする見地もある（この問題については，『ケイスメソッド民法Ⅰ』140−141頁を参照）。

3　類似の問題

(1)　無効と登記

　虚偽表示や錯誤によって法律行為が無効となった場合には，そもそも物権の変動はなかったのであるから，無効主張の時期とは無関係に，登記なくして第三者に対抗することが可能になるとされる（前出，大判昭17・9・30民集21巻911頁。ただし，94条2項により，善意の第三者に対しては主張不可能）。

　これに対して，詐欺・強迫と錯誤を区別する必要を認めない見地は，取消の場合と同じく，無効においても，その主張後は登記なくして対抗不可能とすべ

きであるとする（この問題については，『ケイスメソッド民法Ⅰ』129－130頁を併せて参照）。

(2) 法定解除と登記

判例によれば，債務不履行による契約の解除に伴う物権の復帰的変動の場合には，解除前に取引を行った第三者に対しては，当該第三者が既に移転登記を経由しているときには対抗できない（大判大10・5・17民録27輯929頁）。

また，解除後に取引を行った第三者に対しても，登記なくして対抗することはできないとされる（最判昭35・11・29民集14巻13号2869頁）。

結局，判例によれば，解除の前後とは無関係に，先に登記を具備した方が権利を取得することになる。

(3) 約定解除と登記

当事者間の契約によって，解除権が留保されていた約定解除がなされた場合，あるいは，遡及効ある解除条件付の法律行為の場合（127条3項）には，あらかじめ登記しておかなければ，不動産登記法38条によって，解除あるいは条件成就の結果として生ずべき物権の復帰的変動を第三者に対抗することは不可能となる。

Step up

●詐欺による意思表示の取消・債務不履行による契約の解除と第三者の保護

既述のように，判例によれば，取消の場合と解除の場合とは結果的に区別されず，A・Cのうち先に登記を具備した方が権利を取得することになる（図6－2）。

図6－2
（取消・解除による物権変動と第三者の保護〈判例〉）

	前	後
取　消	詐欺については96条3項で保護される	対抗関係
解　除	545条1項但書により保護される	対抗関係

しかし，取消と解除では，その制度趣旨が異なる。すなわち，取消が，意思決定の自由を担保するため，これが侵害された場合に，表意者を保護しようとするものであるのに対して，解除は，いったん有効に成立した契約＝合意を当

事者の一方が履行しなかった場合のサンクションである。

したがって，相当数の学説は，取消の場合にはAの保護が優先され，Cは権利外観法理によって保護されるにすぎないが，解除の場合には，Cに対してAを特別に保護する理由はなく，A・Cのうち先に登記を具備した方が権利を取得すると説いている。

判例や，解除については学説も，取消権・解除権行使後のA－Cが対抗関係にあると解するが，このことには必ずしも合理性を有する理由が付されていない。

取引当時，CがBに登記があることを信頼しており，信頼したことに過失がなければ，むしろ，権利外観法理によって，善意・無過失の第三者が統一的に保護されると解さるべきであろう。

Practice

下記の各問の正誤を答えなさい。

問1．売主の不動産売却の意思表示が取り消されても，すでに買主に登記が移っているときには，売主は，登記請求権を行使した後でなければ，買主に対抗することはできない。　　　　　　　　　　　　　　　　（　　　）

問2．強迫によって不動産を売却した者（売主）は，その意思表示を取り消す前に強迫者（買主）から当該不動産を譲渡されていた第三者に，登記なくして対抗することができる。　　　　　　　　　　　　　　　　（　　　）

問3．民法は，詐欺による表意者よりも，強迫による表意者をヨリ厚く保護している。　　　　　　　　　　　　　　　　　　　　　　　　（　　　）

問4．詐欺によって不動産を売却した者（売主）は，その意思表示を取り消す前に詐欺者（買主）から当該不動産を譲渡されていた第三者に，登記なくして対抗することができる。　　　　　　　　　　　　　　　　（　　　）

No. 7　意思表示以外の原因による物権変動と登記

〈CASE〉　Bは，Aの土地の一部を善意・無過失で10年間占有した（Aは自身の所有地をBが占有していることに気づいていなかった）。一方，Aは，Bの時効完成時直後に，当該土地をCに売却した（CはAが占有していた土地を購入したつもりであった）。その後，Aの所有地の一部がBに占有されていた事実が発覚した。この際，Bは，登記なくして当該土地の所有権をCに主張することができるか。

1　はじめに

物権変動は，意思表示を原因にするものと，その外の原因によるものとに大別される。*No. 5*～*No. 6*では，主として意思表示にもとづく不動産物権変動と登記の問題に言及してきた。

ここでは，相続，取得時効といった，意思表示以外の原因で不動産物権変動が生じた際に，登記はどのような意義を有するのか，その問題点は何か，について説明する。

さらに，公売や公用徴収による不動産物権変動と登記，契約上の地位の変化と登記の意義についても再論する。

2　相続と登記

すでに説明したように（*No. 3*の2），相続は，被相続人の地位が，包括的に相続人に移転する包括承継である。したがって，第三者との関係においては，相続人と被相続人とは同一人であると解される。

相続をめぐって問題となるのは，共同相続において，共同相続人の一人が，自身の持分を越えた権利（たとえば，所有権）を第三者に譲渡し，登記を移転した場合である。かつて判例は，他の相続人が第三者に対抗するためには登記が必要であるとしたが（大判大9・5・11民録26輯640頁），その後，他の相続人

は，登記なくして第三者に対抗できると，その態度を改めた（最判昭38・2・22民集17巻1号235頁）。学説は分かれるが，多数は最高裁判決を支持する。当該共同相続人が単独相続の登記をしたとしても，彼は他の相続人が承継した持分についてはそもそも権利を有しないから，これを譲り受けた第三者は何の権利も取得しえず，したがって，他の相続人は，登記なくして対抗できるとの理解であろう。すなわち，相続による持分の取得には，177条が適用されないことになる。

3 時効取得と登記
(1) 設　例
時効取得と登記の問題については，やや複雑な論点がある。そこで次のような設例によりつつ，解説する。《BはAの所有する土地の占有を，善意・無過失で開始してから15年になる。Bの占有開始から9年目に，AはCに当該土地を譲渡した。また，Bの占有開始から11年目に，当該土地はさらにDに譲渡された。BがC・Dに対抗するためには登記が必要か（図7－1）》

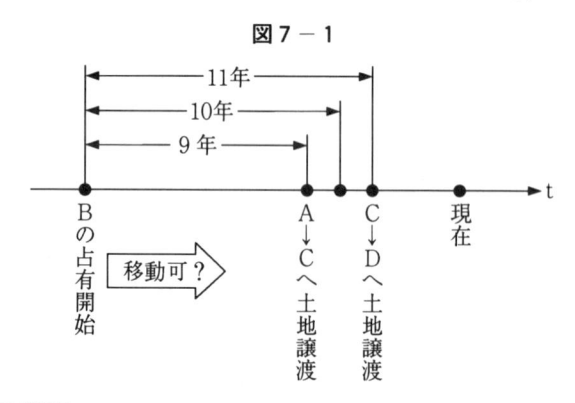

図7－1

(2) 判例の態度
まず，A－Bは対抗関係にはないから，BはAに対しては登記なくして対抗できる（大判大7・3・2民録24輯423頁）。同様の理由から，Cに対しても，Bは登記なくして対抗できる（最判昭41・11・22民集20巻9号1901頁）。DとBとは，Aから当該土地を二重譲渡された者同士に等しいから，登記がなければ対抗できない（大（連）判大14・7・8民集4巻412頁，最判昭57・2・18判時1036号68頁）。

なお，時効期間を逆算したり，Dへの登記名義の変更が時効完成前になるように時効の起算点を移動させたりすることはできない（最判昭35・7・27民集14巻10号1871頁）。

また，Dの登記からさらに時効期間を経過すれば，Bは改めて時効取得でき，登記なくしてDに対抗できる（最判昭36・7・20民集15巻7号1903頁）。

(3) 学　　　説

設例のような場合，CとDとで法的効果の差異がありすぎるとして，学説は判例の態度に否定的である。

このため，Cの登記時から時効の中断を認めるべきであるとする見地，期間の逆算を認めるべきであるとする見地，Bの時効完成時以降は，権利概観法理によってDを保護すべきであるとする見地が対立している。

4　公売・公用徴収と登記

公売や公用徴収は，売主の自由意思によって行われるものではない点で，一般の売買とは異なるが，合法である。第三者への公示の必要性の点でも，意思表示による不動産の物権変動と変わりはなく，したがって第三者に対抗するためには登記が必要となる。

5　契約上の地位と登記

No. 5，6(2)で，すでに概観したように，たとえば，Aの所有している家屋をCが賃借しており，後に，AがBに当該家屋を譲渡した場合，すなわち，Cの貸主が，実質的にAからBに変更され，Cの契約上の地位に変化があった場合，BがCに対して賃料を請求したり，債務不履行（賃料未払）を理由に賃貸借契約を解除するために，Bは「第三者」であるCに対して，登記を具備する必要がある（最判昭和49・3・19民集28巻2号325頁）。

しかし，Bの所有権（＝物権）とCの賃借権（＝債権）とは両立するから，少なくとも，不動産物権の公示の原則・対抗要件主義の観点からは，Bの登記は不要であると考えられる。

もっとも，Cが賃借料を二重に請求されることを防ぐためにも，登記に意義がないとはいえない。また，Bより前に，当該家屋がDに売却され，移転登記

が済まされていた場合には，家屋の所有権と賃料債権の名宛人が異なる可能性が生じ，問題である。したがって，この際の登記は，対抗要件としてではなく，権利保護資格要件と解されるべきであり，その限りで意義を有することになる（*No. 5* の **Step up** および *No. 6* の **Step up** を併せて参照されたい）。

Step up

●**取得時効完成時の前後と登記**　判例によれば，〈CASE〉のような事案におけるB・Cは，Aから土地を二重に譲渡されたに等しい関係と位置づけられ，先に登記を備えた方がその所有権を主張できることになろう。つまり，B－Cは対抗関係にあることになる。

しかしながら，〈CASE〉においてAが売ろうとしたのは，Bが占有していた部分を含まないAの所有地である。また，Cが買おうとしていたのも，Bが占有していた部分を含まないAの所有地である。したがって，A－C間の売買契約（合意内容）とその履行そのものには何ら不備はない。

一方，B－C間においても，Bが取得時効によってAの土地の一部の所有権を取得することは，Cの売買契約の利益・目的と抵触するものではない。

すなわち，〈CASE〉において法的に問題になるのは，A－B当事者間の取得時効成立の有無だけであり，第三者であるCとの間には実質的な問題は何ら存在しないことになろう。

したがって，かかる事例においては，Bの取得時効完成の前後や，登記の有無とは無関係に，BはCに対して対抗できるとの理解が妥当であろう。

このように，取得時効完成時の前か後かによって，対抗要件としての登記が不要とされ，あるいは必要とされることには，必ずしも論理必然性があるとは思われない。取得時効制度の本質，機能とも関わる問題であろう。

Practice

下記の各問の正誤を答えなさい。

問1． 相続は包括承継であるから，被相続人から相続人への不動産物権変動は，登記なくして第三者に対抗できる。　　　　　　　　　　　　　（　　　）

問2． 相続放棄の効果は，登記がなくても第三者に対抗できる。　　（　　　）

問3．取得時効による所有権の取得は原始取得と同じであるから，登記なくして第三者に対抗できる。　　　　　　　　　　　　（　　　）
問4．公売のうち，強制競売は登記なくして第三者に対抗できるが，任意競売は登記なくして第三者に対抗できない。　　　　　　　（　　　）
問5．法定相続分と実際の取得分が異なった場合，このことを第三者に主張するためには登記が必要である。　　　　　　　　　　（　　　）

Ⅱ 物権変動

No. 8 不動産登記の意義と登記請求権

〈CASE〉 実体的な権利変動のプロセスを正確に反映していない登記がなされた場合には，その登記は有効か。また，登記時には実体的権利変動と登記内容が異なっていたが，その後，登記どおりの物権変動がなされた場合，その登記はそのまま流用できるか。

1 不動産登記の意義

　不動産登記とは，不動産物権の変動の事実およびその内容を，国が作成し管理する登記簿に，登記官吏が記載すること，または記載された内容のことであり，近世の文明諸国において採用された制度である。その目的は，物権関係を公示することによって，取引の安全と円滑を図ることにある。

　登記制度にはいくつかの典型がある。たとえば，フランスにおいては，登記簿は，不動産の権利者を標準として編成される「人的編成主義」をとり，登記官吏は，物権変動の有無を実質的に審査する権限を有しない。また，登記は対抗要件であり，公信力をもたず，物権変動の反映ではなく，物権変動の経過を記録したものであるとされる。これに対して，ドイツにおいては，登記簿は不動産を標準として編成される「物的編成主義」をとり，登記官吏は，一般に実質的審査の権限を有する。また，登記は成立要件であり，公信力をもち，物権関係の反映である。この他，オーストラリアやアメリカの諸州で採用されているTorrens式の登記制度などがある。

　わが国の登記制度は「物的編成主義」をとる点でドイツと同様である（不動産登記法15条）が，登記官吏が物権変動の有無を実質的に審査する権限を有せず，登記が対抗要件であり，公信力をもたない点でフランスと同様である。

　177条は「不動産ニ関スル物権ノ得喪及ヒ変更ハ登記法ノ定ムル所ニ従ヒ其登記ヲ為スニ非サレハ之ヲ以テ第三者ニ対抗スルコトヲ得ス」と規定し，不動産物権の変動は，登記をもって公示方法とすることを明らかにする。すなわち，

登記の方法，登記の内容および登記の効力の3つを規定するのである。
　ここでは，登記の方法および登記請求権について概説する。なお，登記の内容の大部分については，*No. 5*～*No. 7*で，すでに概観しており（中間省略登記については次項*No. 9*で説明する），登記の効力についての説明は，次項（*No. 9*）に譲る。

2　不動産登記の方法
(1)　登記の種類
　登記は，本登記と予備登記とに大別される（図8-1）。
　(a)　本登記（終局登記）　本登記とは，完全な対抗力を有する登記であり，実体法上，不動産の物権変動が完全に効力を生じ，登記に必要な手続上の要件が具備している場合になされるべきものである。本登記には，次のようなものがある。
　① 記入登記　新しい登記原因によって，独立の順位を基本とし，新たに登記簿に記入することによってなされる登記が「記入登記」である。物権の設定・移転の登記，未登記の不動産の所有権の保存登記がこれにあたる。
　② 変更登記　すでになされた登記の一部の変更を目的とするのが「変更登記」である（不動産登記法56条以下）。変更登記の対象は，権利の内容と目的の変更に限定される。
　③ 回復登記　「回復登記」には，登記原因の無効・取消によって抹消された登記事項の回復を目的とする「抹消回復登記」（同法67条～68条），登記簿が火災などによって滅失した場合に，それと同一順位の登記を新しい登記簿に復元する「滅失回復登記」（同法23条・69条以下）がある。
　④ 抹消登記　実体的な権利の消滅等を原因として，登記事項の抹消を目的とするのが「抹消登記」である（同法141条以下）。
　⑤ 附記登記　既存の主登記（附記登記に対して記入登記を「主登記」と呼ぶ）に附記して，その一部を変更し，それを維持する登記が「附記登記」である（同法56条1項・71条・134条，民法393条など）。

図8-1

登記 ┬ 本登記
　　 └ 予備登記 ┬ 仮登記
　　　　　　　 └ 予告登記

図８－２　登記簿表題部

土地登記簿―表題部記載例

5775-3

表題部（土地の表示）

所在	①地番	②地目	③地積 m²	原因及びその日付	登記の日付
A市B町字C	五七七五参番	宅地	~~壱五八 弐弐~~	五七七五番壱から分筆	平成弐年弐月弐八日 ㊞
	番		壱五五 八弐	③五七七五番参・同番六に分筆	平成壱弐参年壱月弐壱日 ㊞
	番				
	番				

表題部（土地の表示）

所有者					
A市B町〇丁目〇番〇号　乙某	番	番	番	番	番

一丁

枚数：㊞ ㊞ ㊞ ㊞ 5 6 7 8 9 10 11 12 13 14 15　地図番号

土地登記用紙（表題部）印発不一五〇

建物登記簿―表題部記載例

807-57

807-57

表題部（主たる建物の表示）

所在	家屋番号	①種類	②構造	③床面積 m²	原因及びその日付	登記の日付
A市B区C町八〇七番地五七	八〇七番五七	居宅	木造瓦葺弐階建	壱階 八〇 七参 弐階 参四 六五	平成壱〇年壱〇月壱壱日新築	平成壱〇年壱〇月壱五日 ㊞

表題部（附属建物の表示）

符号	①種類	②構造	③床面積 m²	原因及びその日付	登記の日付	所有者
1	車庫	鉄筋コンクリート造陸屋根平屋建	弐弐 四四		平成壱〇年壱〇月壱五日 ㊞	A市B区C町八〇七番地五七　甲某

一丁

枚数：㊞ ㊞ ㊞ ㊞ ㊞ ㊞ 7 8 9 10 11 12 13 14 15　所在図番号

建物登記用紙（表題部初葉）印発不一五一

No. 8 不動産登記の意義と登記請求権

図8−3 登記簿甲区，乙区

土地登記簿―甲区記載例

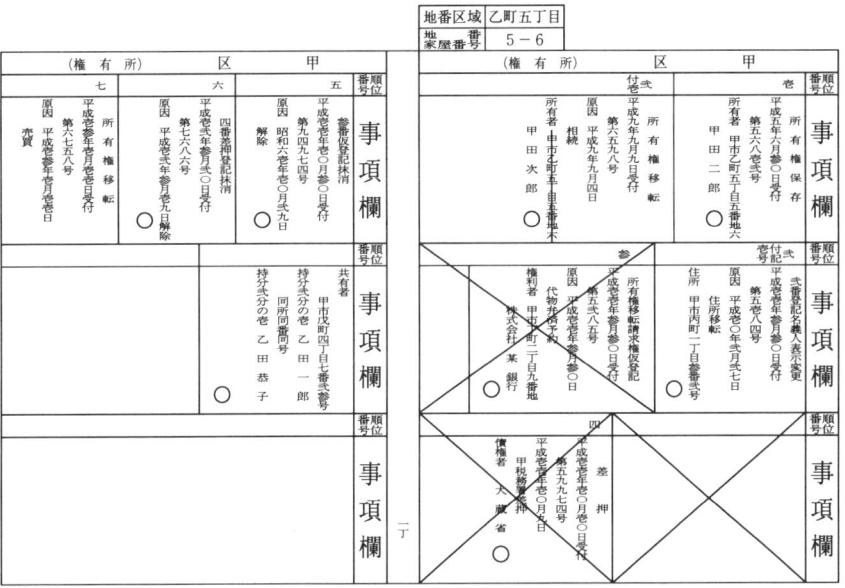

地番区域	乙町五丁目
地番 家屋番号	5−6

順位番号	甲　区　（所　有　権）	順位番号	甲　区　（所　有　権）
壱	事項欄 所有者　甲市乙町五丁目五番地六　甲田二郎 第五六八弐号　平成五年参月〇日受付 所有権保存	五	事項欄 原因　平成九年〇月〇日受付 第九四九七四号 四番差押登記抹消 解除
付壱	事項欄 弐番登記名義人表示変更 住所移転　甲市内町二丁目弐番弐号 第五六弐八四号　平成八年弐月七日受付	六	事項欄 原因　平成弐年参月〇日受付 第七六八六号 四番差押登記抹消 解除
弐	事項欄 所有者　甲市乙町五丁目五番地六　甲田次郎 相続 原因　平成九年九月四日 第五九五九号　平成九年九月九日受付 所有権移転	七	事項欄 原因　平成壱七年〇月壱日 第六弐五八号 売買 所有権移転
参	事項欄 所有権移転請求権仮登記 権利者　甲市乙町二丁目九番地　株式会社某銀行代位弁済者同日 原因　平成壱年参月参月〇日 第五九五号　平成壱年参月〇日受付		事項欄 共有者 甲市戌町四丁目七番弐参号　持分弐分の壱　乙田一郎 同所同番号　持分弐分の壱　乙田恭子
四	事項欄 差押 債権者　甲税務署長　大蔵省 第五九九七〇号　平成壱年壱〇月〇日受付 平成壱年〇月〇日		事項欄

土地登記簿―乙区記載例

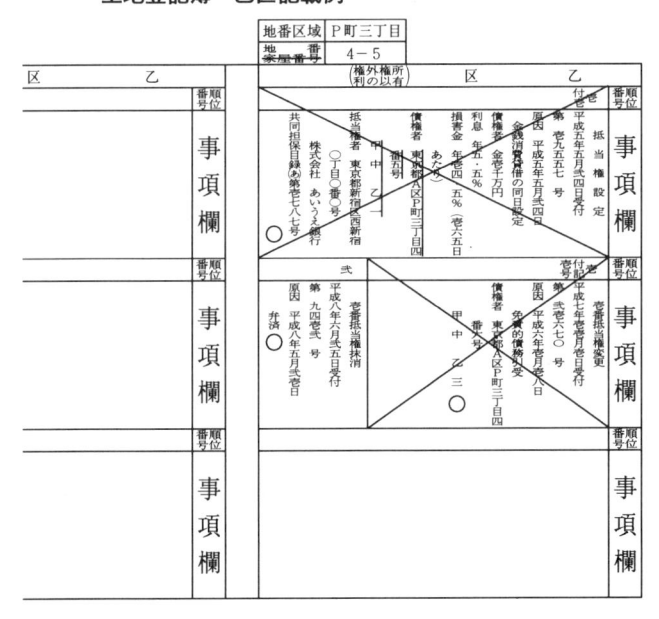

地番区域	P町三丁目
地番 家屋番号	4−5

順位番号	乙　区　（所有権以外の権利）	順位番号	乙　区　（所有権以外の権利）
壱	事項欄 抵当権設定 第壱五五七号　平成五年五月四日受付 原因　平成五年五月四日 金銭消費貸借同日設定 債権額　金壱千万円 利息　年五・五％ 損害金　年四・五％（壱六五日） 債務者　甲中乙四番号　東京都新宿区Ｐ町三丁目四 ○丁目○番○号　東京都新宿区西新宿 株式会社　あいうえ銀行	付壱	事項欄 壱番抵当権変更 第壱参六〇号　平成六年壱月壱〇日受付 原因　平成六年壱月八日 免責的債務引受 債務者　東京都大田区Ｐ町三丁目四 番号　甲中乙三
弐	事項欄 壱番抵当権抹消 第九四弐五号　平成八年六月弐五日受付 原因　平成八年五月弐壱日 弁済		事項欄
	事項欄		事項欄

(b) 予備登記　いまだ本登記の要件が具備されていない間に，将来なされるべき登記の準備としてなされるのが「予備登記」である。予備登記には，「仮登記」と「予告登記」がある。両者については，次項（*No. 9*）で解説する。

(2) **不動産登記簿**（図8－2，8－3）

不動産登記簿は，登記所に備えられている公簿であり，「土地登記簿」，「建物登記簿」，「立木登記簿」などに分かれている。わが国においては，既述のように，登記簿は物権の目的である不動産を基準に編成され（物的編成主義），一筆の土地，一棟の建物，一個の立木につき一用紙を備えている（不動産登記法15条）。これを「一不動産一登記用紙主義」という。

登記簿用紙は，表題部，甲区，乙区に分かれ，表題部には，土地または建物の表示に関する事項，甲区には所有権に関する事項，乙区には所有権以外の権利に関する事項を記載する（同法16条）。また，順位番号欄には，事項欄に登記事項を記載した順序を記載する（同法16条3項～5項）。

表題部の記載は「表示の登記」と呼ばれ，登記官吏が職権でこれを行う（同法25条ノ2）。ただし，職権による登記がなされても，原則として，対抗力をもつ「権利の登記」にはならない。

(3) **登記の手続**

登記は，当事者の申請，または官庁公署の嘱託にもとづいてなすのが原則とされる（不動産登記法25条）。

当事者の申請にもとづいてなされる登記は，登記をなすことによって利益を受ける「登記権利者」（たとえば，不動産の買主）と，登記をなすことによって不利益を受ける「登記義務者」（たとえば，不動産の売主）との協力でなされるのが原則である（同法26条）。ただし，判決または相続による登記（同法27条），義務者の承諾書等が付された仮登記（同法32条），保存登記（同法100条）などは，登記権利者が単独で申請をしうる。なお，登記手続に瑕疵があったとき（偽造や無権代理によって登記がなされたとき），登記と実体的権利関係が合致していなければ，当該登記は無効とされるが，登記と実体的権利関係とが合致していた場合には，瑕疵の重大性等を考慮しつつ，有効か無効かが決定される。

官庁公署の嘱託にもとづいてなされる登記には，予告登記（同法34条），仮処分による仮登記（同法32条），官庁または公署の公売処分による移転登記（同法

29条)，官有不動産または地方公共団体の所有に係る不動産に関する登記（同法30条)，官庁または公署が不動産に関する権利を取得した場合(同法31条)等がある。

3 登記請求権
(1) 意　　義
　既述のごとく，登記は，登記権利者と登記義務者の協力の下になされるのであるが，登記義務者が任意に協力しない場合には，登記権利者は登記をなしえないことになり，登記制度は意味を失うことになる。

　そこで，登記義務者が任意に協力しない場合には，登記権利者は登記義務者に対して，登記に協力すべきことを請求しうる。これが「登記請求権」である。
(2) **登記請求権の法的性質と発生原因**
　(a) **登記請求権の性質**　登記請求権は，登記権利者が登記義務者に対して有する，登記申請について協力を求める私権であり，国家機関たる登記所に対して，登記を申請しうる公権ではない。

　(b) **登記請求権の発生原因**　登記請求権の発生原因をめぐっては，これを一元的に理解する見地と，多元的に理解する見地との対立がある。

　前者は，登記請求権を，実質上の権利関係と登記との不一致を唯一の原因として生じる物権的請求権（学説によっては，物権的請求権に類似する権利）であると解する。これに対して，後者は，①実体的権利変動が生じたときには，債権としての登記請求権が生じ，②登記が実体的権利関係と一致しないときには，物権的請求権としての登記請求権が生じるとする。また，③当事者間に登記をする旨の特約があるときにも登記請求権が発生すると説く。

　なお，判例は，多元的理解によりつつ，①の場合の登記請求権の性質を物権的請求権であると解する（大判大9・11・22民録26輯1856頁)。

　非所有者が登記請求権を行使せざるをえないケースや，所有権から独立して消滅時効にかかることが不合理なケースの存在を考慮すれば，一定の見地に拘束されず，カズイスティーシュな問題解決を許容すべきであろう。
(3) **登記請求権の代位行使**
　不動産の所有権がA→B→Cと移転し，Cが代金を支払い，移転登記を望ん

でいるにもかかわらず，BがAに移転登記の請求をしない場合には，Cは民法423条の債権者代位権を転用して，Aに対するBの登記請求権を代位行使しうる。

Step up

●登記の有効要件　　かつて，判例は否定的立場をとったが，今日では，権利状態の現状に合致していれば，これを有効とする判例がある。不動産登記の意義を，権利状態の現状のみならず，権利変動のプロセスの正確な記録・公示に見出す見地はこれに反対するが，登記官吏が実質的審査権をもたず，登記費用と手数を省くため，変動の真相を反映しない登記が頻繁になされ，慣習化している実情に鑑みると，不動産取引の混乱を回避するためには，判例の立場が相当であると思われる。

Practice

下記の各問の正誤を答えなさい。

問1．登記官吏のミスで，申請とは別の不動産について記載がなされた場合，その登記は無効である。　　　　　　　　　　　（　　　）

問2．申請手続に瑕疵があっても，実体的権利関係に合致していれば，その登記は有効である。　　　　　　　　　　　　　（　　　）

問3．不動産が未登記のまま，所有者から権利を譲渡された者は，自分自身で保存登記をなしうる。　　　　　　　　　　　（　　　）

| *No. 9* | 登記(仮登記)の効力と中間省略登記 |

> 〈**CASE**〉 Aの所有する家屋に，Bが所有権移転請求権保全のための仮登記をなし，その後当該家屋の所有者がCに代わり，移転登記を経由した。Bが本登記を行うまでの間，Cが当該家屋を賃貸して得た収益を，本登記後，Bは不当利得として返還請求することができるか。

1 登記(本登記)の効力

一般に，本登記(以下，特記する必要のないかぎり，単に「登記」と記述する)の効力としては，対抗力，公信力，推定力を考えることができる。以下に，民法の下での，登記の効力について概観する。

(1) 対 抗 力

民法は，不動産の登記を対抗要件と位置づける。すなわち，登記は，当事者間においてはすでに効力が生じている権利関係を，「第三者」に対して主張することができる法的効力を有する。こうした法的効力を，対抗力という。

すでに述べたように(*No. 3*〜*No. 8*)，対抗力は，登記の効力の中で，主要かつ最も重要なものである。

(2) 公信力説と権利外観法理

わが国民法においては，登記は対抗要件であって，権利関係の存在が必ず登記されているわけではない。したがって，真の権利関係と登記が表している権利関係とが一致せず，これに起因して紛争が生じることがある。たとえば，不動産を譲渡されたが，その原因たる法律行為が，無能力，詐欺，強迫などを理由として失効した場合，相続人から相続分を超える財産を譲渡された場合，表見相続人から財産を譲渡された場合，虚偽の登記を信頼して不動産を購入した場合，債務者が預かって占有しているにすぎない動産に担保権を設定した場合，登記官吏のミスで誤った登記がなされた場合などである。

そこで，上記のような場合に，登記を信頼して取引を行った者を保護するた

めに，こうした行為を有効とする見地がある。その際，登記に付与される上記のような効力を公信力といい，かかる見地を公信力説という。もっとも，公信力の存在は，取引の動的安全には有意義であるが，真の権利者の立場を危うくするおそれがあり，その静的安全とは矛盾・対立する。

既述のように，民法は，即時取得＝善意取得（192条）という形で，動産の引渡については公信力を認める（動的安全の保護を重視）が，不動産登記については認めない。

このことから明らかなように，登記への信頼の法的保護は，わが国民法の下では，厳密には，公信力によってではなく，「権利外観法理」の一環として，不実の登記を放置したことに対する真の権利者の故意・有過失，および，登記を信頼したことに対する「第三者」の善意・無過失を衡量したうえでなされるべきであると考えられる（『ケイスメソッド民法Ⅰ』126頁以下を参照）。

(3) 推定力

登記には公信力はないが，登記がなされていることによって，不動産物権の所在・変動を推定することは可能である。したがって，真の権利関係が登記と異なることを主張したいときには，主張者は，このことを証明しなければならない。登記に対する反証が成った場合には，それによる権利関係の推定はくつがえされ，反証がないときには，登記のとおりの権利関係が存在することになる。

なお，後述する仮登記には，このような推定力は認められていない（最判昭49・2・7民集28巻1号52頁）。

2 仮登記の意義と効力

(1) 仮登記の意義

仮登記は，本登記に先立ってなされる登記である。不動産登記法2条によれば，仮登記は次のような場合に行われる。

① 物権変動はなされたが，本登記の申請に必要な手続上の条件が具備されていない場合（同条1号）。

② 本登記をなしうる権利の設定・移転・変更または消滅の請求権を保全する場合。この際，請求権は，始期付または停止条件付その他，将来において確

定すべきものであってもよい（同条2号）。

(2) 仮登記の手続

　仮登記も，本登記と同じく，それによって利益を得る仮登記権利者と不利益を得る仮登記義務者の共同申請によってなされるのが原則である（不動産登記法25条）。ただし，仮登記義務者が協力しないときには，登記すべき旨の判決を付すれば，仮登記権利者が単独で申請することができる（同法27条）。また，仮登記義務者の承諾があるとき（同法32条），仮登記をなす旨の仮処分命令を得たとき（同法33条）にも，仮登記権利者が単独で申請することができる。

　仮登記を本登記にするときも，共同申請がなされなければならないが，併せて利害関係人の承諾が必要になる（同法105条・146条1項，なお，105条は所有権に関する仮登記の規定であるが，中間処分による登記抹消の必要があるときには，その他の権利にも類推適用されるべきであろう）。利害関係人とは，登記上の後順位者など，仮登記が本登記になることによって自身の権利がくつがえる立場にある者である。

　たとえば，Aの所有する土地上に，Bが所有権移転請求権保全のための仮登記をなし，その後当該土地の所有者がCに代わり，移転登記——これが中間処分による登記である——がなされた場合でも，Bは，本登記の協力請求をAに対してすることになる。しかし，Aは現所有者ではないから，この際，現所有者であるCの所有権移転登記を抹消しなければならない（抹消がなされないと登記が矛盾することになる）。この抹消は，B単独ではなしえず，Cの承諾が必要である（図9−1）。Cが承諾しない場合には，Cに対して承諾請求の訴えを起こすことになろう。Cの承諾書または裁判の謄本がBの本登記申請書に添付されて提出された時には，登記官吏は本登記手続をし，職権でCの登記を抹消する。

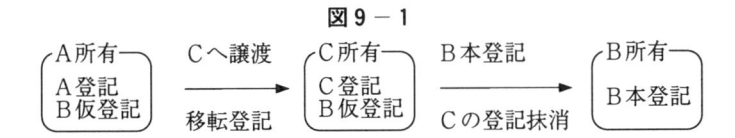

図9−1

```
┌A所有─┐         ┌C所有─┐         ┌B所有─┐
│A登記 │ Cへ譲渡  │C登記 │ B本登記  │B本登記│
│B仮登記│ ────→ │B仮登記│ ────→ │      │
└────┘  移転登記  └────┘ Cの登記抹消└────┘
```

(3) 仮登記の効力

　仮登記の主たる効力は，順位保全効である。たとえば，AがBとの間で，不

Ⅱ 物権変動

動産の所有権移転請求権保全のための仮登記をしておけば，その後，AがCに当該不動産を譲渡し，移転登記を経由したとしても，仮登記を本登記にすることによってBが優先することになる（図9－2）。

多くの場合，仮登記は，債権担保の目的でなされるが，これに関しては「仮登記担保契約に関する法律」が適用される（*No. 52*参照）。

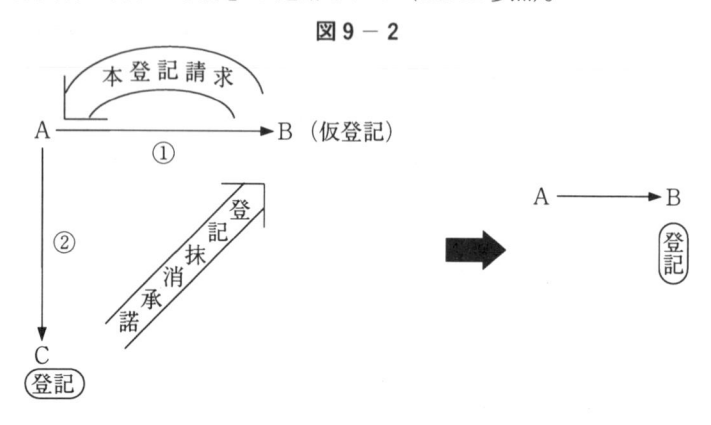

図9－2

3　予告登記

登記の有効性を争う訴えが提起された場合，このことを公示して，対象物権を取得しようとする第三者に警告を与えるためになされるのが，予告登記である。

4　中間省略登記

不動産の所有権が，A→B→Cと順次移転した場合に，Bを省略して，A→Cに直接所有権の移転登記を行うことを，中間省略登記という（図9－3）。中間省略登記は，登記の回数を減らし，登記免許税を節税する目的で行われている。

中間省略登記の有効性および請求の可否について，かつて，判例は否定的立場をとったが，今日では，学説・判例とも，登記が現状と一致していれば有効であり，Bの承諾が得られれば，Cはこれを請求しうるとする（なお，最判昭40・9・21民集19巻6号1560頁を参照）。正当であろう。

もっとも，不動産登記の意義を，権利状態の現状のみならず，権利変動のプ

ロセスの正確な記録・公示に見出す見地は、これに反対の立場をとる。

図9－3

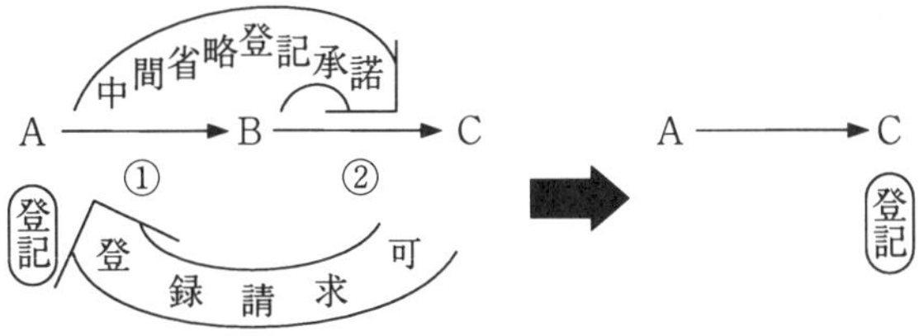

Step up

●**中間処分と果実の帰属**　Bの本登記によって、登記のもつ対抗力も遡及すると解すると、Cは法律上の原因なくしてB所有の家屋を使用し、収益したことになろう。しかし、仮登記がなされた不動産を購入することが容認されている以上、Cをそのように扱うことは合理性を欠くのではないだろうか。順位保全効と対抗力とは、法概念として分離されるべきであると考えられる。

Practice

下記の各問の正誤を答えなさい。

問1. 所有権移転請求権保全のための仮登記から所有権の所在が推定できる。
（　　　）

問2. 民法上、不動産登記は対抗要件ではあるが、公信力をもつ。（　　　）

問3. 登記義務者の承諾がないとき、登記権利者は単独で登記申請を行えない。
（　　　）

Ⅱ 物権変動

No.10　動産物権変動の対抗要件

〈CASE〉　AはBに対してその所有する土地・家屋を売却した。この土地には庭石や敷石が設置されている。Bは不動産移転登記を済ましたが，まだ引渡を受けていない段階で，AがCに庭石を売却してしまった。庭石は誰の所有になるか。

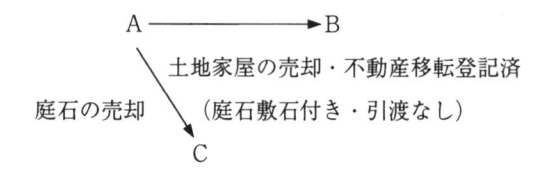

```
           A ─────────→ B
                土地家屋の売却・不動産移転登記済
     庭石の売却    （庭石敷石付き・引渡なし）
           ↓
           C
```

1　民法178条の趣旨

　民法178条は「動産ニ関スル物権ノ譲渡ハ其動産ノ引渡アルニ非サレハ之ヲ以テ第三者ニ対抗スルコトヲ得ス」と規定する。

　これは，176条が物権の設定・移転は，原則として当事者の意思表示により効力を生じる（意思主義）としていることを前提とするが，動産物権譲渡の公示方法を目的物の引渡とし，それがすまないうちは譲渡を第三者に対抗することはできない，というものである。

　動産に関する物権は所有権・留置権・質権・先取特権をあげることができるが，留置権および先取特権は意思表示によって発生するのではない。また質権は占有の取得によって成立する。したがって，動産物権で実質的に意思主義が妥当するのは動産所有権ということになる。

　動産物権の変動すなわち所有権の移転を当事者以外の第三者に主張するには引渡が必要である。たとえばAがBにDVDを売る合意が成立しても引渡がないとDVDの所有権取得をA以外の者に主張できない。

　なお，貨物引換証や船荷証券などの有価証券は，動産を証券に表示し，その記載および占有を公示方法とする。証券の引渡がそこに表示されている商品の

引渡と同じ効力をもち，証券上の権利譲渡の成立要件とされる（商575条・604条・627条・776条・573条・574条・603条）。

　また，通貨としての金銭は，価値の一定量を表示するだけの非個性的な存在であるから，有価証券よりさらに流通性を保障されなければならないので，金銭を現実に支配して占有する者はどのような理由で取得したか，またその占有を正当づける権利を有するかどうかにかかわりなく，金銭の所有者となる（最判昭39・1・24判時365号26頁）。

2　対抗要件としての引渡の態様

　動産物権変動の対抗要件は引渡であるが，これには4つの態様があると考えられている。現実の引渡の他，観念的な引渡すなわち簡易の引渡，占有改定，指図による占有移転である。

(1)　現実の引渡（182条1項）

　これは目的動産を現実に引き渡し，現実的支配を移すことである。動産の場合手から手へ渡すこと，動産を保管している倉庫のカギを渡すことなどが引渡である。

(2)　簡易の引渡（182条2項）

　これは，たとえばAがBに貸していた物をBが買い取る場合に占有を移転する旨の合意だけでBは引渡を受けたことになる。実際にBが借りていて目的物を所持しているのであるならば，わざわざ目的物をAに返却してまたBに戻すことは無意味であるからである。

(3)　占有改定（183条）

　譲渡人が物を譲り渡した後もこれを所持する場合，譲受人の占有代理人としてその物を所持するという意思表示によって占有権を譲り渡しうることを占有改定という。これは，譲受人に権利が移転したかどうか明らかではないので，公示方法としての引渡として認められるかどうか問題になるところである。しかしながら，認めないとすると手続が煩雑になるだけでなんら実効性がないことから，通説・判例は178条の引渡には，占有改定も含むとしている（192条の即時取得の要件である占有の承継取得に，占有改定が含まれるかどうかは問題になる）。

Ⅱ 物権変動

(4) 指図による占有移転（184条）

たとえば，目的物を第三者Cが所持している場合に，AがCに対してその物をこれからBのために占有することを命じ，Bがこれを承諾したときは，物をAに返してBに渡し，さらにCに預けるということをせずに，Bに占有権が移ることである。

3 登記・登録

民法上動産は土地およびその定着物以外のすべての物をいうが，その動産であっても特別の対抗要件を備えているもの，性質上引渡を対抗要件とするに適切でないものについては，178条の適用はなく，登記・登録が所有権得喪対抗要件，抵当権の得喪変更の対抗要件となる。

例：船舶（商法684条・686条），自動車（道路運送車両法4条・5条，自動車抵当法5条），航空機（航空法3条の2，航空機抵当法5条），農業用動産（農業動産信用法12条），建設機械（建設機械抵当法7条）

Step up

●**不動産の従物たる動産** 従物については，主物と一体的に扱うことが原則であるから（87条），不動産が譲渡され，移転登記が済んだときは，とくに引渡がなくとも，従たる動産の譲渡を第三者に対抗することができるだろうか。たとえば庭石，敷石などは，土地とは別の従物とするか，土地の定着物として土地の一部をなすと考えるかである。

判例（東京地判大3・2・10新聞928号21頁，大判昭10・1・25新聞3802号12頁）には，土地と何ら定着の関係はなく別の従物，動産であるとするものがあるが，土地の定着物と解するのが学説・判例（東京地判昭40・5・26判時419号37頁）の一般的見解であり，建物の畳・建具類について不動産の移転登記が済んでいれば引渡がなくとも従たる動産の譲渡を第三者に対抗できるとした判例（大判昭8・12・18民集12巻2854頁）もある。

〈CASE〉において庭石は従物であり，主物である土地とともに所有権は移転する。土地の移転登記が済み対抗することができるようになった以上，従物の取得を対抗することができると解される。BはCに対して，庭石の所有者であ

ることを主張できる。

Practice

下記の各問の正誤を答えなさい。

問1． 動産物権譲渡の公示方法は，目的物の引渡である。　　（　　　）

問2． 船舶の公示方法は登記であるから，深海に沈んだ船舶は178条の適用がない，ということになる。　　（　　　）

問3． 動産物権変動は不動産物権変動と同じで，当事者の意思表示だけで生じる。
　　　　　　　　　　　　　　　　　　　　　　　　　　　（　　　）

問4． 買主が宝石の売主に対して所有権を主張するには，売買契約の存在を主張するだけでよい。　　（　　　）

問5． 動産の取引は種類や数量が多く頻繁に行われるので，不動産のように登記という公示方法を採用することは困難であるので，占有の移転を対抗要件にしたといえる。　　（　　　）

No. 11　受寄者は178条の第三者か

〈CASE〉　AがBに寄託している動産をCに売却した場合，引渡がなくともCはBに対して所有権を主張できるか。

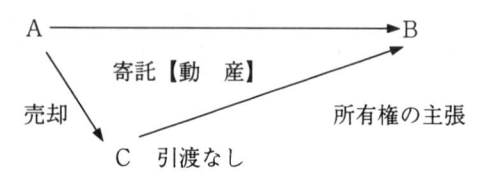

```
    A ─────────────────→ B
     \      寄託【動産】    ↗
   売却\                  ／
       ↘              ／所有権の主張
        C  引渡なし
```

1　引渡がなければ対抗できない第三者

178条により引渡がなければ動産の所有権取得を対抗できない第三者とは，誰か。当事者以外のすべての第三者に対して引渡がないと対抗できないのか，それとも一定の者に対しては引渡がなくとも対抗できるのか，という問題が生じる。

2　寄託物の譲渡

動産の譲渡が受寄物を目的物とする場合，目的物の直接占有者は動産の譲渡については第三者である。本当に譲渡があったかどうかは，譲渡人すなわち寄託者からの譲渡の通知，譲渡人が受寄者に対して，以後譲受人の代理人として占有すべきことを通知し，譲受人がこれを承諾する，という指図による占有移転の方法によると同時に，寄託契約にもとづく返還債権譲渡の通知（467条）がなければうかがい知れぬところである。そのため受寄者も引渡の欠缺を主張することができる，とする見解がある。

これに対して判例は，662条は寄託物の返還時期をいつと決めてあってもなくとも，受寄者は寄託者の返還請求に応じなければならないとしているため，受寄者は，引渡のないことを主張する正当な利益を有する第三者に当たらない，としている（大判明36・3・5民録9輯235頁，最判昭29・8・31民集8巻8号1567頁）。

Step up

●**問題となる「第三者」** 判例やこれを支持する学説の立場に寄れば〈CASE〉におけるCは、引渡がなくともBに所有権を主張できることになる。

178条における第三者の範囲が問題になるのは受寄者と、さらに動産の賃借人をあげることができる。

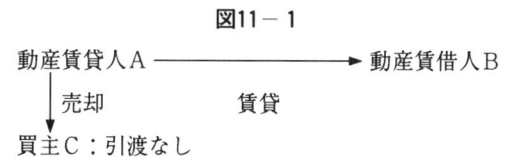

図11－1

```
動産賃貸人A ──────────→ 動産賃借人B
       │売却        賃貸
       ↓
       買主C：引渡なし
```

判例（大判大8・10・16民録25輯1824頁）は、CはAから指図による引渡を受けない限り対抗できないとし、Bは当該物件を誰に返還すべきかを確知することに関して重大な利害関係を有しているので、係争物件の引渡のないことを主張するにつき正当な法律上の利害関係を有する第三者であるとしている。Cは動産の引渡なくしてBに所有権を主張することはできない。

このように、動産物権変動における第三者の範囲は、間接占有下にある物を譲渡する場合の直接占有者が問題になるが、問題の対象が賃貸の場合か寄託かによって判例はその見解を異にしているので、注意を要する。

Practice

下記の各問の正誤を答えなさい。

問1．対抗しえない第三者の範囲については、不動産の場合と同じ問題が生じる。
（　　）
問2．判例は動産受寄者について178条の第三者該当説をとっている。（　　）
問3．判例は動産賃借人について178条の第三者該当説をとっている。（　　）
問4．動産の賃貸借において売買は賃貸借を破るとしても、賃貸借を破るためには対抗要件の具備が必要である。（　　）
問5．受寄者は目的動産上に物的支配を取得しようとする者ではなく、単に当該動産を寄託者のために保管するにすぎないから、目的物の譲受人と物的支配について対立する関係にはならない、という考えは判例の考え方と一致する。
（　　）

No.12　即時取得の成立要件

〈CASE〉　Aは，その所有する工場の機械類を担保のためにBに譲渡した。が，機械類はそのままAが使用していた。その後Aは担保のために同じ機械類をCに譲渡した。このような場合所有権の所在について，どのように考えたらよいか。

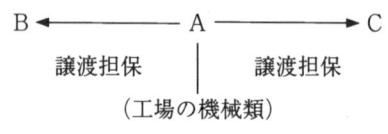

```
       B ◄─────── A ───────► C
         譲渡担保         譲渡担保
              （工場の機械類）
```

1　即時取得の意義

　物権変動について登記のような外界から認識できるようなものを要求することを公示の原則といい，真の権利状態と異なる公示が存在する場合にその公示を信頼して取引した者に対して，公示と同じ権利状態があったとして保護することを公信の原則という。

　不動産についてはその財産としての重要性から，取得者の利益よりも真の権利者の利益を優先して保護されるが，動産は不動産ほどの財産としての重要性はないことが多く，また取引が頻繁になされるので動産取引の安全を確保する必要から，真の権利者よりも取得者の利益保護が優先される。これが即時取得（善意取得）の制度である（192条）。

2　即時取得の成立要件

　即時取得の成立要件は，下記のとおりである。

(1)　目的物が動産であること

　即時取得の目的物は動産に限られる。ただし，登録された自動車のような場合について判例（最判昭62・4・24判時1243号24頁）は，「道路運送車両法による登録を受けている自動車については，登録が所有権の得喪並びに抵当権の得喪

及び変更の公示方法とされているのであるから，192条の適用はないものと解するのが相当」であるとして，即時取得を否定する。

　金銭については，その流通保護を徹底するため，金銭の所有権は占有のあるところにあると解されている。したがって占有があれば所有権を取得するため，即時取得の適用はない。伐採前の立木のままで非所有者から譲り受けて自ら伐採した場合も即時取得しない。

(2) 前主が無権利者であること

　売主が賃借人であったり受寄者であったり，売主の所有権取得行為が無効や取消になって，無権利者になった場合に，売主を所有権者と誤信して取引をした買主は即時取得によって所有権を取得できる。

(3) 前主に占有があること

　即時取得は，前主の占有に公信力を与える制度であるから相手方（前主）が目的動産を占有していることが前提となり，相手方が無権利者であっても占有していることが必要である。

(4) 無権利者との間に有効な取引行為があること

　即時取得は無権利者の有している占有への信頼を保護した取引安全のための制度であるから，占有者との取引の存在は必要でありそれは有効でなければならない。

(5) 占有の取得

　192条は，「占有ヲ始メタル」として，譲受人の占有取得を即時取得の要件としている。動産を直接占有していない譲受人の場合はどのようになるか。占有改定や指図による占有移転の場合があげられる。

　占有改定の場合，判例は，占有改定は従来の占有事実の状態に何ら変更を与えるものではないから，現実的占有をしていない買主などに即時取得を認めることは取引の安全を害し，192条の立法趣旨に反するとし（最判昭32・12・27民集11巻14号2485頁，最判昭35・2・11民集14巻2号168頁），即時取得を認めない。学説は多岐にわたる。

　指図による占有移転について，判例は，外観上従来の占有の事実状態に何ら変更がない場合には192条の適用はないとしている（大判昭9・11・20民集13巻2302頁）。なお，荷渡指図書にもとづき倉庫業者の寄託者台帳上の寄託者名義

が変更され，寄託の目的物の譲受人が指図による占有移転を受けた場合には192条の適用を認めている（最判昭57・9・7民集36巻8号1527頁）。

(6) 平穏・公然・善意・無過失

占有の取得が強暴な行為によってなされることなく，利害関係を有する者に対し隠蔽しないことが必要である。ここで善意・無過失とは，単なる知らなかったということではなく，「動産の占有を始めた者において，取引先の相手方がその動産につき無権利者でないと誤信し，かつかく信ずるにつき過失のなかったことを意味する」（最判昭26・11・27民集5巻13号775頁）。

3 動産の即時取得の効果

動産の即時取得の効果として192条は，「即時ニ其動産ノ上ニ行使スル権利」が取得されると規定している。即時取得によって取得できる権利は動産の上に認められる権利で，民法上所有権，質権である。所有権が即時取得されるときはその上に存在していたほかの物権は消滅し完全な所有権が取得されるので，原始取得であると解されている。

Step up

●即時取得と譲渡担保　動産の占有を移転せずに担保に供して資金を得る目的で用いられる慣習上の担保物権が，〈CASE〉の場合の担保すなわち譲渡担保である。債権者に機械類を譲渡し，代金を受領して所有権を移転するが，引渡は占有改定によって行い，機械類は債務者のもとにそのまま置いておき工場の作業を続ける。もし債務者が借金の返済ができないと，債権者は所有権にもとづき機械類を持っていくことができる。

〈CASE〉の場合，Aは二重の譲渡担保権を設定している。このような場合，Cが現実の引渡を受けないかぎり，Bのみが譲渡担保権者である，と解する説，Cが善意無過失であるならば，Cのみが即時取得により譲渡担保権者となる，と考える説，占有改定も対抗要件であるから，Aに担保価値を残す必要はなく，Bが第1順位，Cが第2順位の譲渡担保権者になり，Cが善意無過失で現実の引渡を受けるとCが第1順位，Bが第2順位の譲渡担保権になる，と考える説などがある。

判例（最判昭62・11・10民集41巻8号1559頁）は，「構成部分の変動する集合動産であっても，その種類，所在場所及び量的範囲を指定するなどの方法によって目的物の範囲が特定される場合には，1個の集合物として譲渡担保の目的とすることができるものと解すべき」で，「債務者がその構成部分である動産の所有権を取得したときは債権者が占有改定の方法によってその占有権を取得する旨の合意に基づき，債務者が右集合物の構成部分として現に存在する動産の占有を取得した場合には，債権者は，当該集合物を目的とする譲渡担保権につき対抗要件を具備するに至ったものということができ，この対抗要件具備の効力は，その構成部分が変動したとしても，集合物としての同一性が損なわれない限り，新たにその構成部分となった動産を包含する集合物について及ぶものと解すべきである。」とし，引渡を対抗要件としている。

Practice

下記の各問の正誤を答えなさい。

問1．無償行為である贈与によって物を譲り受けた場合即時取得は成立しない。
（　　　）

問2．不当利得は関係当事者間における財産価値の移動を公平の原則によって調整しようとするものであるから，即時取得制度は無償の取得者まで保護するものではない，と解する説もある。（　　　）

問3．民法は，占有を始めたるものが善意にして……とだけ規定し，占有の開始において善意であることという表現になっていないので，善意無過失の判断については占有の開始時を基準としなくともよいとする説と，基準とする説に分かれる。（　　　）

問4．平穏・公然・善意・無過失の立証責任について，判例は，およそ占有者が占有物の上に行使する権利はこれを適法に有するものと推定される以上（188条），譲受人たる占有取得者がこのように信じるについては過失のないものと推定され，占有取得者自身において過失のないことを立証することを要しない，と判断している。（　　　）

問5．法人の即時取得についての善意無過失の有無は，第1次的にはその代表機関について決すべきであるが，その代表機関が代理人により取引したときは，その代理人について判断しなくてはならない。（　　　）

No. 13　盗品および遺失物について

〈CASE〉　Aが所有する最新のノートパソコンをBが盗み，①中古のパソコンショップCに持っていき売却した。②Cはこれを店頭に並べ客のDが購入，持ち帰った。このような場合，AはCまたはDに対してどのような主張ができるか。

1　盗品・遺失物の特則

193条は，192条により即時取得が成立し，その目的物が盗品および遺失物であるときに適用される。原権利者の意思に反してまたは意思によらずして占有を離れた盗品および遺失物の場合，被害者または遺失主は2年間善意取得者に対してその物の回復請求権を行使できる。

これは，取引の安全は常に真の権利者の犠牲の上に成り立っているので，原権利者の保護とのバランスを図ったものと考えられる。

2　盗品および遺失物

盗品とは，窃盗または強盗によって占有者の意思に反して占有を剥奪された物をいう。

遺失物は，窃盗・強盗以外の方法で占有者の意思によらずにその占有を離れた物をいう。193条と194条が適用される遺失物については，拾得者が遺失物法の定めるところによる法定の手続をとらず，みずから拾得物横領をしてこれを他に処分した場合である。

3　効　　果

被害者または遺失主は，盗難または遺失の時より2年間，占有者に対してその物の回復を請求することができる。

盗難または遺失の時から，2年の間に，盗品または遺失物である動産を取得

し，現に占有している「占有者」が，回復請求の相手方である。

被害者または遺失物は，いかなる内容の回復請求ができるのか，すなわちこれは盗品または遺失物の所有権がどちらに帰属するかという問題に関係する。判例は，原所有者に帰属するという立場にたっているが，学説は判例の説をとるもの，善意者取得説をとるものに分かれる。

Step up

●**代価弁償**　Aは2年間はCに対して返還請求ができる。

Dに対してはAは193条により2年間は返還請求ができるが，その場合DがCに支払った代価を弁償しなければならない（194条）。

返還するまでの使用利益の帰属はどのように考えられるか，について判例（最判平12・6・27民集54巻5号1737頁）は，Aの弁償の提供があるまで盗品等の使用利益を行う権限をDは有する，としている。これは，回復者と被害者等との保護の均衡を図った194条の趣旨から，弁済すべき代価に利息が含まれないこととの均衡上，占有者に使用収益を認めるのが両者の衡平にかなうことを理由とするが，さらにDが弁償を受けずに返還をした後でも，194条にもとづいてAに代価の弁償を請求できるとしている。

なお，194条の特則として質屋営業法，古物営業法等があり，質屋・古物商が盗品等を取得したときは，たとえ善意であっても，被害者・遺失主は盗難または遺失のときから1年は無償で返還請求できるとしている。

Practice

下記の各問の正誤を答えなさい。

問1．193条は，刑法上の窃盗罪・強盗罪の成立を前提とする。　（　　　）

問2．返還請求できるのは，被害者または遺失主であり，所有権者に限られるので，貸借人や受寄者は含まれない。　（　　　）

問3．2年という期間は除斥期間と解される。　（　　　）

問4．有価証券については，このような特則はない。　（　　　）

問5．194条により占有物を回復するにはその物が現存することを前提としているので，物が滅失した場合は回復請求権が消滅するだけである。　（　　　）

Ⅱ 物権変動

No. 14 | 明 認 方 法

〈CASE〉 Aは，その所有する山林の立木(りゅうぼく)だけをBに売却し，Cには立木も含めて山林を売却した。Cは明認方法だけをほどこした。BCの関係を考えてみよう。

1 明認方法

通常の動産のような引渡が行われにくいもの，たとえば立木・未成熟の果実などの土地の生育物はその土地の一部とみなされ，土地と未分離のままでは譲渡できない。しかしながら，慣行上土地とは独立して取引の対象とされている。このような取引を公示し対抗する手段として認められたのが明認方法である。

具体的には，立木の皮を削って所有者の氏名を墨書したり，焼印を押すことが通常行われる方法である。稲立毛(いなだちげ)の場合は立札をたてたりする。

立木については「立木ニ関スル法律」によって登記をすることができる。しかし立木登記は実際あまり行われない。

明認方法で公示できる物権は，所有権に限られる。

2 明認方法による対抗

Aが土地の上の立木のみをBに譲渡した場合，Bは明認方法をほどこすことによって対抗要件を備えることができる。判例（最判昭36・5・4民集15巻5号1253頁）は，明認方法が物権変動の対抗要件として効力を有するためには，物権変動の際に明認方法がなされただけでは足りず，第三者が利害関係を取得する時にもそれが存在していなければならないとしており，通説もこれを支持する。

Step up

●明認方法と登記　Cは，登記をすることができるのであるから，

〈CASE〉のような場合，Cの明認方法に対抗力を認める必要はないと考える説がある。これに対して，明認方法が慣習法として認められる以上は，土地と立木両方を譲り受けた場合であっても，明認方法をほどこせば立木についての対抗力を認めてもよいという見解が通説であるといわれる。

〈CASE〉の場合，Cが先に登記をし，Bが後で明認方法をほどこしたとするならば，Cが立木の取得についてもBに対抗できるということができる。

Bが先に明認方法をほどこし，その後にCが土地の移転登記をしたという場合には，①登記の対抗力を，やむを得ず認められた明認方法と同じに扱うのは不都合であるから，登記の対抗力を優先させることが妥当であると考え，Cが立木の所有者とする見解と，②両方に同等の対抗力を認める見解がある。明認方法の対抗力としては明認方法の存続が必要であるから，第三者が取引をするときに，明認方法が存在していなければ対抗力は否定されるので問題は生じない。また後でなされた登記によって明認方法の対抗力が覆ってしまうのでは，明認方法を認めた意味がなくなる。そこで明認方法に登記と同様の対抗力を認め，先になされたほうを優先させるというのがその理由である。Bが立木について所有者となる。

Practice

下記の各問の正誤を答えなさい。

問1．明認方法は，抵当権や不動産先取特権等のための公示方法としても認められている。　　　　　　　　　　　　　　　　　　　　（　　　　）

問2．明認方法は，土地の生育物が取引上その土地と分離した存在であることを表示するものである。　　　　　　　　　　　　　　　（　　　　）

問3．A所有の土地の譲受人Bが未登記のまま立木を植栽し，さらにその後この土地がCに二重に譲渡されてしまった場合，Bが明認方法をほどこしていなくとも立木の所有権は主張できる。　　　　　　　　　　　（　　　　）

問4．明認方法は対抗力存続の要件であるから，消えてしまった場合は第三者に対抗できない。　　　　　　　　　　　　　　　　　　（　　　　）

問5．立木のみの二重譲渡の場合は明認方法の先後による。　　（　　　　）

No. 15　物権の消滅

〈CASE〉　Aの所有地にBの地上権が設定され，その地上権にBがCのために抵当権を設定した。その後BはAからその土地を購入した場合，地上権や抵当権はどのようになるか。

1　消滅原因

　物権の消滅は，物権変動の1つであるが，物権にはそれぞれに特有の消滅原因がある。すべての物権に共通する消滅原因は，目的物の滅失，消滅時効，放棄，混同である。このうち混同だけが民法の物権総則に規定されている。

2　目的物の滅失

　たとえば，家屋が火災で焼けたという場合には家屋所有権など一切の物権は消滅する。しかし，担保物権は，担保物の交換価値を支配するものであるから，担保物が滅失しても，経済的にそれに代わるものがあれば，この価値の上に存続する。担保物権の物上代位である（304条・372条）。

3　消滅時効

　所有権以外の物権は，原則として，20年の消滅時効によって消滅する。占有権は，占有の事実そのものと離れてありえないから，消滅時効は問題とならない。

4　放　　棄

　権利者によって権利は自由に放棄できるのが原則である。物権の放棄は，その意思表示のみによって物権消滅の効果を生じる。したがって権利者による放棄によって物自体は存続するが，物権は消滅する。ただし登記の抹消をしなければ第三者には対抗できない。

放棄の意思表示は，所有権・占有権については特定の者に対してする必要はないが，それ以外の物権については，放棄によって直接利益を受けるものに対してなされなければならない。

物権の放棄は自由であるが，他人の利益を害することはできない。たとえば，地上権または賃借権にもとづいて所有する建物が抵当権の目的とされた場合，地上権・賃借権を放棄しても，これを抵当権者に対抗できない。

5 混　　同

混同とは，併存させておく必要がない2個の法律上の地位が同一人に帰することをいう。たとえばAの所有地に地上権をもっていたBがその土地の所有権者になった場合のように，179条1項本文は，同一物について所有権およびその他の物権が同一人に帰したときは，その物権は消滅する，と規定している。

Step up

〈CASE〉の場合，混同によりBの地上権が消滅してしまうとするならば，Bの地上権を対象としたCの抵当権までが消滅してしまうことになる。それはBに対して抵当権の負担から逃れることを許す結果になる。そこで民法は179条1項但書および2項但書において，第三者の権利の目的となっているときは，混同の例外と規定した。すなわちBの地上権は消滅しないことになる。

Practice

下記の各問の正誤を答えなさい。

問1．建物が火事で焼失しても，木材や石材などが残存していれば建物所有権はそれらの動産所有権として存続する。　　　　　　　　　　　（　　　）

問2．建物が焼失してしまっても，火災保険に入っていた場合，建物の担保物権はなくならない。　　　　　　　　　　　　　　　　　　　　（　　　）

問3．所有権は消滅時効によって消滅しないので，他人がその目的物を時効取得により原始的に取得しても，その反射として消滅することはない。（　　　）

問4．借地権者が地上の建物に抵当権を設定し，その後，借地権を放棄した場合，398条を類推適用して抵当権者に対抗できる。　　　　　　　（　　　）

Ⅲ 占有権

No. 16　占有権の社会的機能

〈CASE〉　自作農創設特別措置法にもとづき政府から農作地の売渡を受けたAが，売渡処分の取消処分がなされて当該地が京都市の児童公園用地として現所有者Bから京都市に所有権移転登記がなされた。しかし，まだ公用開始行為がなかったが建設省告示によれば京都市計画公園に指定されていた。耕作人Aは売渡処分の取消を知らず，善意の自主占有者として短期の取得時効を主張した。原審はAの過失を認めたが，最高裁は過失を認めなかった。

1　占有制度

　近代物権法は，一方では，所有権や他物権のように法律上正当な根拠にもとづいて観念的な物支配を保護する制度（Aが所有する土地をBに賃貸すれば，土地を直接支配するのは賃借人Bであるが，所有権は土地を支配していないAに帰属する。このことを観念的な物支配という）と，他方では，法律上の根拠を問うことなく，その物の事実的支配をそのまま法律上保護する制度（賃借人Bが土地を直接支配することを事実的支配という）を認めた。近代社会では，所有権等は観念化され，物の事実的支配とは異なるものとされ，物の支配は観念的支配関係と事実的支配関係とに分けられ，物の支配秩序を維持するためには，この双方について規律することが要請される。そして，物の事実的支配を占有とし，占有は一応適法と推定され，これに対する侵害を排除することができるものとされている。わが民法は，自己のためにする意思をもって物を所持するときは，その法律上の根拠を問うことなく占有権を取得するものとし（180条），占有権に種々の法的効果を認めている。

　しかし，占有権の法的機能は多様であり，180条以下の規定を一元的に理解することはむずかしい。180条以下を概観すれば，①動産物権変動の対抗要件に関する規定（182条〜184条），②取得時効の要件に関する規定（185条〜187条・

203条),③即時取得に関する規定(188条・192条〜194条),④物権的返還請求権の効果に関する規定(189条〜191条・196条),所有権の取得等に関する規定がほとんどである。占有権の効果として意味のあるものは,197条以下の占有訴権だけであろう。

2　多元的構成

占有権に関する民法の規定は,占有を要件としている種々の法律制度(取得時効・即時取得・対抗要件等)によりさまざまな利益が多元的に規定しているために,統一的にとらえることがむずかしい。それは,占有制度の社会的機能が多元的であるということと,歴史的理由によるのである。

(1)　占有制度の社会的機能

占有制度の社会的機能は,主として,占有保護機能・本権公示機能・本権取得的機能の3つであるとされている。

(a)　占有保護機能　　占有権は,その法律上の根拠を問うことなく,物の事実的支配状態をそのまま法律的に保護することにより成立する。そして,占有は一応適法であると推定され,これに対する侵害を排除して原状に回復する機能を有する。その手段として占有訴権が存する。

占有訴権の社会的意義については,ドイツ普通法以降,さまざまな学説が主張されてきた。①占有は所有権の事実的な反映であり,証明困難な所有権を占有を理由として保護する(所有権保護説)。②占有妨害は,占有者の人格に対する不法行為であるから,それを排除する(人格保護説)。③自力救済を禁止して,社会の平和・秩序維持をはかる(平和維持説)。④個人的利益の保護を通じて社会の平和・秩序維持をはかろうとする(生活関係維持説)。⑤占有訴権制度の本来の目的は,物権的請求権により保護されない,債権的権限にもとづく占有の保護のための制度である(債権的利用権保護説)。⑥近時は,占有訴権では財産保護を問題とすべきであり,それとともに平和維持の目的を達することであるという,平和維持説と生活関係維持説をミックスした見解が有力である。これは,物が継続的に占有されると,物を占有し続けることによる価値が占有者にもたらされる。物の占有が侵害される場合には,占有(保護に値する利益の侵害)を理由として,占有訴権による回復を求めることを許し,さらに本権者の

実力による回復（自力救済）を認めず社会の平和・秩序維持を図ろうとする趣旨である。

(b) **本権公示機能**　　占有制度は，占有という外観を本権とは独立して保護するものである。しかし通常は，占有の背後に本権が存し本権は占有を通じて実現されるものである。だから，占有は本権を公示する機能を有する。本権の推定（188条），動産物権変動の対抗要件（占有の公示力）と即時取得（占有の公信力）等が中心的な制度である。

(c) **本権取得的機能**　　占有制度は，占有者による物の事実的支配が一定期間継続し，そのことが社会秩序となるような場合には，一定の条件で本権の取得が生ずるとし，さらに本権に準ずる効果を付与している。取得時効が中心的な制度である。その他には，善意占有者の保護（189条〜191条・196条），家畜外動物の占有による取得（195条），無主物先占（239条）等である。

(2) **占有制度の歴史**

現行の占有制度は，ローマ法のポッセシオとゲルマン法のゲヴェーレの双方に由来しその結合の所産である。そのために多元的構成となった。

(a) ローマ法上のポッセシオとは，物の法律的支配としての所有権とは完全に切り離され，所有権等の本権の存否を有無を問わずに，物の事実的支配そのものとして占有訴権により保護されるのである。わが民法では，占有訴権，占有者の果実取得権，占有者の損害賠償義務，費用償還請求権等がローマ法に由来する。

(b) ゲルマン法上のゲヴェーレとは，権利の衣という意味であり，物の事実的支配はその背後に本権の存在を予定していた。物権とは，権利の事実的支配との合体したものであって，物権の移転はゲヴェーレの移転によってのみ行われ，また裁判で破れるまでは正当なものとされる防御的効力，侵害を排除しうる攻撃的効力を有したのである。民法上，取得時効，即時取得，権利の推定等はゲヴェーレに起源を有するのである。

3　占有の成立

(1) **主観説と客観説**

民法上，占有は「自己ノ為メニスル意思」をもって「所持」することによっ

て成立するとされている（180条）。しかし，所持者の意思は外部から知ることができず，みずからもこれを証明することができないから，占有の意思を厳格に解すると不都合な結果となることが多い。そこで，占有には，所持のほかに特別の意思を必要とするか否かに関して，ドイツ普通法時代に論争され，所持のほかに意思が必要であるという主観説と，占有は所持のほかに特別の意思を要しないという客観説が対立した。

【主観説】　占有には所持のほかに意思が必要であるとする。しかし学説・判例は，意思をなるべく緩やかに解釈しようとし，「自己ノ為ニスル意思」をめぐる解釈を通して占有意思の客観化が図られた。占有意思は，占有を生ぜしめた原因・権原の性質により客観的に定められる（売買により土地の所有権を取得したような場合），この意思は一般的潜在的であれば足り（ポストに入れられた郵便物に対する占有），自己の責任において物を所持するものは占有意思がある（遺失物拾得者も占有者である），占有意思は占有取得には必要だが占有継続には必要ではない等々（購入後，しまい込んで忘れていても占有は成立する），とされている。これらは，主観説の修正とされているが，所持があれば占有があることとなり，客観説とほとんど同じ結果となっている。

【客観説】　所持する意思を伴った所持があれば足りるとする客観説と，単なる所持で足りるという純客観説がある。わが民法上の解釈は客観説への傾斜が顕著である。したがって，占有の性質は占有取得原因により一義的に決定され，占有取得原因は，法律上または事実上占有を取得するにいたった事由を意味するから，すべての占有の性質はこれにより決定されると解するべきである。そのために，占有の成立のためには特別の意思を必要としない。

(2) 所　　持

所持とは，物に対する事実的支配をいい，必ずしも物理的に把握していることを要せず，社会観念上，物がその人の事実的支配内にあると認められる客観的関係があることである。本権がなくとも所持が認められることがあり，反対に本権があっても所持が認められない場合もある。具体的に見てみると次のようになる。

(a) 土地について　　家屋の屋根の下の土地は通常家屋所有者の事実的支配に属するとされる（大判昭16・12・12新聞4753号9頁）。建物はその敷地を離れて

存在しえないから，建物を占有使用する者はこれを通じてその敷地をも占有するものと解される（最判昭34・4・15訟務月報5巻6号733頁）。しかし，土地の利用に際し，立札等の明認方法により公示すれば所持が認められるが，立札・縄張り等の方法をとらずに境界に4個の石を埋めただけでは，事実的支配があるとはいえない（東京地判昭28・4・24下民集4巻4号620頁）という例もある。土地については，土地の利用の方法・程度により具体的に判断され，その程度は，排他性・明認性・継続性等により判断されている。

　(b)　家屋について　　空家の所有者がカギをかけてそれを所持し，あるいは標札等により権利を公示しなくとも，空家の隣家に居住し出入り口を監視して容易に他人の侵入を制止できる状態にあるとき（最判昭27・2・19民集6巻2号95頁）には所持が認められる。また，部屋に所有物を残しているとき（東京高判昭29・4・27東民時報5巻4号92頁）にも所持があるとしている。

　(c)　動産について　　無主動産の所持が問題になっている。貝殻払下げの許可を受けた者がその所定区域に標杭を設置し監視人を配置した場合に，区域内に打ち上げられた貝殻について当然に所持の成立が認められる（大判昭10・9・3民集14巻1640頁）とする。また，狩猟の目的で狸を狭隘な岩窟中に追い込み，岩で入口を閉塞した場合に，狸の所持を認めた（大判大14・6・9刑集4巻378頁）例がある。

　(d)　その他　　電力会社の高圧送電線を架設するに際し，電気工作物を規程で定められている特定範囲の空間について占有権の成立を認めている（大阪高判昭38・7・4判時354号30頁）。しかし，占有とはいえず準占有にあたるとする判例もある（大阪地判昭38・1・25下民集14巻1号106頁）。また，所持は，物の一部についても，公用物の上にも成立する。

4　準占有

(1)　意　義

　本権の有無を問わずに物の事実的支配を保護（占有）し，社会の平和と秩序の維持という法の目的を達成しようとするのが占有制度である。したがって，物の事実的支配を伴わない財産的利益の事実的支配も，占有と同様に保護されるべきである。これが準占有または権利占有といわれる制度である。民法は，

「自己ノ為メニスル意思ヲ以テ財産権ノ行使ヲ為ス場合」には占有に関する規定を準用する（205条）ものとして，広く財産権一般に準占有の制度を認めた。

なお，民法は，準占有に関して205条の包括的な準用規定とは別に，第1に，478条で債権の準占有者への弁済について規定している。債権の準占有の場合には，事実上債権者の外観をもつ者に弁済した債権者を保護するいわば外観信頼保護の規定である。第2に，163条は財産権の取得時効を定めている。これは物に対する用益的権利の事実上の行使による取得時効を定めているが，そこで実際に行われているのは物の占有そのものであり，それを準占有と構成する必要はない。

(2) 成　　立

(a)　「自己ノ為メニスル意思」を有すること。占有と同様に客観的に解釈すべきである。

(b)　「財産権ノ行使」　占有の所持に相当するものである。社会観念上，「財産権がその者の事実的支配のうちに存すると認められる客観的事情があること」と解されている。

(c)　成立範囲　① 所有権・地上権・永小作権・質権・賃借権などは，物の占有を内容とし，それにより行使される権利であるから，準占有の成立を認める必要がない。しかし，判例は，通行地役権に関して準占有の成立を認めている（大判昭12・11・26民集16巻1665頁）。これについて，学説は占有を論ずれば十分であるとしている。

② 鉱業権・漁業権などの準物権は，鉱区や漁場などの事実的支配があれば準占有の成立を認めるべきであろう。

③ 著作権・特許権・商標権等の無体財産権と電話加入権のように特定の債権関係について，通説は，これらの著作物等につき物質的経済的利益を支配することを内容とするから，準占有の成立が認められるとしている。しかし，準占有を認めると，著作権を有しない者が他人の著作物を公刊した後真正の著作者が同じ著作物を公刊すると，著作権を有しない者が真正著作者に対して差止めと損害賠償ができることになり不都合であるという批判がある。後に真正著作権者が本権の訴えで勝訴するから問題はない，という見解もある。

④ 先取特権・抵当権等の担保物権は，物の占有を目的とせずその交換価値

に対する支配であるから準占有が成立する（通説）。

⑤　通常の債権について，債権の内容に相当する利益を事実上支配するものとして準占有が認められる（通説・判例）。しかし，準占有の効果として，占有訴権の規定を準用することは真正の債権者にも認められない保護を与えることになり不当であるという批判がある。

⑥　形成権（取消権・解除権）については，形成権の行使者が債権者たる地位のような法律的地位の承継者であるような外観を呈するような場合に準占有が認められる。しかし，形成権などは，手段的権利であり実質的利益を内容とするものではないから準占有を考えることができない，という批判もある。

(3)　効　　果

準占有には，占有に関する規定が準用される（205条）。権利の推定（188条），果実の取得（189条・190条），費用償還請求（195条），占有訴権（197条以下）が準用されるが，その準用の範囲と態様は権利類型により決定される。

権利の推定は広く準用され，果実の取得と費用償還に関する規定は，物の利益にかかわる諸権利，とくに無体財産権について準用する実益がある。

占有訴権は，物の事実的支配の要素を含む地役権や準物権（鉱業権・漁業権）について準用の実益がある。無体財産権については見解の対立がある。

即時取得は，動産の占有に公信力を付与して取引を保護する特別な制度であるために，準占有への即時取得の準用は認められない。

Step up

●**占有理論**　　ドイツ普通法において，主としてローマ法源の解釈として占有理論が争われた。この論争は，普通法時代の社会地盤に立脚したものであるが，占有権が成立するためには心素（何らかの意思）と体素（所持）の双方の要素を必要とするのかどうかに関するものであった。現在まで受け継がれている占有学説を分類すると以下のようになる。第1に，体素（所持）とともに心素（何らかの意思）を必要とする主観説がある。これには，意思の種類により所有者意思説（サヴィニー），支配者意思説（ヴィントシャイト），自己のためにする意思説（デルンブルヒ）に分けられ，社会の進展に応じて所持者が占有者として保護される範囲の拡大化傾向を示すものである。第2に，所持だけで

足り，意思を必要としないとする客観説がある。この客観説には，事実上の力の行使は物の存在を意識し，意思の存在を前提としてはじめて可能である。したがって，所持は所持意思の発露であって所持意思にもとづく外部的状態が事実的支配つまり占有と認められるべきである（客観説＝イェーリング）とし，この意思は所持に吸収されるのである。そのような意思をも必要としないとするのが純客観説（ベッカー）である。

Practice

下記の各問の正誤を答えなさい。

問1．賃借人には自己のために占有する意思はない。　　　（　　　　）

問2．法人の機関の所持について，法人実在説で説明すれば，法人自体の所持が認められる。　　　（　　　　）

問3．狩猟の目的で狸を狭隘な岩窟中に追い込み，岩で入口を閉塞した場合に，狸の所持が認められる。　　　（　　　　）

問4．物の事実的支配を伴わない財産的利益の事実的支配は，占有と同様に保護されるべき問題ではない。　　　（　　　　）

Ⅲ 占有権

No.17 占有の形態

<CASE> Aが賃借人Bに占有させる場合に，Aは賃借人B（占有代理人）によって占有を取得する。これを代理占有という。占有代理人は本人の占有すべき権利にもとづいて所持し，最終的には本人へ返還すべき地位にある。たとえば，賃貸借・使用貸借・法定代理関係・質権設定等にもとづく所持に，このような関係がある。しかし，このような関係はすべて外形的にみるべきだから，賃貸借終了後はもちろん賃貸借契約が最初から無効であっても，事実上賃貸借が行われていれば代理占有関係は成立する。

1 代理占有

(1) はじめに

占有者が目的物をみずから直接に所持することを自己占有という。これが占有の基本的な形態であり，取得時効や占有訴権等で実際に援用される占有の多くがこれに属する。しかし，民法は，他人に所持させることによっても占有の成立を認めている（181条）。占有代理人による占有であるために代理占有という。たとえば，賃借人（占有代理人）が物を所持している場合に，その所持を通して所有者（本人）が占有を有するような場合である。本人は，占有すべき権利にもとづいて賃借人に直接に所持させながら，占有するものとされ，占有代理人の事実的支配は本人の事実的支配に由来するとみられる場合には，本人にも占有による保護を享受させることが社会的に要請される。このような場合に，本人にも占有訴権を中心とする占有権の保護が与えられる。

(2) 代理占有と類似のもの

(a) **代理占有と代理との違い**　意思表示の代理は，代理人が意思表示を行いその法律効果が直接本人に帰属するものであるが，占有の代理は，客観的な事実的支配に対する法的保護の問題であり，占有代理人の意思表示の効果ではない。ただ代理人の占有により本人も直接に代理占有を有するという点につい

て，類似性を示すにすぎない。

(b) **占有補助者ないし占有機関** 店員が店の品物を物理的に手中にしていても，主人の指図に従いその手足となっているようなときには，社会観念上，店員は独立して物の事実的支配を行使しているとは認められず，他人の事実的支配の所持補助者・所持機関とみられる。他人の使用人として家屋に居住するにすぎない者は，雇主の占有の範囲内で所持をしているにとどまり，独立の占有をしているとはいえない（最判昭35・4・7民集14巻5号751頁）。また，居住家屋に夫と同居する妻および子，その他の家族（大判昭10・6・10民集14巻1007頁），現在は同居していない家屋所有者の家族（最判昭28・4・24民集7巻4号414頁）は占有補助者とされている。

(3) 代理占有の要件

現実には，物がBの事実的支配の下にあっても，AB間に存在する特別な社会関係（契約関係・事務管理関係・家族関係等）の結果，社会観念上Aがその物を事実上支配しているとみられる場合，Aはこの物を占有しているものとされる。同一物が重畳的に2人の者の事実的支配に属すると社会観念上認められる場合には，占有代理人は本人の占有すべき権利をもととして所持をなし，終局的には本人に返還すべき地位にある。

代理占有が成立するための要件は，次の3つである。

(a) **占有代理人が所持を有すること** 占有代理人は独立の所持を有することが必要であるために，占有の補助者や占有の機関の所持は，独立性がないために代理占有の関係ではない。

(b) **占有代理人が本人のためにする意思を有すること** この要件は，修正された主観説の立場からは，占有の権原の性質から客観的に判断されればたり，主観的に本人の利益のために占有することを要しない，と説明される。しかし，客観説の立場では，占有代理意思は占有代理関係によって決せられるから，占有代理関係に意思を吸収し独立の要件としては論じない。

(c) **本人と占有代理人の間に占有代理関係が存在すること** 外形上，占有代理人の所持は本人の占有すべき権利に由来し，終局的には本人に返還すべき地位にあることが必要である。たとえば，法定代理関係・賃貸借・使用貸借・寄託契約等にもとづく所持にこのような関係がみられる。このような関係はす

べて外形的に判断されるべきものであるから，賃貸借終了後であっても，事実上賃貸借が行われていれば代理占有関係は成立する（大阪地判昭29・8・10下民集5巻8号1303頁）。

(4) 占有代理の効果

本人は，占有代理人が所持する物について占有権を取得し，占有権から生ずる種々の法的効果を受ける。第1に，占有侵奪の有無は，まず事実上その物を所持する占有代理人について決しなければならない。したがって，本人の占有回収の訴えは，占有代理人について侵害のあったときにはじめて認められる（大判大11・11・27民集1巻692頁）。第2に，占有の善意・悪意に関しても同様である。本人の善意・悪意は，まず占有代理人について定められる（大判大11・10・25民集1巻604頁）。もっとも占有代理人が善意であっても本人が悪意の場合には，悪意占有となる。第3に，占有代理人に対する権利の行使は，占有に関しては本人に対してもその効力を生ずる。たとえば，地上権者に対する明渡請求は地上権設定者である本人の取得時効をも中断する（大判大10・11・3民録27輯1875頁）。

2　占有の態様

(1) 自主占有と他主占有

(a) 自主占有とは，所有の意思をもってする占有であり，他主占有とは，他に所有権者が存在することを前提として行われる占有である。「所有の意思」とは，目的物について所有者と同様の排他的な支配を行おうとする意思である。所有の意思の有無は，その占有を取得させた原因，または占有に関する事情等によって外形的客観的に決められる。たとえば，買主や盗人等は常に所有の意思を持つ者として自主占有者とされ，賃借人や受寄者等は，常に所有の意思を持たない者として他主占有者とされる。

判例は，共同相続人の1人が単独相続と信じて相続開始時から相続財産を現実に占有し，その管理・使用・収益等を1人で行い，公租公課等の費用を単独で負担し，他の相続人が異議を述べなかったという場合に，相続開始時に自主占有を取得した（最判昭47・9・8民集26巻7号1348頁）と判断している。また，所有の意思は，占有に関する事情によっても決定されるから，占有者が占有中に

真の所有者であれば通常とらない態度を示し，もしくは所有者であれば当然とるべき行動に出なかった等，外形的客観的にみて他人の所有権を排斥して占有する意思を有していなかったものと解される事情（他主占有事情）が証明されるときには，占有者の意思如何を問わずに，その所有の意思を否定し，時効による所有権取得の主張を排斥することになる（最判昭58・3・24民集37巻2号131頁）とする。

(b) 他主占有から自主占有への変更

自主占有は，他主占有にはない特別の法律効果を有するため，他主占有から自主占有への転換の可否が問題となる。所持の意思の有無は，占有取得原因によって客観的に定まるから，他主占有から自主占有に変更する場合にも客観的な変化を必要とする。そこで，185条は，次の2つの場合に，この変更を認めている（185条）。

① 他主占有者が，「自己ニ占有ヲ為サシメタル者ニ対シ所有ノ意思アルコトヲ表示」すること（前段）である。これは，占有者が権原と相容れない行為により所持の態様が客観的に変更し，その所持の態様が所有の意思あることを事実上表示し，所有者がこれを知って変更状態が確定的となることを要するものと解すべきである。判例によれば，小作人Bが，農地解放後に最初に地代を支払うべき時期にその支払をせず，これ以降所有者Aは小作人Bが地代を一切支払わずに自由に耕作し占有することを容認していたときには，小作人BがAに対して所有の意思のあることを表示したものと認められる（最判平成6・9・13判時1513号99頁）としている。

② 他主占有者が「新権原ニ因リ更ニ所有ノ意思ヲ以テ占有ヲ始ムル」こと（後段）である。たとえば，賃借人が賃借物を買い取ったとき，賃借人の他主占有は自主占有に変わる。判例によれば，小作人が所有者の無権代理人から農地を買い受け，農地法所定の手続を経て移転登記を経由した場合には，遅くともその登記の時から自主占有者となる（最判昭51・12・2民集30巻11号1021頁）。また，小作人が所有者から買い受けたが効力要件である都道府県知事の許可等の手続を経ていない場合には，遅くとも代金の支払時から自主占有を取得する（最判昭52・3・3民集31巻2号157頁）。

また，本条は，その性質上1つの他主占有から他の他主占有への変更（賃借

権から永小作権にもとづく占有への変更)、また自主占有から他主占有への変更にも準用される。

(2) **正権原にもとづく占有ともとづかない占有**

占有することのできる権利(本権)にもとづいてなす占有を、正権原にもとづく占有あるいは占有すべき権利にもとづく占有という。そうでない占有を正権原にもとづかない占有(盗人の占有等)という。これに対しては、物権的請求権が行使される。

(3) **善意占有と悪意占有**

正権原にもとづかない占有のうち、占有者が正権原(本権)があると誤信して占有している場合を善意占有という。正権原がないことを知り、または正権原の有無について疑いを有しながら占有している場合を悪意占有という。通説は、善意占有に与えられる法律効果との関係から、とくに占有の場合に限って疑いを有する場合を悪意と解している。

この区別の実益は、取得時効、占有者の果実取得、回復者に対する占有者の立場、即時取得等にある。

(4) **過失ある占有と過失なき占有**

善意占有のうち、過失のある場合と過失のない場合の区別である。区別の実益は、取得時効と即時取得などに現れる。

(5) **瑕疵ある占有と瑕疵なき占有**

平穏・公然・善意・無過失・継続の占有を瑕疵なき占有という。これに反して、強暴・隠秘・悪意・過失・不継続な占有を瑕疵ある占有という(説明の仕方の違いだが、瑕疵なき占有のいずれかの要件を欠いている占有を瑕疵ある占有ともいう)。これについての区別の実益は、取得時効と即時取得についてである。

(6) **単独占有と共同占有**

単独占有とは、1つの物について1人が占有する場合の占有であり、共同占有とは、数人が共同して同一物を占有する場合の占有である。共同占有は、共同で直接占有をする場合にも、共同で間接占有をする場合にも成立する。ただ、同一物に関して、直接占有と間接占有が成立する場合は共同占有ではない。共同占有の場合の果実の取得、費用償還請求、占有訴権については共有の規定を

類推することになる。

(7) 自己占有と代理占有（間接占有と直接占有）

用益権者・賃借権者・質権者・受寄者等の他人のために占有する権利義務のある者が行う占有を直接占有といい，その他人が有する占有を間接占有という。わが国では通常，間接占有＝代理占有，直接占有＝自己占有としていた。間接占有関係は，通常,「本人甲が外見上占有すべき権利を有し，所持者乙がこの権利にもとづいて物を所持するため，乙が甲に対し，外見上，物を返還すべき地位にある場合」というように意思が客観的に解されていることと，意思表示の代理とは異なることから，ドイツにおけると同様に間接・直接占有の用語が適当であろう。

(8) 占有の態様に関する推定

占有者は，所有の意思をもって，善意・平穏・公然に占有をなすものと推定される（186条1項）。さらに，前後両時において占有していた証拠があるときは，占有はその間継続したものと推定される（186条2項）。社会の事実状態を一応正当なものとして保護し，社会秩序を維持しようとする占有の作用からみれば，この推定は妥当なものである。無過失については，186条のような明文の推定規定がないので推定されない，と解するのが通説である。判例は，10年の取得時効を主張するものは，自己の所有と信じたことにつき無過失の立証責任を負うとする（最判昭46・11・1判時654号52頁）。しかし，即時取得については，占有者は188条により占有物の上に行使する権利を適法に有するものと推定されるから，無権利者から動産を買い受けた者が自己に過失のないことを立証する必要はなく，即時取得を争う者の側に過失の立証責任を負わせている（最判昭41・6・9民集20巻5号1011頁）。

占有の善意推定については，果実の取得との関連で，善意の占有者が本権の訴えで敗訴した場合には起訴の時にさかのぼって悪意であったとみなされる（189条2項）。

Step up

●**法人の占有補助者**について　法人の機関の所持については，法人実在説で説明すれば，法人の機関の行為を法人自身の行為として認めようとするもの

である。したがって，法人の理事，取締役等が職務に関連して法人のために物を所持する場合には，法人自体の所持が認められ，法人の機関は，法人の占有機関であって占有代理人ではないと解される（最判昭32・2・15民集11巻2号270頁）。これに対して，法人擬制説で説明すれば，近代社会では法人と理事の関係は個人対個人の代理関係としての構造を有する。理事は法人の代理人であり理事と法人の間には占有代理関係が成立し，理事は占有代理人，法人は本人という関係になる。

Practice

下記の各問の正誤を答えなさい。

問1．代理占有では，占有の善意・悪意は占有代理人について判断されるから，本人が悪意でも悪意の占有とはならない。　　　　　　　　　　（　　　　）

問2．自主占有とは，所有の意思をもってする占有であり，他主占有とは，他に所有権者が存在することを前提として行われる占有である。　　（　　　　）

問3．家屋に夫と同居する妻および子，その他の家族は占有者とされている。
　　　　　　　　　　　　　　　　　　　　　　　　　　　　　（　　　　）

問4．悪意占有とは，自らの占有が本権にもとづかないものであることを知っている場合を言い，本権のないことを疑っている程度では悪意とはいえない。
　　　　　　　　　　　　　　　　　　　　　　　　　　　　　（　　　　）

| *No.18* | 占有権の取得 |

> 〈CASE〉 A所有の土地・建物をB（他主占有者）が管理を委任されてその一部に居住していた。B死亡後も相続人Xらがその占有を引き継いだが，AはXらに土地・建物の明渡を要求したため，XはAからの贈与を主張して所有権移転手続を求めた。問題は，被相続人が他主占有者として占有していたが，相続人はみずからに所有権原があるものとして占有するにいたっている場合，相続人について所有権取得時効が成立する可能性がないか，という形で問題となる。

1 はじめに

　占有は物の事実的支配であり，占有権はその法律効果であるから，新たに占有という事実が生ずれば，占有権は原始的に取得される。たとえば，AがBに目的物を引き渡した場合には，Aが引き渡した時にAの占有が消滅し，Bが受け取ったときにBの占有が新しく成立する（原始取得される）ようでもある。しかし民法は，AB間の引渡による占有者の交代を占有権の譲渡といい，占有権の承継取得を定めている（182条1項）。占有権は占有にもとづいて生ずるものであるから，占有権の承継は占有を伴ってはじめて可能である。そして，Aの物支配が社会観念上その同一性をたもちながらBに移転したと認められるならば，占有そのものの承継が認められる。占有の移転性を認めることは，占有を観念化することでもある。民法は，182条以下に占有が意思によって承継的に取得される4つの主要な態様を定めた。また，占有は相続によっても移転するものとし，その観念化に拍車をかけることになる。

2 意思にもとづく占有の移転

(1) 現実の引渡

　占有権の譲渡は，原則として占有権譲渡の合意と占有物の引渡によりその効

力を生ずる（182条1項）。占有物の引渡が要件になっていることが，物権変動における意思主義の原則に対する例外である。引渡は社会観念上，物の事実的支配が譲渡人から譲受人に移転されることを意味する。具体的に，動産と不動産とではその態様を異にする。動産については，その手渡や送付等の場所的移動がなされることが現実の引渡である。不動産については，現地における引渡の確認等が現実の引渡である。さらに，土地に関し権利書の交付により引渡を認める判例がある（大判昭6・5・7評論全集20巻民683頁）。

(2) 簡易の引渡

賃借人が賃借物を賃貸人から購入する場合のように，占有の譲受人または占有代理人が現に占有物を所持している場合には，占有権の譲渡は当事者の意思表示のみによって行うことができる（182条2項）。これは，譲渡人が一度目的物を取り戻して，あらためて現実の引渡をするという手数を省くのである。この場合，当事者は，とくに占有移転の意思表示だけをするとは考えられないので，占有の性質を変更させる原因となる法律行為に関する意思表示でたりるものと解されている。簡易の引渡は，占有者と占有補助者との間でも行うことができる。

(3) 占有改定

建物の所有者Aがそれを譲渡すると同時に譲受人Bから借り受ける場合のように，建物を譲渡した後にも譲渡人が引き続いてこれを所持する場合には，占有移転の合意だけで占有が移転される。譲受人Bは，譲渡人Aを占有代理人としてみずから占有を取得するものとされる。183条は，代理人が自己の占有物を爾後本人のために占有すべき意思を表示したときは，本人はこれによって占有権を取得する，と規定している。代理人＝譲渡人（占有代理人），本人＝譲受人である。また，爾後本人のために占有すべき意思表示とは，特別の意思表示を必要とせず，占有の性質を変更させる原因となる法律行為に関する意思表示でたりると解されている（最判昭30・6・2民集9巻7号855頁）。

占有改定は，意思表示だけで間接占有が移転されるために占有が観念化し，公示機能を十分に果たしえない。しかし，通説・判例は，物権変動の対抗要件が占有改定により具備されるとしている。他方，即時取得では，占有改定が「占有ヲ始メタル」にあたるかに関し議論がある。また，譲渡人が譲受人の占

有補助者ないし占有機関となる場合にも，占有改定に準じて占有の移転を認めるべきである。

(4) 指図による占有移転

譲渡人Aが占有代理人Cによって占有している場合に，譲受人Bが譲受後も引き続き同じ占有代理人Cによって占有しようとするときには，譲渡人（A＝本人）がその占有代理人に対し爾後譲受人のために占有すべき旨を命じ，譲受人（B＝第三者）がそれを承諾すれば，譲受人は占有権を取得する（184条）。目的物は，譲渡の前後を通じて占有代理人＝直接占有者のもとにあって変化がないにもかかわらず，占有者と第三者間の合意だけで間接占有が移転する。譲渡人Aの占有代理人Cへの指図は通知することであり，同意を要しない。判例は，賃貸人の借地人に対する建物収去土地明渡請求に対し借地人が建物買取請求を主張した場合に，建物に賃借人がいるときには，建物の指図による占有移転を求める趣旨が含まれている（最判昭36・2・28民集15巻2号324頁）とする。

3　占有権の相続

(1)　被相続人の占有権が相続によって当然に相続人に移転することは，ドイツ民法・スイス民法等が明文で肯定している。わが民法には規定がないが，学説・判例は相続による占有権の承継を認めている。それは，被相続人の死亡により占有権が当然に相続人に移転するものでないなら，第三者がその物の占有を始めても占有侵奪とならないので，占有回収の訴えにより返還を求めることができず，さらにまた，取得時効では，占有は継続しなかったことになり時効期間が中断され，後に占有を開始した相続人は，前主（被相続人）の占有期間との合算を主張することができないことになる。そこに相続によるその承継を認める必要がでてくる。通説・判例は，占有権の相続を認め，被相続人の占有に属していた物は，被相続人の死亡により相続人が所持ないし管理しているか否かおよび相続の開始を知っているか否かにかかわりなく，当然に相続人に帰属する（最判昭44・10・30民集23巻10号1881頁）と解している。

(2)　占有権が承継されるとする場合，一方では，前主の占有と同一性を有する占有が継続するものと考えられ，他方では，自己固有の占有を始めたものとみられる。そこで民法は，占有承継人は，その選択に従って，自己の占有のみ

を主張することも，また，自己の占有に前主の占有をあわせて主張することもできる（187条1項）としている。また，自己の占有に前主の占有をあわせて主張する場合には，その前主の瑕疵（悪意・過失・強暴・隠秘）をも承継する（187条2項）。たとえば，相続人が善意占有を12年つづけ，前主（被相続人）の悪意占有8年を通算して，20年の悪意占有を主張してもよいし，また自己の12年の善意占有を主張してもよい。

　また，前主とは，直前の前主に限らず，現占有者に先立つすべての前主をさすから，特定の前主以下の前主の占有をあわせて主張することができる（大判大6・11・8民録23輯1772頁）。

　(3)　通説・判例は，占有権の相続を認め，第三者が相続人の占有を侵害した場合には占有回収の訴えにより返還を求めることができ，さらに相続により取得時効のための占有は継続したこととなる，というように具体的な問題は解決された。しかし，現実の所持なき観念的な占有が一定期間存在するという新たな問題を生み出してしまった。

　相続人は，相続により観念的占有権を取得するが，さらに，相続開始後に，相続人が相続財産を所持するに至ったときは，相続財産上の占有権は彼固有の占有権としての性格をも有するという。この二面的性格は，新権原による他主占有から自主占有への変更（185条）および187条の適用があるかの問題について，意義を有する。

　(a)　相続は185条の「新権原」にあたるかについて，旧判例はこれを否定的に解し，被相続人が他主占有であった場合には相続人が相続によって取得する占有も他主占有である（最判昭6・8・7民集10巻763頁）としていた。しかし学説は，相続の場合には，被相続人から相続開始によって当然承継する占有（観念的占有）と，相続人が現実に遺産を所持することによって取得する固有の占有とを分けて考え，とくに相続人固有の占有については，被相続人の占有と切り離して，相続人の自主占有として認めるべきことを主張している。そこで判例は，相続人が被相続人の死亡により相続財産の占有を承継したばかりでなく，新たに相続財産を事実上支配することによって占有を開始し，その占有に所有の意思があるとみられる場合には，被相続人の占有が所有の意思のないものであったときにも，相続人は185条の「新権原」により所有の意思をもって占有を

始めたものというべきである（最判昭46・11・30民集25巻8号1437頁）とするに至った。

　(b)　取得時効に関して，相続人が前主の占有を併せて主張するか，自己の占有のみを主張するかの選択の自由を有するかについて，従来の判例は，相続人が新権原によって自己固有の占有を始めるのでないかぎり，被相続人の占有の性質および瑕疵をそのまま承継するとし，相続の場合には187条1項の適用はなく，常に相続人は被相続人の占有とあわせて主張しなければならず，その際には同条2項により被相続人の「占有の瑕疵」を承継する（大判大6・2・28民録23輯322頁）ものとしていた。しかし，相続人が占有権の相続により観念的占有権を承継したにすぎない場合には，相続人の有する観念的占有権は，もっぱら被相続人の占有の延長であり，相続人はこの占有を主張することになる。しかし，相続人が物を所持して普通の占有権を有するに至ったときは，相続人は一方では，被相続人の占有の延長としての占有権を，他方では，物の所持にもとづく自己固有の占有権を有するに至るから，被相続人の占有期間を併せあるいは相続人自身の占有期間のみを切り離して主張する選択の自由が認められることになろう，という見解が有力に主張されるに至った。そこで最高裁は，187条1項は相続のような包括承継の場合にも適用され，相続人は必ずしも被相続人の占有についての善意・悪意の地位をそのまま承継するものではなく，その選択に従い，自己の占有のみを主張しまたは被相続人の占有に自己の占有をあわせて主張できる（最判昭37・5・18民集16巻5号1073頁）とするようになった。

4　占有権の消滅
(1)　自己占有の消滅

　占有権は，物の事実的支配という事実が存在する限り成立する権利であるから，占有という事実がなくなることによって消滅する。占有権は物権一般の消滅原因によって消滅するが，その性質上，混同（179条）・消滅時効（166条以下）は適用されない。

　占有者がみずから物を所持している場合には，占有は次の事由で消滅し，したがって占有権が消滅する（203条）。

Ⅲ 占有権

(a) 「占有ノ意思ヲ放棄」すること　自己のために占有する意思がないことを積極的に表明する者については，占有の消滅を認めなければならない。すなわち，物を持つ意思がなくなっても（占有放棄の意思）人と物の場所的関係がそのままであるため，客観的な所持の喪失が認められず，占有の消滅のためには積極的な占有放棄意思の表示を要する。

(b) 所持を失うこと　物の事実的支配としての所持は占有の要素であるから，所持を失うと占有も失われる。所持の喪失は社会観念によって判断される。判例によれば，劇場内の売店を再三の督促にかかわらず使用しないまま2年8カ月も徒過しているような場合には，その場所に対する所持を失うもの（最判昭30・11・18裁判集民20巻443頁）とした。

(c) 占有者が占有を侵奪されて所持を失った場合には，占有者が占有回収の訴えを提起し，勝訴したときは，占有権は消滅しなかったものとして取り扱われる（203条但書）。または，勝訴に準ずる積極的解決を得た場合（侵奪者が任意に物の返還をなした場合等）も同様に解すべきである。

(2) 代理占有の消滅

占有代理人の直接占有の消滅は，自己占有と同様に考えてよい。本人の占有が本人または占有代理人のどのような行為によって消滅するのかがここでの問題である。占有代理人によって占有している場合には，本人の占有は次の事由で消滅し，したがって占有権が消滅する（204条）。

(a) 本人が，占有代理人によって占有をなさしめる意思を放棄すること（同条1項1号）　本人が占有代理人に占有させる意思を放棄することを積極的に表示したときとは，占有代理人の手中にある物の事実的支配をそのままにして自己の間接占有を消滅させるのだから，本人が放棄意思を積極的に表示すれば占有は消滅する。

(b) 占有代理人が本人に対して，爾後自己または第三者のために占有物を所持するという意思を表示したこと（同条1項2号）　たとえば，遺失物拾得者が遺失物の一部のみを返還し残部を所持するような行為は，自己または第三者のために占有物を所持すべき意思を事実上表示することである。これは，本人が占有代理人の直接占有を通して間接占有している関係と明白に相容れない行為を意味する。

(c) 占有代理人が，占有物の所持を失ったこと（同条1項3号）　判例によれば，賃借人が賃貸物を他人に売り渡したときは，賃借人は所持を失い，賃貸人の占有は消滅する（大判昭17・11・20新聞4819号12頁）。

(d) 代理占有の成立　これには，賃借人によって代理占有されている場合のように占有代理関係の存在が必要であるが，賃貸借関係という占有代理関係が法律上の効力を失い消滅しても，代理占有そのものは当然には消滅しない（204条2項）。代理占有は事実上の関係であるから，その関係は外形的に存在すればたり，占有をなすべき本権関係によって直接的影響を受けないのである。

Step up

●**相続は新権限か**　最判昭37・5・18（民集16巻5号1037頁）は，相続のような包括承継の場合にも187条1項の適用を認めるにいたった。この場合，前主の「瑕疵」の中に「所有ノ意思」の有無が含まれるのかどうかが問題となる。たとえば，本人（間接占有者）が取得時効の進行（自主占有の成立）を知らずまたは知りうべきではないのに，相続人についての取得時効完成により権利を失うことになるのは避けなければならない。そこで，本人が時効中断の手続をとりうるように，相続人の占有は所有の意思のある旨を明確に推知させるような客観的・外形的な所持の態様をともなうのでなければ自主占有とは認められない。さらに，相続は，それだけでは185条の新権限とはいえないが，それによって承継者が所有の意思をもって占有する可能性を有し，所持の態様の客観的な変化も占有者に所有の意思のあることを本人に認識させる作用をもつから，この2つの要素が結合するときには，他主占有から自主占有への転換が認められる，と解されている（四宮和夫・法協91巻1号188頁）。

Practice

下記の各問の正誤を答えなさい。

問1．建物を譲渡した後にも，譲渡人が引き続いて，これを所持する場合を簡易の引渡という。　　　　　　　　　　　　　　　（　　　）

問2．占有の譲受人が現に占有物を所持している場合には，占有権の譲渡を当事者の意思表示のみによって行うことを占有改定という。（　　　）

Ⅲ 占　有　権

問3．占有者の承継人は，自己の占有のみを主張しても，また，自己の占有に前主の占有をあわせて主張してもよい。　　　　　　　　　　　（　　　）

問4．通説・判例は，占有権の相続を認め，被相続人の占有に属していた物は，被相続人の死亡により相続人が所持ないし管理しているか否かおよび相続の開始を知っているか否かにかかわりなく，当然に相続人に帰属すると解している。
（　　　）

No.19 占有権の効力

> <CASE> Bが貸し布団屋Aの布団を騙取した後，善意のCがこれを即時取得した。その後，警察の要求により証拠物件として提出したところ，警察の係官がAにこれを仮還付した。Aはこの布団を他に賃貸し賃料を取得したので，Cは賃料の分を不当利得として返還請求した。最高裁は，Aは189条1項の善意占有者に当たり，賃貸から生ずる賃料を取得できるのでCの請求は認められないとした。

1 はじめに

　占有制度は，法律上の根拠を問うことなく物の事実的支配を占有とし，これに占有権を法律効果として認めて物の事実的支配秩序を保護しようとする。したがって，本権に関係するような占有の効果は占有の本来的効果ではなく，物の事実的支配の保護に関する占有訴権だけが本来的な占有権の効果である。しかし，民法は占有権に対して多くの法的効果を与えている。占有保護機能として，占有訴権（197条以下），本権公示機能として，占有の公示力（178条）・即時取得（192条以下）・権利の推定（188条），本権取得的機能として，無主物先占（239条）・家畜外動物の取得（195条）・取得時効（162条）・果実の取得（189条）・占有物に対する責任（191条）・費用償還請求権（196条）等である。このうち，取得時効については『ケイスメソッド民法Ｉ』（*No.43*）で，無主物先占（*No.24*）と即時取得と占有の公示力（*No.10*と*11*）は，本書の他の箇所で説明されるので，ここでは他の規定を説明する。

2 権利の推定
(1) 意　義

　一般に占有が成立しているところには本権行使の外観があるから，本権が存在しているという蓋然性が大きく，占有の本権公示機能がはたらく。そのため

に物を占有する者は，占有すべき権利（本権）を有し適法に占有するものと推定される（188条）。占有の本権公示機能は，本権に関する証明を容易にするために，本権の訴訟においては本来の権利者はその本権の証明の負担を免れる。それが188条の権利の推定である。

(2) **適用範囲**

(a) 目的物　本条は占有の客体について，動産と不動産の別を問わない。不動産に関する権利ですでに登記されているものについては，登記の推定力が優先するので，188条の適用はない。動産と未登記不動産について本条が適用される。占有を公示方法とする借家権（借地借家法31条）について，借地上に登記した建物を有する者の未登記借地権は，それぞれ借家または土地の占有に本権の推定的効力が認められる。

(b) 推定される権利　占有者が占有物の上に行使する権利は，これを適法に有するものと推定され（188条），占有者は本権を有するものと推定される。188条に定める「占有物ノ上ニ行使スル権利」とは，所有権等の物権だけでなく，占有をなすことを正当とする権利（賃借人・受寄者等の権利）を含む。そして，占有者は所有の意思をもって占有するものと推定する旨の186条があるため，特段の事情がない限り，占有者は所有者と推定されることになるが，占有の態様によって推定される本権が決まる。

本条の効力は蓋然性を基礎とする本権公示機能にもとづくものであるから，所有者から権利を取得したといって占有する者は，その所有者と占有の伝来した前主に対して推定規定を援用できず，これら以外の第三者に対してのみ援用することができるのである（最判昭35・3・1民集14巻3号327頁）。

(3) **推定の効果**

(a) 本条の「推定ス」とは，相手方が占有者に本権のないことの証明に成功しない限り，正当な本権があるとされることである。それは，占有者がこの推定を積極的に理由づけに利用して不動産の上に行使する権利の登記を申請することは許されない（大判明39・12・2民録12輯2号1721頁）。占有の推定力は，本権公示機能にもとづくもので権利取得を意味するものではないから，真正の権利のあることを理由とする登記の申請は認められないと解すべきだからである。

(b) 推定は本権公示機能にもとづき占有者の保護のみを目的とするものでは

ないから，推定は占有者の利益のためばかりではなく不利益のためにもなされる。たとえば，賃借人の所有物の上の先取特権について，賃借人の占有する物はその所有に属するものと推定される。

(c) 推定という場合，事実上の推定，法律上の事実の推定，法律上の権利の推定があり，本条の推定は法律上の権利の推定である。この推定は，法律効果の要件事実を推定するものではなく法律効果または権利状態を推定するものである。これを覆すためには，相手方は裁判所をして占有者に本権が存在しない旨の確信を抱かせる程度の証明，すなわち，権利取得の原因となるあらゆる事実の不存在を立証しなければならないと解されてきた。しかし，近時の学説は，それではかえって真実の権利者を害するおそれがあるとして，推定を覆す証明の程度を軽減させる見解（兼子説＝証拠調および弁論の全趣旨から一応の心証が生じしめられるときは推定の覆滅を認める。三ケ月説＝推定される権利状態と相容れない権利状態を証明できれば推定の覆滅を認める）が主張されている。

3 果実の取得

(1) 返還義務

占有者は，所有権者等の本権者からの請求があるときは，占有物の返還義務を負うほかに，占有物から取得した果実を不当利得として本権者に返還しなければならない。悪意の占有者には，これがそのまま適用され，強暴・隠秘による占有者は悪意占有者と同視されて（190条2項），果実の返還義務を負担する。これに対して，果実を取得する権利がないのにあると誤信している善意占有者には，悪意占有者と同じ義務を課すことは適切ではない。そこで善意占有者には不当利得に関する703条を適用して，収取したが未消費で現存する果実を除いて返還義務を免除することが考えられる。しかし，善意占有者は，果実を取得して消費するのが普通だから，後で本権者がその返還や代償を請求できることにすると，善意占有者にとって酷である。そのため民法は，善意の占有者は占有物から生ずる果実を取得することができる（189条）として，善意占有者について不当利得返還義務を全面的に免除したのである。

(2) 善意占有者による果実の取得

(a) 要件　善意占有者とは，果実取得権を含む本権（所有権・賃借権等）

があると誤信する占有者であり，果実取得権のない本権にこれがあると誤信しても，善意占有者にはあたらない。さらに占有者の無過失は要件とされていない。果実には，天然果実と法定果実が含まれるが，そのほかに物の利用による利得も含まれる（最判昭42・11・9 判時506号36頁）。

(b) 効果　　善意占有者は，果実を取得する。天然果実と法定果実が含まれ，物の利用による利益も果実と同視され，果実が現存するかどうかにかかわらず不当利得は成立しない。また善意を決定する時期は，果実について独立の所有権が成立するときであり，天然果実では分離のときであり，法定果実では善意であった期間日割計算を行う（89条2項）。

(3) **悪意占有者による果実の返還**

(a) 返還の範囲　　悪意占有者は，現存する果実を返還し，すでに消費し過失により毀損し，または収取を怠った果実の代価を償還する義務を負う（190条1項）。善意占有者でも，本権の訴えで敗訴したときは，訴え提起の時から悪意の占有者とみなされ（189条2項），さらに強暴・隠秘による占有者は悪意占有者と同視される（190条2項）。

(b) 不法行為との関係　　果実の返還義務の成否を決定する悪意は，不法行為の成立要件としての故意・過失を意味するものではない。そのため不当利得の返還を目的とする190条は，果実の償還・代価償還に関しては，一般の不法行為の特則をなしているが，それ以外では，一般不法行為の原則により不法行為の成立があるものと解すべきである。

(c) 575条との関係　　575条は，売買の目的物の果実がその引渡まで売主に属することを定める。この規定が適用されるかぎり190条は適用されない。

4　滅失・毀損の責任

(1) **賠 償 責 任**

占有者の責めに帰すべき事由（故意・過失）により占有物を滅失・毀損した場合には，占有者は本権を有する者に対して損害賠償の責任を負う。これは不法行為責任である。占有すべき権利を有しないことを知りながら他人の物を占有する悪意占有者の故意・過失により，他人の物を滅失・毀損したときは不法行為の一般原則により損害を賠償すべきである。これに対して，自己に占有す

べき権利があると誤信している善意占有者の故意・過失により物の滅失・毀損が生じたのであれば責任を軽減する必要がある。191条は，占有物の滅失・毀損による損害賠償の範囲に関して不法行為の特則を定めた。

(2) 善意占有者の責任の軽減

占有すべき権利（本権）を有すると誤信するだけではなく，所有の意思のある占有（自主占有）であることを要する。ここに滅失というのは，物の物理的滅失に限らず，第三者に売り渡して返還が不能になったような場合をも含む。善意占有者は，滅失・毀損によって生じた利益が現存している限りで損害賠償義務を負う（191条本文後段）。その義務の範囲は，不当利得の善意受益者の返還義務の範囲と同一である（703条）。果実については，703条の特則として189条1項が返還義務を全面的に免除し，占有物自体の故意・過失による滅失・毀損については，不当利得の返還に準ずる水準に引き下げて709条の特則を形成したのである。

(3) 悪意占有者の責任の軽減

悪意占有者，強暴・隠秘による占有者，所有の意思のない占有者等の責めに帰すべき事由による物の滅失・毀損については，占有者が回復者に対して損害の全部を賠償する義務を負う（191条本文前段）。

5 費用償還請求権

(1) 費用償還義務

善意占有者が費用を支出して占有物を保存・改良し増価をもたらした場合には，占有を回復する者に利得を生じさせたということになるから，不当利得の問題を生じる。これに対して，悪意占有者の場合には，占有者自身だけでなく，回復者のためにも保存・改良を行ったことになり，事務管理が問題となる。このような処理は，法律関係の複雑化をもたらす。そこで196条は，統一的な費用償還制度を設け，占有者が占有物を返還する場合にその支出した費用の償還請求と償還範囲を必要費と有益費とに分け，占有者の善意・悪意に応じて，一律に規定した。物に対して，支出された費用は，物自体の価値の維持または増殖となるものであり，これは回復者の利益となるからである。

(2) 必要費

占有者は，善意・悪意また所有の意思を問わず，必要費の償還を請求することができる（196条1項）。必要費とは，保存費・修繕費・飼養費・保存登記の費用・公租公課等の物の保存と管理に必要な費用である。必要費のうち，目的物の平常の保存に要するものを通常の必要費（公租公課・小修繕費等）といい，占有者が果実を取得した場合には償還請求することはできない。しかし，特別費（風水害による家屋の大修繕費等）の償還は請求することができる（196条1項但書）。占有者は，必要費の全額の償還を請求することができる。占有者の善意・悪意や所有の意思の有無は問わない。費用償還請求権は占有物上の留置権によって担保されるので，必要費を支出した占有者はその償還を受けるまでは目的物を留置することができる。必要費に関しては，この留置権を消滅させる期限付与手続は存在しない。

(3) 有 益 費

占有者は，占有物の改良のために費やした金額その他の有益費について，その価格の増価が現存する場合に限り，回復者の選択に従い，占有者の費やした金額または増加額を償還せしめることができる（196条2項本文）。この場合の有益費とは，建物の前の道路についてコンクリート工事と花電灯設備（大判昭5・4・26評論全集19巻民1313頁）とか，商店の店頭模様替え，雨戸の新調（大判昭7・12・9裁判例6巻民334頁）などの支出費用である。

占有者は有益費の償還を受けるまで原則としてその物を留置することができる（295条1項）。しかし，その占有が不法に始まった場合（295条2項），または裁判所が相当の期限を許与したとき（196条2項但書・295条1項但書）には，留置権は消滅して物を直ちに返還しなければならない。

6　家畜外動物の取得

(1)　他人が飼養していた家畜外の動物を占有する者は，その占有のはじめ善意であり，逃走の時から1カ月内に飼養主から回復の請求を受けないときは，その動物の上に行使する権利を取得する（195条）。買主のもとから逃走した動物は一種の遺失物であって，遺失物拾得の手続（240条，遺失物法）によるか時効取得に必要な期間占有をつづけるか（162条）によって，はじめて，その所有権を取得することができる。しかし，その動物が家畜外の動物であるときは，拾

得者としてはこれを野生の無主物と考えやすいし、さらに飼養主の方でも逃げたものとあきらめがちである。そこで民法は、家畜外の動物の善意占有取得者について、無主物先占（239条）と遺失物拾得との中間的な保護を与えることにしたのである。

(2) 家畜外動物の取得の要件は、第1に、家畜外の動物であることである。家畜とは、その地方で人に飼養され野生しないことを通常とする動物である。九官鳥は家畜とされた（大判昭7・2・16民集11巻138頁）。第2は、占有のはじめは善意であることである。善意とは、捕獲当時に無主物であると誤信することである。他人の飼養することを知る限り、だれが飼養主であるかを知らなくとも悪意である。第3は、占有者とは、捕獲者（原始取得者）および包括承継人、これらの者からの特定承継人を含む、と解されている。第4は、逃走の時から1カ月内に飼養主から回復の請求を受けないこと。この期間は占有を始めたときからではなく逃走の時から起算する。だから、逃走から1カ月の終わりに占有すれば、占有者は直ちに所有権を取得する。

Step up

●**189条の適用範囲**　判例は、本条は物を返還すべきすべての場合、とくに法律行為の無効・取消・契約解除によって物を返還する場合にも適用される（最判昭42・11・9判時506号36頁）とする。従来の学説は、本条を不当利得規定の特則とみて優先適用を肯定してきた。しかし、近時の不当利得類型論は、本条を非給付不当利得（＝帰属法的不当利得）において適用し、給付不当利得（＝矯正的不当利得）には適用されないとしている。非給付不当利得とは、自己の米を他人が誤って費消したように、財貨が権利者に帰属していない場合に、その財貨の帰属を確保するものである。すなわち、米の費消にともない物権的返還請求権が行使できなくなったため、所有権に内在する、所有物の経済的価値を所有権者に割り当てるという内容が、不当利得法により実現される。不当利得返還請求権が失われた所有権の保護の延長として機能しているのである。したがって、現物返還が可能である場合の物権的返還請求権（189条ないし191条）と、現物返還が不能で物の価値の返還としての不当利得返還請求権（703条ないし704条）とが、財貨の帰属確保という目的を持ち返還義務の範囲を同一に

III 占有権

している。特に，現物の返還に際しての果実の処理（189条と190条）に対して，物の価値の返還に際しての利息はこの類型だけで問題となる。

Practice

下記の各問の正誤を答えなさい。

問1．善意占有者とは，果実取得権を含む本権（所有権・賃借権等）があると誤信する占有者である。　　　　　　　　　　　　　　　（　　　）

問2．家畜とは，その地方で人に飼養され野生しないことを通常とする動物である。判例は，九官鳥を家畜外とした。　　　　　　　　（　　　）

問3．善意占有者も悪意占有者も現存する果実を返還しなければならない。
　　　　　　　　　　　　　　　　　　　　　　　　　　（　　　）

問4．占有者は，善意・悪意また所有の意思を問わず，必要費の償還を請求することができる。　　　　　　　　　　　　　　　　　　（　　　）

No.20 　占有訴権

〈**CASE**〉　Aは建物の占有を平穏に継続していたところ，平成10年2月1日にBよりその占有を侵害されたので翌日に自力で建物を奪還した。しかし3月25日に再びBにより占有を侵奪されたために，4月17日にAは自力で再び奪還した。そこで，BがAに対して占有回収の訴えを提起した。

1　占有訴権の存在理由

(1)　民法は，占有者が占有を妨害されまたは妨害されるおそれがある場合に，妨害者に対して妨害の排除を請求する権利を占有者に与えている（197条～202条）。これが占有訴権である。「占有訴権」「占有の訴え」というように，訴権と称されているが，その性質は実体的な物権的請求権の一種である。しかし，所有権等にもとづく物権的請求権は権利内容の回復・実現を目的としているが，占有訴権は物の事実的支配状態の保護を目的としている。占有訴権には，実体上，占有保持の訴え，占有保全の訴え，占有回収の訴えの三類型が認められている。

(2)　近代法における占有制度の機能は，社会における物の事実的支配を本権（占有すべき権利）の有無を問わず，一応適法と認めて保護することである。この物の事実的支配の侵害がある場合に，侵害者に対して侵害の排除を求める法的手段が占有訴権である。したがって，物の事実的支配が所有権等の本権関係に反する場合にも，本権者が実力行使により事実的支配を侵害することは禁じられる。自力救済が禁止されるのである。このことは，私人による自力救済が禁止されて，裁判制度が私人の権利実現のための強制手段となることを意味する。これは法治国家の当然の要請である。しかし，法治主義にもとづく法律制度も必ずしも完全なものではなく，そこにはおのずから限界がある。したがって，この限界を超えた緊急の事態では，司法上の手続をとる余裕がなく，権利者の自己防衛によらなければ権利保護の機会を逸するおそれのある場合には私

(a) 物の事実的支配を侵害された者は，それを排除して現状を維持・回復するために占有訴権が与えられている。占有訴権は，占有者の自力救済禁止の趣旨をも含んでいるが，物の事実的支配が侵害されて侵害者のもとで新しい事実的支配が確立すると，新たに侵害者が占有訴権による保護を受け，ここに占有権として完全に保護されることになる。しかし，侵害者による新しい支配状態が未だ確立されていない攪乱期において自力救済をいっさい許さないとすると，従来の事実的支配が維持されず，攪乱状態は放置されて不正な侵害者を結果的に法が援助することになり，制度の趣旨に反することになる。事実的支配の侵害により社会の秩序が攪乱されている間に，その侵害を排除し事実的支配を維持するための自力救済を認めることは，それ自体社会秩序を維持することである。占有者の自力救済は，本権者の自力救済の場合とは反対に占有訴権の限界を超えるものである。

(b) 本権者といえども，国家所定の救済手続によることなく私力を用いてその権利を防衛ないし実現することが禁止（本権の一般的自力救済の禁止）される。本権者が現在の占有者から自己の占有を回復しようとすれば，裁判上の手続によるべきであって，もし自己の力で救済をはかるときは，違法行為として法律上の責任を問われる。判例は「私力の行使は，原則として法の禁止するところであるが，法律に定める手続によったのでは，権利に対する違法な侵害に対抗して現状を維持することが不可能又は著しく困難であると認められる緊急やむを得ない特別の事情が存する場合においてのみ，その必要の限度を超えない範囲内で，例外的に許されるものと解することを妨げない」（最判昭40・12・7民集19巻9号2101頁）としている。この意味で，本権者に自力救済が認められるところに占有訴権の限界がある。

2　占有訴権の法律的性質

(1)　「占有訴権」「占有の訴え」というように，訴権と称されているが，その性質は実体的な物権的請求権の一種である。訴権とされるのは，主としてフランス法にならった沿革上の理由による。さらに，所有権等にもとづく物権的請求権は権利内容の回復・実現を目的としているが，占有訴権は物の事実的支配

状態の保護を目的としており，その機能する平面を異にする。

(2) 民法は，占有の侵害にもとづく損害賠償の請求またはその担保の請求をも占有訴権と併せて規定している。しかし，この損害賠償責任は占有訴権の固有の内容ではなく，占有者の使用・収益を妨げたことによる不法行為責任である。占有訴権には相手方の故意・過失を必要としないが，損害賠償の請求にあたってはそれを必要とする。占有者には占有すべき権利（本権）を必要とせず，物の使用・収益の帰属（果実の帰属）が認められることでたりる。また，占有回収の訴えで返還されるのは物自体であるが，損害賠償は物の価格ではなく失われた物の使用・収益の経済的価値である。

(3) 占有訴権の原告は占有者である（197条前段）。占有代理人も占有者である（197条後段）。占有の種類のいかんを問わず，自己占有者・代理占有者・瑕疵ある占有者，占有者の善意・悪意，権原の有無を問題としない。ただし，占有補助者ないし占有機関は除かれる。

占有訴権の被告は，現に占有を侵害しているか，そのおそれを生じせしめた者である。現在の侵害者であることを要するから，侵害物が他人に譲渡された場合には，譲受人が相手方となる。ただし，占有回収の訴えについては，善意の特定承継人は被告とはならない。

(4) 占有訴権は，占有に対する侵害の態様に応じて，占有保持の訴え，占有保全の訴え，占有回収の訴えの三種がある。目的物は動産・不動産の別を問わないが，占有保持と占有保全の訴えは主として不動産にかかわり，占有回収の訴えは動産にかかわることが多い。しかし，不動産についても侵奪に相当するものとして占有回収の訴えにより返還を求める場合もあるが，妨害との間には微妙な差異しかない。

3 占有保持の訴え

占有者がその占有を妨害されているときには，その妨害の停止および損害の賠償を請求することができる（198条）。これを占有保持の訴えという。

(1) 妨害停止の請求

占有妨害とは，侵奪にまで至らないものをいい，通常，動産では侵奪が問題となり，不動産では物の事実的支配の排除が全面的なものが侵奪で，それが部

分的であるのが妨害とされている。判例は，電力会社が電柱界標等を設置して占有するその所有地を他人が水田として耕作使用する場合は占有の妨害である（大判昭10・2・16新聞3812号631頁）とし，他人の占有地に不法に建物を築造するのは，すでに占有の侵奪であり妨害ではない（大判昭15・10・24新聞4637号10頁）としている。

　妨害の停止を請求するだけであれば，妨害の発生について侵害者の故意・過失を必要としない。しかし，妨害停止の請求と併せて損害賠償を請求する場合には故意・過失を必要とする。妨害除去・停止に要する費用の負担に関して，判例は，妨害者の費用をもって妨害を排除しもって原状に回復せしむること（大判大5・7・22民録22輯1585頁）としている。学説には判例と同様に，被妨害者（占有者）の側に故意・過失等の妨害についての与因等の特別の事情がないかぎり，その者は妨害停止に必要な行為について認容義務だけを負い，費用負担の責任を負うべきではないとする考え方がある。他方，判例とは反対に，妨害者の故意・過失等の責めに帰すべき事由により妨害が生じた場合には，その除去の費用を負担すべきであるが，妨害者の責めに帰すべき事由のない場合においては，被妨害者の妨害除去を認容する義務を負うだけで費用を負担する義務を負わないと解する見解がある。

(2) 損害賠償請求

　妨害の排除とともに規定する損害の賠償の性質は不法行為にもとづく損害賠償請求であり，その要件として妨害者の故意・過失を要する。妨害者の費用で原状回復を行うことを前提として，それが不可能となった場合に賠償されるべき損害は，占有の妨害によって生じた利用利益の喪失額，すなわち占有権の価格（利用利益）の喪失額である。

　201条1項は，占有保持の訴えは，「妨害ノ存スル間」および「其止ミタル後1年内」に提起することを要すると定めている。この規定の解釈については見解の対立がある。第1は，他人の土地に持ち込まれた物を除去せずに放置している間は妨害が存しており，その除去によってはじめて妨害が止むとする。これは，除去されるまでは妨害が存することになり，事実上無期限に占有保持の訴えを提起することができ，妨害を除去した後1年内に限って損害賠償を請求できることになる。第2は，他人の土地に物が持ち込まれることが妨害なので

あって，持ち込まれた物が単に放置されているにとどまるときはすでに妨害が止んだものとする。これは占有の妨害も固定してある程度長く続くと平静化し，それ自体1つの事実状態として落ちつくのでそれを原状に戻すための占有の訴えは制限されるべきであるという考えにもとづく。したがって，他人の物の存在を1年以上放置している場合には，土地所有者は，本権の訴えによってその除去を求める以外になくなる。この第2の考え方は，占有保持の訴えにより除去される妨害と占有回収の訴えにより除去される侵奪とは妨害の程度の違いであり，そのことから占有保持の訴えは事実上無期限に行使することができ，占有回収の訴えは占有侵奪時から1年間だけ行使できるというのは不均衡である。だから，両占有の訴えは同様に考えるべきある，というのである。

またこの訴えは，「妨害ノ存スル間又ハ其ノ止ミタル後1年内」に提起しなければならない。1年の期間は損害賠償についても適用されるが，妨害が現存しても，工事により損害を受けた場合には「其工事著手ノ時ヨリ1年ヲ経過シ又ハ其工事ノ竣成シタルトキ」はこの訴えを提起できない（201条1項）。

4　占有保全の訴え

占有者がその占有を妨害されるおそれがあるときは，その妨害の予防または損害賠償の担保を請求することができる（199条）。これが占有保全の訴えである。占有妨害の発生の蓋然性が客観的に存在することを必要とする。判例は，7万ボルトの高圧電線下に家屋を建築することが危険で許されないことを知りながら土台を構築し棟上げも終わっている場合には，電気事業者の空間の占有を妨害するおそれがある（大阪高判昭38・7・4高民集16巻6号423頁）とする。この訴えは，妨害の危険が存在する間に限って提起することができる。占有保持の訴えに準じて，妨害による損害発生の危険が工事に起因する場合に工事着手から1年後または工事竣成後は訴えを提起することができない（201条2項）。さらにこの訴えの内容は，損害の予防または損害賠償の担保（金銭の供託）であり，この場合の損害賠償の担保は妨害の予防に代わるものだから，この両者は択一的にのみ許されるにすぎない。

5　占有回収の訴え

(1)　占有の回収

　占有者がその占有を侵奪されたときは，その物の返還および損害の賠償を請求することができる（200条1項）。これが占有回収の訴えである。占有の侵奪とは，占有者がその意思にもとづかずにその所持を奪われることである。したがって，詐欺によって所持を失った場合にも，移転の意思は欺罔によって生じているから侵奪とはならない（大判大11・11・27民集1巻692頁）。賃貸借関係の終了後に賃借人が目的物を返還せずに不法占拠している場合には，直接占有者（賃借人）は，その占有を始めることを間接占有者（賃貸人）により認められたのであるから，直接占有者が占有すべき権限を失って（賃貸借契約の終了など）不法占拠になったとしても，間接占有者への占有侵奪にならない。これに反して，所有権等の本権を有している者も，占有者の意思にもとづかないで占有をした場合（占有者から強引に占有を取り戻したとき）には，占有の侵奪となる。

　また，占有の侵奪者が善意の第三者に目的物を賃貸して引き渡したというように，侵奪者が間接占有者の地位にある場合には，その者に対して占有回収の訴えを提起することができる（大判昭5・5・3民集9巻437頁）。それにより回収されるのは間接占有であり，賃借人の直接占有には影響を与えない。

(2)　返還請求

　占有回収の訴えの提起は，占有侵奪の時から1年内にしなければならない（201条3項）。占有を侵奪された者が原告であり，占有を侵奪した者，その包括承継人または悪意の特定承継人が被告である。占有回収の訴えは，善意の特定承継人に対しては提起することはできない（200条2項）。占有侵奪の場合には，侵奪者が占有を有し，侵奪者の特定承継人が善意で平穏に占有するときは占有の平静化が生じ，特定承継人の善意占有が新たな占有秩序を形成することになって，これを覆えすことがかえって物の事実的支配の秩序を乱すと考えられるからである。しかし，侵奪者が善意の特定承継人から買い戻して占有を再取得したような場合には，占有の平静化の実が失われたものと考えられ，占有回収の訴えが認められる。また，侵奪者の特定承継人が侵奪の事実を知っている場合（悪意）には，この者に対して占有回収の訴えを提起することができる（200条2項但書）。

占有回収の訴えにより、現に目的物を所持する者から現物の返還を受けることができる。しかし、判例は、目的物の保存のために換価処分が行われた場合には、占有回収の訴えによる換価金の返還請求を認めている（大判明43・12・20新聞694号27頁）。この占有回収の訴えに勝訴すると、占有は失われなかったものとみなされ、取得時効は中断せず、留置権も消滅しなかったものとみなされる（203条但書）。占有回収の訴えにもとづく損害賠償については、占有の侵奪者は目的物の価格ではなく、侵奪による使用・収益の喪失による損害を賠償する義務を負う。

(3) 交互侵奪

A所有の小舟をBが賃借していたところ、第三者Cがこれを盗んだ。賃借人Bが数週間後に盗人を探しあて、Cがこの小舟を河岸につないでいるのを発見したので自分で持ち帰った。そこで、CはBに占有回収の訴えを提起した。このように、侵奪者B（賃借人）が侵奪された占有者C（第三者＝盗人）に対して占有回収の訴えを有している場合に、被侵奪者Cに占有回収の訴えが認められるかという問題が交互侵奪である。当初、判例は、Cのもとで占有侵奪が成立し、CはBに対して占有回収の訴えを提起することができる（大判大13・5・22民集3巻224頁）としていた。これは、Cに占有回収の訴えを認めることによりBによる自力救済を否定する趣旨であった。しかし、Cの最初の行為は侵奪行為であり、違法行為であることに変わりはなく、Cに占有回収の訴えを認めれば違法行為を法によって正当化することになるとする学説の批判があった。その後、下級審判例に当初の占有侵奪者は原則として占有回収の訴えを認めないとする判決が現れるようになった。

① ある物の占有者が交互に侵奪奪還されてきた場合には、当初の占有侵奪者はいわば社会の秩序と平和を乱すものであって、その後その占有が相手方に侵奪され、しかも右侵奪が法の許容する自救行為の要件を備えない場合であっても、当初の占有侵奪者（後の被侵奪者）の占有は法の保護に値せず、かえって占有奪還者（後の占有侵奪者）の占有を保護することが、社会の平和と秩序を守るゆえんであるから、当初の占有侵奪者（後の占有被侵奪者）は占有訴権を有しないものと解するのを相当とする（東京高判昭31・10・30高民集9巻10号626頁）。

② BがCに対し占有回収を求めうる期間内はBの占有が継続しているものとみるべきであるから，Bによる実力的取戻しに対してCは占有回収の訴えを提起しえず（東京地判昭29・7・27下民集5巻7号1170頁），さらに学説には，Cの占有回収の訴えを認めても，Bもさらに占有回収の訴えで取り戻しうるから，訴訟経済上Cの訴えを認めるべきではないことを理由として，Bの奪還行為は正当な自力救済であるとする見解がある。

6　占有訴権と本権の訴えとの関係

(1)　占有を基礎とする占有訴権に対して，所有権等の本権にもとづく訴えを本権の訴えという。所有者が自己の占有物を奪われた場合には，所有権にもとづく本権の訴えと，占有訴権である占有回収の訴えの二種の訴えが成立する。占有訴権と本権の訴えを同時に提起しても別々に提起してもよいし，一方で敗訴しても他方を提起することができる。民法は「占有ノ訴ハ本権ノ訴ト互ニ相妨クルコトナシ」（202条1項）と定めた。これについては学説の対立がある。すなわち，占有を侵害された所有者等は，侵害者に対してどのような請求権を有し，どのように行使することができるのかという問題である。これは本権者が原告である場合を想定している。第1は，所有権にもとづく返還請求権と占有回収の訴えがともに成立しうる場合には法条競合になり，具体的には所有権にもとづく返還請求権だけが成立する（法条競合説）とする。第2は，請求権としては両方が成立し，そのいずれを行使してもよく，また双方を併せて行使してもよい。しかし，その一方のみを行使して敗訴したが場合に，行使されなかった他方の請求権を別訴で再度行使することはできない（既判力説）とする。第3には，併存する両請求権の双方を同時に行使することもいずれか一方を行使することもでき，行使されなかった請求権を別訴で再度行使することもできる（別訴許容説）とする。別訴許容説が，本権敗訴原告が本権を有する場合でも有しない場合でも別訴において占有の訴えが認められることから，202条の文言に適合的である。

(2)　民法は，「占有ノ訴ハ本権ニ関スル理由ニ基キテ之ヲ裁判スルコトヲ得ス」（202条2項）と定める。両方の訴えは別個に取り扱われるから，たとえば，占有回収の訴えの相手方に所有権その他の本権があったとしても，それを理由

に占有回収の訴えを否認することはできない。しかし，実質的には，占有権は本権に対する関係においては，一時的な権利にすぎないから，占有関係も最終的には本権関係により決定されるから，本権の訴えにおいて占有をなすべき権利がないことが確定すれば占有回収の訴えの実益はないことになる。

　本権者が被告である場合には，本権者が反訴として返還請求の訴えを提起することが判例により認められた。最高裁は，「民法第202条2項は，占有の訴えにおいて本権に関する理由に基づいて裁判することを禁ずるものであり，従って，占有の訴えに対し防御方法として本権の主張をなすことは許されないけれども，これに対し本権に基づく反訴を提起することは，右法条の禁ずるところではない。そして，本権反訴請求を本訴たる占有の訴えにおける請求と対比すれば，牽連性がないとはいえない」と判示した（最判昭40・3・4民集19巻2号197頁）。しかし，占有の訴えにおいて被告に本権にもとづく反訴を許すことは，本権の訴えが決定的意義を有し自力救済禁止を目的とする占有制度を無力化する。それでも，最終的には本権の訴えで決着し，ただ占有の訴えの判決が早くなされた場合に，本権の訴えの判決によって敗れるまで占有者に目的物が復帰するという限りにおいて，自力救済禁止機能がはたらくのである。

Step up

●訴訟物理論との関係　　従来の訴訟物理論では，占有回収の訴えと物権的返還請求権とが訴訟法的に独立した扱いがなされるのは，占有秩序と所有秩序とは互いに重複して支配を及ぼすことが可能であり，所有者か否かと占有者か否かの争いとは，一応無関係に両立しうる。したがって，両方の訴えは訴訟物を異にし，別訴が可能であり既判力も相互に及ばず，所有者の占有物が侵奪された場合には両方の訴えを提起できるものとしていた。これに対して，新訴訟物理論では，訴訟上の請求は一定の利益主張であり，返還請求は，占有権を理由とするか所有権を理由とするか（たとえば，売買契約にもとづくか，あるいは所有権にもとづくか）は攻撃防御の方法であって，一定の目的物を引き渡せと求めうる地位自体である。同一物につき占有回収の訴えと所有物返還請求を同一当事者間で提出する場合には，請求は単一であり2個の請求は認められないとする。そして，一方の訴えを提起したときには，他方の訴えを別訴として

III 占　有　権

提起することは許されない。ここに紛争の一回性という訴訟制度の理念が生かされる，と主張する。しかし，近時占有訴権と物権的請求権の間には法条競合が容れられる余地がない。そこで複数の請求権規範をその要件・効果について統合をはかって，新しい1個の構成要件を創造して1個の請求権を認めようとする見解（請求規範統合説）が現れた。

Practice

下記の各問の正誤を答えなさい。

問1．所有物返還の訴えを提起している場合には，占有回収の訴えを提起することができない。　　　　　　　　　　　　　　　　　　　　（　　　）

問2．占有訴権は，占有が現実に奪われまたは妨害されていなくとも妨害のおそれがあれば，これを行使することができる。　　　　　　　　　（　　　）

問3．占有の妨害が工事によって生じたときは，その工事中はいつでも占有保持の訴えを提起することができる。　　　　　　　　　　　　　（　　　）

問4．ある物件の占有者が交互に侵奪奪還されてきた場合には，当初の占有侵奪者は占有訴権を有しないものと解するのを相当とする，というのが判例である。
　　　　　　　　　　　　　　　　　　　　　　　　　　　　　（　　　）

Ⅳ 所有権

Ⅳ 所有権

No. 21　所有権の性質と内容

〈CASE〉　Aは，自己の所有する土地の上に，建築技術の粋を結集した"どこまでも天に届くような"建造物を企画している。所有権は絶対的なものであるとすれば，誰にじゃまされることなく建造できることになると考えられるが，はたしてこのような企画は認められるであろうか。

1　所有権の意義・性質

近代市民社会は，すべての人に独立・平等・自由な理念的属性を強制的に帯有せしめ，外界の事物に対しては，理念意志支配（権利能力性）で係わらしめる社会である。したがって，近代市民社会は個々人の意思を最大限に尊重する社会である。この個人意思の最大限の尊重ということが，外界の事物に向けられたときに近代所有権を成立させることになる。すなわち，人は欲深いものであるから，外界の事物に対しては誰からも干渉されず，また，誰からも理由なく奪われることのない権利を要求することとなる。その物に向けられた最大限の意思＝権利を所有権という。

したがって所有権は，外界の事物に向けられた個々人の最大限の意思支配ということから，次のような性質があるとされる。

(1) **排他的・全面的支配性**

所有権は，客体を一面的に支配するのではなく排他的・全面的に支配する権利である。すなわち，所有権は，地上権・永小作権などの所有権以外のさまざまな物権の根源として，すべての物権の基本をなす権利である。所有権は物の包括的・完璧な支配権であるが，個々人の意思と意思との比較較量において，法令の制限内で客体を自由に使用・収益・処分する権利である（206条）。

(2) **弾　力　性**

所有権は，地上権や永小作権が設定されたときには，客体に対する支配が実質的に喪失したようにみえるが，このような所有権の喪失状態は無限ではなく

有限である。すなわち，所有権は一定の期間の経過の後に元に復するという性格を有する。これを弾力性というが，今日では利用者保護という観点から，利用権が強化される傾向があり，弾力性が名目的になる傾向が出てきている。

(3) 恒 久 性

所有権は，存続期間を予定し一定の期間の後に当然に消滅するものではなく，消滅時効によって消滅するものでもない。このことを所有権の恒久性という。

所有権のこのような性質にもとづき，法文上は規定されていないが占有権が侵害された場合と同様に，侵害状態を排除するための物上請求権（物権的請求権）があるとされる。すなわち，①所有物返還請求権（占有回収の訴えに対応），②所有物妨害排除請求権（占有保持の訴えに対応），③所有物妨害予防請求権（占有保全の訴えに対応）である。なお，所有権に対するこれらの3種の請求権については，訴えの提起期間に関する1カ年の制限や善意の特定承継人に対する訴えができないという制限等々の，占有訴権に付された制限はないということである。

2　所有権の内容と制限

(1) 　近代所有権は，外界の事物に向けられた個人の意思の最大限の尊重を具現化したものである。したがって所有権の内容は，基本的には所有物の使用・収益・処分は個人の自由な意思によってなされることとなる。すなわち，所有物の譲渡・破棄，制限物権の設定やその他の処分等々は，基本的には個人の自由な意思によって行うことができる。ただし，その権利は法律や法令の制限内で規制されることになる（206条）。この「法令の制限内」という点は，所有権の本質である物の支配の完璧性に一見矛盾するようであるが，個々人の意思と意思との比較較量，とりわけ個人意思と社会通念（市民意思）との比較較量という点において妥当なものとなる。したがって，このことから公用徴収等も正当化されることになる。

(2) 　所有権は，物に向けられた絶対的支配であるが，上述したように市民意思との比較較量という実践的視点から，所有権の行使が制限されることも出てくる。すなわち，戦前からの判例においても，行き過ぎた所有権行使は権利の濫用にあたるとされている。

Ⅳ 所有権

★宇奈月温泉事件（大判昭10・10・5民集14巻1965頁）において，引湯管を施設したＡがその管路の所有権を取得するかあるいは土地の利用権を取得していたが，たまたま2坪ほどの斜面部分につき所有権の取得または利用権を得ていなかった。Ｂはそのことに目をつけて当該2坪の所有権を取得し，Ａに対し当該2坪を管路が通過するのは所有権の侵害であるとし，円満に解決したければ，Ｂ所有の他の荒れ地約3,000坪ともども，時価価格以上の相当な高値で買い取るよう要求した。Ａは当然その要求を拒絶した。裁判所は，Ｂの被る損害は僅少なものであり，反対にＡの当該引湯管の管路を変えることは莫大な費用を要し，かかる所有権にもとづく妨害排除請求はもっぱら不当な利得を得るためになされたものであり，社会通念上所有権の目的に違背するものであると判示した。

戦後民法の大改正がなされ，民法の運用原理として新1条に権利濫用の禁止（1条3項）が明文化された。さらに，財産権は公共の福祉に適合するべく明文化された（1条1項）。したがって所有権の制限は公共の福祉との関連で検討されることが多くなった。

★板付基地事件（最判昭40・3・9民集19巻2号233頁）において，米軍の占領終了によって国との賃貸借契約の期間が満了した後も，引き続き駐留する米軍がこれを使用することに対し，地主が国に対し所有権にもとづき土地の明渡を求めた。しかしながら当該土地を駐留軍に提供することは日米安全保障条約上の国の義務にもとづくことなどの理由から，所有権の行使は私権の本質である社会性，公共性を無視した過当なもので認容しがたいと判示した。

この判例のように，土地の公用徴収が市民意思との比較較量ではなく国家目的で行われているのは，本来の民法（市民社会法）の立場からは妥当なものとはいえない。

(3) 所有権の制限は，民法の制限に止まらず公法上制限される場合が多い。たとえば，建築基準法や消防法による保安上の制限，道路交通法や航空法による重要施設の維持・管理のための制限，文化財保護法による文化遺産の保護のための制限，伝染病予防法による公衆衛生上の制限，農地法や漁業法などによ

る一定の経済政策のための制限等々がなされている。これらの制限がなされた場合は、制限に伴う正当な補償がなされることとなる（憲法29条3項）。とくに土地所有権の制限は、早くから行われており、今日では都市作りや地域開発などのため、土地収用法にもとづき個々の所有権が制限される場合がしばしば見られる。

3　所有権の客体と土地所有権の範囲

(1)　所有権の客体は、本質的には、外界の事物となすべきであった。旧民法は、物とは有体物と無体物としていた。したがって、所有権の客体は有体物と無体物（債権の上の所有権）とされていた。しかし、現行法では所有権の法構成は、無体物に関しては表面的に所有権の客体としていない（債権のうち無記名債権は動産とみなすとしている）。このことが、今日では「債権の物権化」という現象を生み出す要因となっている。この結果、有体物のみを物として、所有権の客体としている。物は、動産と不動産である。したがって所有権も動産所有権と不動産所有権ということになる。

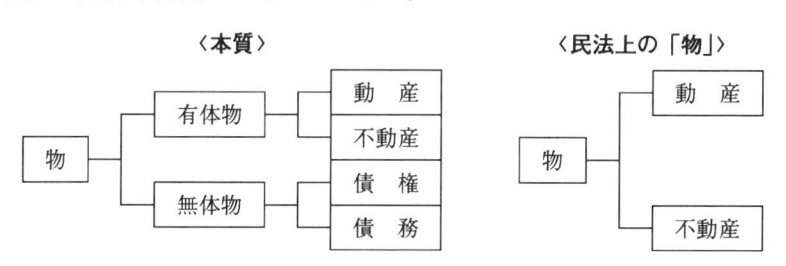

〈本質〉

物 ─┬─ 有体物 ─┬─ 動産
　　│　　　　　└─ 不動産
　　└─ 無体物 ─┬─ 債権
　　　　　　　　└─ 債務

〈民法上の「物」〉

物 ─┬─ 動産
　　└─ 不動産

(2)　土地の所有権は、地表だけでなく、空中および地下にも及ぶとされる（207条）。もちろん土地を構成する土や岩石も土地の所有権の客体に含まれるが（ただし、採掘取得の権能が国に留保されている一定の鉱物は対象外である。鉱業2条）、土地の所有権の範囲という場合は、地表を構成する空間であり、理論的には地心から天空に達する立体的空間である。しかし、この立体的空間も無制限ではない。「法令の制限」の範囲内での所有権空間ということである。なお、海は一般的には市民共通の物であり個人の所有客体ではない。潮の満ち干などによって生ずる土地は個人の所有権の及ぶ範囲に含まれるかが問題となったが、所有権の客体ではないとされる。

Ⅳ　所　有　権

Step up

　土地の所有権は，土地の上下に及ぶ。理論的には，地心から天空に達する立体的空間であるが，わが民法は「法令の制限内」でとしている。したがって，本ケースの場合のように，自分の土地の上だからどのようにでもできるというわけではない。建築基準法やその他の法の制限の中で建築できるのである。

Practice

　下記の各問の正誤を答えなさい。

問1．所有権は，絶対性があるので，自由に所有物を使用・収益・処分できる。
　　　　　　　　　　　　　　　　　　　　　　　　　　　（　　　　）

問2．新たに金鉱を発見した場合，届け出れば自分の所有物とすることができる。
　　　　　　　　　　　　　　　　　　　　　　　　　　　（　　　　）

問3．公共の利益の目的であれば，土地の利用上適正でなくともその土地を強制収用できる。　　　　　　　　　　　　　　　　　　　　　　　（　　　　）

問4．海は個人の所有権の範囲には含まれない。　　　　　　（　　　　）

| *No.* 22 | 相 隣 関 係 |

> 〈CASE〉 Aの土地から公道に出るにはBの土地を通らなければ出られない状態となっている。AとBは大層仲がよかったので，問題もなくAはBの土地を通行して公道に出ていた。しかし，AとBが仲違いをしたため，Bは，これ以後Aの通行を認めないとAに通告した。このBの通告は妥当であろうか。

1 意　義

　相隣関係とは，相接続する不動産の所有権者および地上権者（永小作権者・不動産の賃借権者の場合は民法の規定を欠く）相互の意思を比較較量し，不動産所有権の相互の利用を調節することを目的とする隣地者間の法的関係をいう。すなわち相隣関係の態様は，①隣地に立ち入ることに関するものとそうでないもの，②境界に関するものと境界に関しないものである。境界に関しないものの主たるものは，排水に関するものである。

2 隣地立入権・隣地通行権

(1) 隣地立入権

　土地の所有者（および地上権者等）は，隣地との境界またはその近くで垣や壁あるいは建物を築造したり，修繕したりする場合に，そのために必要な範囲内で隣地の使用を請求することができる。ただし，隣人の承諾がなければ住宅に立ち入ることができない（209条1項）。立入請求に隣人が応じない場合は，裁判所に訴えを起こし承諾に代わる判決を得なければならない。この立入によって隣人が損害を被ったときは，その償金を請求することができる（209条2項）。

(2) 隣地通行権

　他人の土地に囲まれて（囲繞），公路に出ることができない状態にある場合

(袋地だけでなく池沼・川・海岸等によっても生ずる)。その土地の所有者は公路に出るためにその囲繞地を通行することができる(210条)。この場合の通行の場所や方法は,通行権を有する者のために必要なもので,かつ囲繞地にとってもっとも損害の少ないものでなければならない。また,必要があれば通路を開設することができる(211条)。なお共有地を分割した結果,公路に通じない土地を生じてしまったときや,土地の一部譲渡をした場合に公路に通じない土地を生じたときは,その土地の所有者は公路に出るために分割者や譲渡者の所有地のみを通行することができる。第三者の土地を当然に通行できる権利はない。以上の場合に通行権者は,通行地の損害に対し償金を支払わなければならない(210条ないし213条)。

- ★袋地の所有権を取得した者は,所有権取得登記がなくとも,囲繞地所有者ないしこれにつき利用権を有するものに対して,囲繞地通行権を主張できる(最判昭47・4・14民集26巻3号483頁)。
- ★同一人の所有に属する数筆の土地の一部が譲渡されることによって袋地が生じた場合も,213条にいう一部譲渡とされる(最判昭44・11・13判時582号65頁)。
- ★同一人の所有に属する数筆の土地の一部が担保権の実行としての競売により袋地が生じた場合も,213条の囲繞地通行権が成立する(最判平5・12・17判時1480号69頁)。

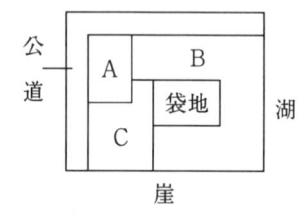

〈分筆による袋地〉
このように分筆によって袋地が生じた場合,袋地の所有者は,公道にでるためにBまたはCの土地の通行地役権が成立する。

3　境界に関するもの

隣接する土地の境界は,争いがあれば境界確定の訴えの判決によって決定される。相隣者間の合意のみで確定はしない。また,隣地の一部の時効取得によって境界が移動するわけではなく,相隣者はもとの境界の確定を求めることができる。

★境界確定の訴えは，裁判によって新たに境界を確定することを求める訴えであって土地所有権の範囲の確定を目的とするものではないから，取得時効の成否とは無関係である（最判昭43・2・22民集22巻2号270頁）。

★隣接する2筆の土地の各所有者間の境界確定訴訟において，一方の境界の一部に接続する部分に，他方の所有者による時効取得が認められる場合でも，各所有者はこの境界確定の訴えにつき当事者適格を有する（最判昭58・10・18民集37巻8号1121頁）。

(1) **界標設置権**

土地の所有者は隣地の所有者と共同の費用で，境界を標示するもの（界標）を設けることができる（223条）。界標の設置および保存の費用は相隣者が半分ずつ負担する。ただし，測量の費用はその土地の広狭に応じて分担する（224条）。

(2) **囲障設置権**

2棟の建物がその所有者を異にし，その間に空地があるときに限って，各建物の所有者は他の所有者と共同の費用をもってその境界に囲障を設けることができる（225条1項）。このような制限付きで囲障設置権が認められる根拠は，相互が，他から観望されることなく個々人の独立性を守るという点にある。囲障の種類・構造は当事者の協議で決定すべきであるが，当事者の協議が調わないときは，2メートルの高さの板塀または竹垣とする（225条2項）。囲障の設置および保存の費用は，両者が半分ずつ負担する（226条）。ただし，費用の増額分を自分で負担すれば，一方の所有者はこれよりも良い材料，またはより高い囲障を設けることができる（227条）。囲障の設置につき以上と異なる慣習がある場合は，その慣習にしたがうものとされる。

(3) **境界線上の工作物の所有関係**

界標，囲障，壁および溝は，相隣者の共有に属するものと推定されている（229条）。ただし，この共有推定の規定は，一棟の建物の部分をなす境界線上の壁については建物所有者が所有するから適用されない（230条1項）。同様に，高さの異なる2棟の建物を隔てる壁の低い方の建物を越える部分は，原則として共有の推定を受けない。しかし，防火壁の場合は，その部分も相隣者双方に役立つから共有の推定を受ける（230条2項）。相隣者の一方が，他の相隣者の

Ⅳ 所 有 権

同意を得ないで，自己の用途のために共有障壁の高さを増すことができる。しかし，この場合既存の壁が工事に耐えられないならば，自費をもって厚さを増す等の工作を加え，またはその壁を改築しなければならない（231条1項）。壁の高さを増した部分は，その工事をした者の専有に属するものとなる（231条2項）。この工事において隣人に損害を与えたときは，償金を支払わなければならない（232条）。

(4) 竹 木
隣地の竹木の枝または根が境界線を越えて侵入した場合，枝に関しては竹木の所有者に切り取らせ（233条1項），根については，自分で切り取ることができる（233条2項）。

(5) 境界付近の工作物の建造
① 建物と境界の距離　境界線の近くに建物を建て，また，下水溜を設けたり下水管を埋設する場合には制限がある。建物を築造するには，境界線から50センチメートル以上離さなければならない（234条1項）。この制限は，採光・通風・外壁修繕の便宜・類焼予防等の生活利益保護である。これに違反して建築する者があるときは，隣地の所有者はその建築することを止め，またはこれを変更することを請求できる。ただし，建築着手の時から1年を経過した場合やまたはその建築が完成した後は，損害賠償のみを請求することができる（234条）。これらと異なる慣習があるときはその慣習による（236条）。

★民法234条1項の規定に反して建物を築造しようとする者が，建築着手の時から1年以内で，建物が完成しない間に，隣地所有者から工事中止の要請を受け，更に裁判所の建築工事続行禁止の仮処分決定を受けたにもかかわらず，あえて建築を続行してこれを完成させた場合には，隣地所有者のする右違反建築部分の収去請求は，右建築者において高額の収去費用等の負担を強いられることがあっても，権利濫用にはあたらない（最判平3・9・3裁判集民163号189頁）。

★防火地域・準防火地域内において外壁が耐火構造の建築物を隣地境界線に接して建築することを認めた建築基準法65条が適用される場合は，234条1項の適用が排除される（最判平元・9・19民集43巻8号955頁）。

② 観望制限　境界線から1メートル未満の距離に他人の宅地を観望でき

る窓または縁側を設ける者は，それに目隠しをつけなければならない（235条1項）。この1メートルの距離は，窓または縁側の最も隣地に近い点から，窓または縁側に直角に線を引き，その線が境界線と交わる点までを測算して決められる（235条2項）。これと異なる慣習があるときは，その慣習による（236条）。

　③　地中工作物と境界の距離　井戸，用水溜，下水溜または肥料溜を掘る場合には2メートル以上，池，穴蔵または便所汚水溜を掘る場合には1メートル以上の距離を，境界線から保たなければならない（237条1項）。水桶を埋めまたは溝を掘る場合には，境界線からその深さの半分以上の距離を保たなければならないが，1メートルを越す必要はない（237条2項）。境界線の近くでこれらの工事をするときは，土砂の崩壊または水や汚液の滲漏を防ぐために必要な注意をしなければならない（238条）。

(6)　水 流 地

　溝その他の水流地の所有者は，対岸の土地が他人の所有に属するときは，その水路または幅員を変えてはならない。これに対し，両岸の土地が水流地の所有者に属するときは，その水路も幅員も変えることができる。しかし，隣地に流れ込む場所はもとのままにしておかなければならない。ただし，これと異なる慣習がある場合は，その慣習にしたがう（219条）。

　水流地の所有者が堰を設ける必要があるときは，その堰を他人の所有地である対岸に付着させることができるが，これによって損害が生じたならば償金を支払わなければならない。対岸の所有者は，水流地の一部でも所有しているのであればその堰を利用できる。ただし，利用するからには利益を受ける割合において，堰の設置および保存の費用を分担しなければならない（222条）。

4　境界に関しないもの

　境界に関しない相隣関係として民法が規定するものは水に関してである。近時は，騒音・悪臭・採光・通風・振動等をめぐり紛争が多発している。これらに対しては民法等の規定はないため，権利濫用の禁止の原則（1条）等によって処理することになる。今日ではこういった側面での判例法が徐々に形成されてきている。

Ⅳ 所 有 権

(1) 自然的排水

　土地の所有者は，隣地から水が自然に流れてくるのを妨げてはならない（214条）。水流が地震・暴風雨等の事変によって，低地においてふさがった場合には，高地の所有者は自費で水が流れるための工事をすることができる（215条）。費用負担に関しては，これと異なる慣習があればその慣習にしたがう（217条）。

(2) 人工排水

　貯水・排水または引水のために，甲地に設けられた工作物が破壊されたり，ふさがれたりすることによって，乙地に損害を及ぼし，または及ぼすおそれのあるときは，乙地の所有者は甲地の所有者に対し修繕または疎通をさせ，必要のあるときには予防工事を行わせることができる（216条）。工事の費用負担については，甲地の所有者が負わなければならないが，これとは別の慣習がある場合にはその慣習にしたがう（217条）。土地の所有者は，境界線から50センチメートルの距離をあけて建物を建築した場合であっても，雨水が隣地に直接注ぐようになる屋根その他の工作物を設けることはできない（218条）。

　さらに，高地の所有者が浸水地を乾かすためや家事用または農工業用の余水を排泄するために，公路・公流または下水道にいたるまで，低地に水を通過させることができる。この場合は，低地のために最も損害が少ない場所を選ばなければならない（220条）。また，土地の所有者はその所有地の水を通過させるため高地または低地の所有者が設けた工作物を使用することができる。この場合，その利益を受ける割合に応じて工作物の設置および保存の費用を分担しなければならない（221条）。

Step up

　他人の土地を通行しなければ公道に出られないという形態は，袋地と称されている。袋地が生ずる場合は，土地を分筆した場合がほとんどであろう（自然の変動もあろうが）。袋地の所有者Aは，公路にでる権利を有し，友人Bのところを通る場合が一番被害が少ない場合は，仲違いしていようが関係なしに，公路にでるための通行権がある。仮に，友人Bが分筆して袋地を生ぜしめた場合であれば，Aは遠慮なくBの土地を通って公道へ出れる。

Practice

下記の各問の正誤を答えなさい。

問1．袋地に住む者は，公路に出るためには隣地の所有者の同意を得なければその土地を通行することができない。　　　　　　　　　　（　　　　）

問2．隣地との境界を明確にするために垣根を作った場合，その費用は垣根を作った者が負わなければならない。　　　　　　　　　　（　　　　）

問3．隣の柿の木の枝が境界を越えて侵入してきたので，邪魔だから直ちに切り落とした。　　　　　　　　　　（　　　　）

問4．建物を築造するには，境界線より1メートル以上離れて作らなければならない。
　　　　　　　　　　　　　　　　　　　　　　　　（　　　　）

No.23　建物の区分所有法

〈**CASE**〉　Aは、マンションに住んでいたが、ペットが大好きで犬と猫合わせて5匹を飼っていた。しかし、Aのマンションの規約では犬・猫等の動物の飼育を禁止していた。ある日管理組合の理事長より、飼育している犬・猫の処分等を申し渡された。Aは、犬・猫をこのまま飼い続けることができるだろうか。

1　区分所有法の制定

　区分所有権とは、1棟の建物が構造上数個の部分に区分され、それぞれ独立して住居・店舗・事務所または倉庫その他の建物としての用途に供することができる場合、各部分にそれぞれ所有権が成立することをいう（区分所有法1条）。
　かかる区分所有権に関しては、民法は旧208条の1カ条だけを規定していた。しかし、戦後、ビルやマンションが増加してきたため、昭和37年に「建物の区分所有等に関する法律」が制定された。すなわち、1棟の建物が水平的階層的に区分され、さらにはマンションと称する集合住宅ができ、1棟の建物の中で数十世帯が共同で生活するようになってきた。そうなると複雑な法律関係が生ずることとなり、民法の1カ条では対処できなくなってきた。そのような実情から、当時としては相当に先を見越した法律として区分所有法が制定されることになったのである。
　要約するとこうである。
① 1棟の建物を「専有部分」と「共用部分」に分け、「専有部分」は区分所有権とし「共用部分」は区分所有者全員の共有とする。
② 区分所有者の倫理規定として共同利益に反する行為をしてはならない。
③ 共用部分の変更は区分所有者全員の合意、その管理は過半数決議とする。
④ 決議で管理者を置くことができる。
⑤ 管理・使用等に関する規約を設定することができるが、その設定・変更

または改廃は区分所有者全員の書面決議による。
⑥　集会の議決は持ち分割合とする。
これらのことをわずか37カ条で規定したのが昭和37年法である。

2　昭和58年の大改正

　区分所有法は，その制定当初は時代を先取りした斬新な法律といわれたが，世の中の発展は予想をはるか上回る速度で展開した。すなわち，区分所有法制定当初は，5,000戸ほどだった中高層の分譲集合住宅が，20年後の昭和58年段階では130万戸に達していた。さらに，その構造も団地型といった規模の大きなものや，20階を超える超高層といったものも珍しくなくなってきた。このような急速な分譲集合住宅の状況は，さまざまな法律問題を提起するようになってきた。
　制定当時は相当に革新的な法といわれた区分所有法も，現実に対応するためには全面的に改正せざるを得なくなり，昭和58年に区分所有法の大改正がなされた。これが現行区分所有法である。
　すなわち，欠点として指摘された点は，①登記の膨大化に伴い，その合理化が必要となった。②共用部分の変更，規約の設定・変更における全員合意は現実的ではない。③管理組合の性格が明瞭でない。④共同利益に反する行為がなされてもそれに対処する措置が不十分である，等々が指摘され改正へと向かった。
　58年法改正は，全面的なものであり，改正というよりは新法の制定ともいわれるものであった。その要点は，①登記の合理化を図るために，専用部分と敷地利用権とは原則として分離処分できない。②共用部分の変更，規約の設定・変更または廃止は，特別決議とし，区分所有者および議決権の4分の3以上の多数決とする。③全員で区分所有建物等の管理を行う団体を構成し，区分所有者の数が30人以上であるときは，集会の特別決議で法人となることができる。④区分所有者に共同利益に反する行為があった場合には，集会の決議にもとづき訴訟をもってその行為を差止請求し，あるいは，専用部分の使用禁止や区分所有権等の競売を行うことができる。⑤老朽化等の理由において区分所有者および議決権の5分の4以上の多数の決議によって建替えができる。⑥専用部分

の登記用紙に敷地利用権の表示を登記すること,とした。

3 区分所有法制定後の主たる問題点

　58年改正によって区分所有関係の問題点が全て解決されたわけではない。その最大の理由としては,区分所有法は,あくまでも区分所有関係建物に関する法であって,マンション問題の専属の法ではないということである。また,58年改正の段階で積み残されたことが,より複雑に顕在化したという点においてである。以下に,区分所有法がかかえている代表的な問題点をあげておく。

(1) 専有使用権の問題

　専用使用権とは,建物の共用部分および敷地を特定の区分所有者または特定の第三者が排他的に使用する権利とされる。たとえば,特定の区分所有者や第三者に,敷地の一部を駐車場や庭にするとか,屋上をビアーガーデンにするとか広告塔等を設置するとか,ベランダを区分所有者に専用的に利用させることなどをいう。この専用使用権については,民法にも区分所有法にも規定がない。専用使用権は,このように特定の者に排他的利用権を付与することになるから,その合理的根拠をめぐっては議論がなされた。

　ベランダなどのように防災上の通路以外に他の区分所有者に格別の不利益をもたらすものでない場合は,容易に専用使用権を認めることには異論がないが,駐車場専用使用権に代表されるように特定の者だけが大きな利益を得るような場合は,その是非をめぐって争われた。しかし,駐車場の専用使用権に関しては,駐車場不足もあって一定の区分所有者自体がそれを望んだという複雑な問題があった。こういった専用使用権をめぐり不公平感が存在したので,それらの設定に関しては宅建業法で規制をかけることとなった。しかし,現実には駐車場の専用使用権等の問題は必ずしも解消されたとはいえない。マンション販売時における書面決議による原始規約が今日なお存在しているからである。

　　★マンション分譲の際に敷地の一部を駐車場として専用使用権を設定し,一部の買主にこれを分譲し対価を受領した事例において,「専用使用権を取得した特定の区分所有者……専用使用権を取得しなかった区分所有者は,右専用使用を承認すべきことを認識し理解していた……専用使用権……は,好ましいものといえないが……私法上の効力は否定することはできない」

とした(最判平10・10・22民集52巻7号1555頁,判時1663号47頁,判タ991号296頁)。

(2) 管理組合の問題

マンションの管理は,区分所有者が団体(管理組合)を構成し,その集会決議にもとづいて行われる。具体的には,管理者(理事)を選任し管理運営を行う。管理者(理事)は,基本的には区分所有者(組合員)から選任される。

マンションの規模は多種多様であり,30戸に充たない小規模のものもあれば,1,000戸以上の大規模団地型も存在する。これらの規模が大きく異なるマンションも,基本的には,区分所有法の下で管理がなされる。小規模マンションにあっては,管理組合すら存在しない場合もしばしば見られる。大規模団地型においては,基本的には管理組合を設立している。問題は,実際に管理運営にあたる理事が適切に選任されているかである。実態は,順番で,あるいは,抽選等で選任されているのが普通である。

実際のマンションの管理は,法律,財務,建築あるいは施設等々の専門知識が必要となってくる。したがって,適切な管理を行うとなれば,理事会は,本質的にはそれらの専門的能力を備えていなければならないということになる。区分所有法の改正によって,形式的に管理組合の

《管理組合の機構》

```
総会(最高意思決定機関)
    ↕
理事会(執行機関)
    ↕
管理組合員(区分所有者)
```

設立を促し,管理運営は管理者たる理事が行うという建前はできあがった。しかし,実質的な面で多くの課題を残している。

(3) 共用部分と専有部分の境界

「専有部分」とは,区分所有権の目的たる建物の部分とし,「共用部分」とは,専有部分以外の建物の部分,専有部分に属しない建物の附属物および第4条第2項の規定により共用部分とされた附属の建物をいう(区分所有法2条)と定義されている。しかし,実際に理事会を悩ませ問題となるのは,共用部分と専有部分の境界をどの場所で決定すべきかの点である。区分所有法は,これらの点につき明確な区分けをしていないため,最終的には,集会において管理組合で意思決定をしなければならない。この境界をどの点で決定するかは,修繕費の額に大きく影響を与えるので,実務上,難解な問題を理事会に投げかけること

となっている。

(4) 建替え問題

建物の老朽化・設備の陳腐化が生ずれば，必然的に，建物の建替え問題が生じてくる。区分所有法は，62条以下に建替え決議等について規定する。しかし，現実には，建替えは容易ではない。建物が老朽化すると共に，居住する組合員も基本的には，高齢化するからである。仮に，世代交代がなされたとしても，組合員の資力は購入時と比較して相当にばらついたものとなり，建替え費用を負担しうる者とそうでない者との差が歴然としてあらわれてくる。したがって，建替えしたくとも建替えできないのが実態である。

(5) 団地問題

一敷地内に数棟の建物があるいわゆる団地に関して，区分所有法は，65条ないし68条に規定をおいている。その規定のほとんどが1棟単位での管理規定の準用である。この団地に関しては，区分所有法は，棟別管理を原則としている。しかし，実態としては，団地全体を1つとして管理する形態を採用している場合も多く見られる。災害等で建物の復旧を余儀なくされたときには，棟別管理と全体管理とでは区分所有者がどのような負担をすべきかで見解が分かれることになる。棟別管理にたてば，被害を受けた建物はその建物に属する区分所有者が分担して復旧費用を負担することになる。しかし，全体管理にたてば被害を受けた建物の区分所有者に止まらず団地全体の区分所有者が復旧費用を負担するということになる。この相違については，区分所有法は明快な解決方法を与えていないので，究極的には集会決議で解決することとなろう。さらに，団地の問題としては，ミニ行政組織として行為しなければならない場合も多い。したがって，団地については区分所有法のみでは律しきれない問題が多々生ずるということである。

4 マンション適正化法と区分所有法の改正の動き

58年改正から20年近くを経ようとしているが，その後マンションはさらに増加し，今や，350万戸を超えるに至っている。改正の段階で積み残した問題や新たに生じた問題が複合的にからみあい，現行区分所有法の再改正をすべきではないかという動きが顕在化し，法制審議会での中間答申案が出されるに至っ

ている。また，区分所有法は，マンションの専属の法ではないということで，平成13年8月に国土交通省が「マンション管理の適正化推進に関する法律」（以下「適正化法」と略す）を施行した。

　適正化法は，「適切な修繕がなされないままに放置されると，……居住環境の低下……周辺の住環境や都市環境の低下」を回避するために，管理組合が適切なマンション管理をすることを推し進めるために施行された法律である。国土交通省は，適正化法を施行する以前から「標準管理規約」というものを発表し，新しく設立されるマンション管理組合に対するガイドラインを提供してきていた。適正化法は，標準管理規約の延長線上にあるものといえるが，最大の特徴は，マンション管理士を国家資格として創設したことである。マンションの問題は，多岐にわたる専門知識を必要とするので，専門的な資格を有する者が適切に助言することによって的確な管理を実現しようという意図で制定されたものである。平成14年に第1回の管理士取得者として約7,200人が発表されたが，適正化法が意図する適正管理の助言者となるかについては，問題を多く残している。

　さらに老朽化した区分所有建物の建替えについては，平成13年6月から法制審議会建物区分所有法部会で，区分所有法改正の審議が開始された。しかしながら従来の改正手続とは異なり，結論を急ぐあまり，平成14年の改正では，再び多くの課題を積み残すことになってしまった。

Step up

　動物を家で飼うことは基本的に個人の自由である。しかし，マンションにおいては，他の区分所有者との円満な共同生活が重要視される。したがって，マンションの規約や協約等においてペットの飼育を禁じている場合には，その規約等にしたがい，マンションではペットを飼うことができない。すなわち，マンションにおける規約等は，当事者自治にもとづく区分所有者全員に効力を有する重要な約束事である。そういった規約等の性格からして，管理組合の理事長より，犬猫の処分を申し渡された場合は，情においては忍びないが，Aは犬猫の飼育をやめなければならない。

IV 所有権

Practice

下記の各問の正誤を答えなさい。

問1．規約で共有部分と規定した場所については，登記がなくても第三者に対抗できる。　　　　　　　　　　　　　　　　　　　　　　　　　（　　　）

問2．使用目的が庭と定められて専用使用権が設定されている建物の共有敷地の一部は，勝手に駐車場とすることはできない。　　　　　　　（　　　）

問3．駐車場料金を不払いのまま区分所有権が移転された場合は，その区分所有権の特定承継人は，管理組合から前区分所有者の不払いの駐車場料金の支払いを請求された場合は，支払う義務がある。　　　　　　　　　（　　　）

問4．規約の設定，変更は，区分所有者および議決権全体の4分の3以上の集会の賛成があれば行える。　　　　　　　　　　　　　　　　　（　　　）

No. 24　所有権の取得

〈CASE〉　Aは土地を購入し，家屋を建築しようと土木業者に工事依頼し基礎工事を始めた。その工事作業中に，作業員Bが地中から大判・小判を発見した。Aは，それらの財宝は，自分の所有する土地から出てきた物であるから，直ちにそれらの財宝の所有権を取得できると考え，作業員Bおよびその雇用主Cに若干のお礼を出し，その財宝を自分の所有物とすることができるだろうか。

1　所有権の取得とは

　権利の取得は，原始取得と承継取得に分かれる。民法は，所有権の章中で規定するのは，原始取得についてのみである。承継取得については，種々の法律要件充足の法律効果として，民法の各編に散在して規定されている（例：相続，売買）。原始取得についても，取得時効による所有権の原始取得，即時取得という原始取得は，それぞれ時効や占有権の章で規定されており，ここで規定されているのは，他の制度と直結しない特殊な素朴な原始取得原因についてのみである。

2　無主物先占

　河川の魚，山野の動物などの野生動物やあるいは読み捨てられた新聞紙などの他人が遺棄した無主の動産は，所有の意思をもってこれを占有することによりその所有権を取得する（239条1項）。これに対し有主の動産は，取得時効の完成をまたねばならない。ただし，占有権に関しては，有主たると無主たるとを問わず，自己のためにする意思をもって所持すれば占有権を取得する。

　★鉱業権者が鉱物を採掘し精錬の後，遺棄して顧みなかった残滓（土灰）は，無主の動産として他人が先占取得できるとした（大判大4・3・9民録21輯299頁）。

IV 所有権

★狩猟目的で野生の狸（本人はむじなと誤信）を発見，射撃し，これを追跡して岩窟に閉じ込め，石塊で入り口をふさぎ逃げることができないような施設をしたことによって，狸の占有に必要な管理可能性と排他性を具備したとし，先占を認めた（大判大14・6・9刑集4巻378頁）。

★ゴルファーが誤ってゴルフ場内の人工池に打ち込み放置したいわゆるロストボールはゴルフ場の所有に帰したもので，無主物ではない（最決昭62・4・10刑集41巻3号221頁）。

無主の不動産は，国庫に帰属する（239条2号）ので，原始取得は起こらない。国有財産が個々人の取得時効の対象となるかについては，説が分かれるが，市民社会の理論よりして積極説に従い，取得時効にかかると解すべきと考える。

3　遺失物拾得

遺失物とは，占有者の意思によらないで所持を離れた物をいい，盗品と区別される。なお，「犯罪者ノ置去リタルモノト認ムル物件」（遺失物法11条1項）および「誤テ占有シタル物件他人ノ置去リタル物件又ハ逸走ノ家畜」（遺失物法12条）も遺失物法上，遺失物に準じた扱いを受ける。拾得とは，遺失物の占有を取得することをいう。遺失物の所有権は遺失者にあるから，その拾得者は無主物先占することができない。したがって，拾得者は，すみやかにこれを遺失者に返還するか警察署長に届け出なければならない（遺失物法1条1項）。警察署長は，届け出られた遺失物を遺失者等に返還する。遺失者等の氏名または居所を知ることができなければ，所定の公告をし（同条2項），所有者が知れたときはこれを返還する（取得者は，所有者から5％から20％の範囲で報労金を受けることができる。遺失物法4条1項）。公告が行われ6カ月内に所有者が見つからないときは，取得者が拾得物の所有権を原始取得する（240条。ただし，拾得者が拾得物を7日以内に届け出なければ，所有権取得ができない。遺失物法9条）。所有権を取得したときより2カ月以内に拾得物を引き取らないときは，所有権を喪失する（遺失物法14条）。この場合遺失物は，当該警察が属する都道府県に帰属する（遺失物法15条）。

★線引小切手における物件の価格とは，遺失後その小切手が善意無過失の第三者の手元に帰しうる可能性を標準として決すべきである（大判昭3・2・

2民集7巻33頁)。

　なお，船・車・建築物その他本来公衆一般の通行の用に供することを目的としない構内における遺失物の拾得の場合は，船・車・建築物等の占有者が拾得者とみなされる。ただし報労金に関しては，実際の拾得者と占有者が折半する（遺失物法4条2項）。また，漂流物・沈没品等も本質上は遺失物に属するが，これについては「水難救護法」に特別の規定が置かれている。

4　埋蔵物の発見

　埋蔵物とは，土地その他の物の中に埋められ，そのものの所有者が誰か判別しにくい物をいう。遺失物との差異は，遺失物は遺失者に遺失する意思なくして失った物であるが，埋蔵物は故意に埋蔵したに違いないということが伺われる点である。

　★埋蔵物とは，土地その他の物の中に外部からは容易に目撃できないような状態に置かれ，しかも現在何人の所有であるかわかりにくいものをいう（最判昭37・6・1訟務月報8巻6号1005頁)。

　埋蔵物を発見したときの警察署長への届出等については，遺失物の場合と同様であり，遺失物法の中に合わせて規定されており，遺失物の規定のほとんどが埋蔵物の場合に準用される（遺失物法13条)。すなわち，公告がなされた後に6カ月内にその所有者がわからないときは，遺失物の場合と同じ理由において発見者がその所有権を原始取得する。ただし，他人の土地その他の物の中において発見した埋蔵物は，発見者とその土地の所有者等で折半しその所有権を取得する（241条)。なお，発見された埋蔵物が埋蔵文化財の場合は，所有者が判明しない段階で所有権は国庫に帰属する。当該文化財の発見者およびその発見された土地の所有者は，国庫からその価格に相当する報償金が支払われる（文化財保護法63条)。

　★道路工事中工夫が石を掘り起こして古金を発見した場合に，その指図をした工事監督者は現実の発見行為がないとして発見者に該当しないとされた（大阪控判明39・6・1新聞371号7頁)。

5 添付
(1) 意　義

　添付とは，所有者を異にする2個以上の物が結合あるいは混合して容易に分離しがたくなったり，分離することが不能になったとき，または他人の物を加工して新たな物を生じた場合に，これを1個の物とし，より大きな価値を提供した所有者にその新たな物の所有権を原始的に取得せしめる効力を与える法律要件である。附合・混和・加工に分けられる。添付によって損害を受けた者は，不当利得返還請求の703条・704条によって償金を請求できる（248条）。また，添付によって物の所有権が消滅するときは，その物の上に存した他の権利も消滅する（247条1項）。すなわち，物の所有者が合成物・混和物あるいは加工物の単独所有者となったときは，第三者の権利は以後合成物・混和物あるいは加工物の上に存し，その共有者となったときはその持分の上に有するものとされる（247条2項）。

(2) 附　合

　附合とは，数個の物が結合する事実をいい，不動産上の附合と動産上の附合とに分かれる。

　(a) 不動産上の附合　　不動産上の附合とは，ある不動産に他の所有者の不動産または動産が従として分離しがたく結合したことをいう。すなわち，土砂が堆積して生じた寄洲や植栽された樹木が移植できないほど大木になること，建物にペンキを塗り庇を取り付けるような場合である。ただし，地上権者・小作人が樹木を植え苗を植えた場合のように権原にもとづいて附属させた場合は，「不動産ノ従トシテ」の関係があってもなお附合が生じないとされる（242条）。不動産の所有者はその不動産に従として附合した不動産・動産の所有権を取得する。権原によってそのものに附属させられた不動産・動産は，上述のごとくその他人が引き続き所有者である。ただし，この場合であってもこの物が附属させられた不動産の構成部分となるにいたったときは，この例外規定の適用外となる。

　★増築部分が取引上既存建物と別個の所有権の対象となりうべきものであるからといって，ただそれだけの理由によって既存の建物所有者が附合による増築部分の所有権を取得するのを妨げるものではないとし，権原による

附属がなければ242条但書の適用は認められないとした（最判昭28・1・23民集7巻1号78頁）。

★建物の賃借人が建物の賃貸人兼所有者の承諾を得て賃借建物である平屋の上に2階部分を増築した場合，この2階部分から外部への出入りが賃借建物内の部屋の中にあるはしご段を使用するほかないときは，この2階部分につき独立の登記がされていても区分所有の対象とはならないとし，242条但書の適用はないとした（最判昭44・7・25民集23巻8号1627頁）。

★2階建木造建物の階下の一部を賃借した者が，以下の事情のもとに賃貸人の承諾を得て賃借部分を取りこわして，その跡に自己の負担で店舗を作った場合には，店舗の一部に原家屋の2階が重なっており，既存の2本の通し柱および天井のはりを利用していても，他の特段の事情のない限り，右店舗部分は従前の賃借人の区分所有権に帰するものと解すべきであるとし，本件店舗は権原によって原家屋に附属させた独立の建物とは判定できないとした（最判昭38・10・29民集17巻9号1236頁）。

★地盤所有権取得につき，未登記のままその地盤上に植栽した立木の所有権を第三者に対抗するには，公示方法が必要であるとし，明認方法が必要であるとした（最判昭35・3・1民集14巻3号307頁）。

(b) 動産上の附合　動産上の附合とは，各別の所有者に属する数個の動産が毀損しなければ分離できなくなったとき，または分離のため過分の費用を要するに至ったことをいう（243条）。その合成物の所有権は，主たる動産の所有者に帰することとなる。附合した動産につき収受の区別をすることができないときは，各動産の所有者はその附合の当時の価格の割合に応じて合成物を共有する（244条）。

★船舶用発動機をつけた場合，つねに発動機が船舶に附合するとはいえない（大判昭18・5・25民集22巻411頁）。

(c) 混和　混和とは，各個別の所有者に属する物が混合または融合し，いずれの所有者の所有物であるか識別できない状態にいたったことをいう（245条）。すなわち，混合とは穀物（金銭も判例によって混合とされた場合がある。大判明36・2・20刑録9輯232頁，大判昭13・8・3刑集17巻624頁）のような固形物が混ざり合うことをいい，融合とは酒のような液体や気体が混ざり合うこと

をいう。

(d) 加工　加工とは，他人の動産に工作を加えて，1個の新たな物を生じさせることをいう（246条）。加工者の善意・悪意を問わない。加工物の所有権は原則として材料の所有者に属する（246条1項本文）。ただし，工作によって生じた加工物の価格が著しく材料の価格を超えるときは，加工者が例外的に所有権を取得する（246条但書）。たとえば，有名な画家が他人のキャンバス・絵の具を用いて絵を描いたような場合である。また，加工者が材料の一部を提供し（加工と附合が併存する場合），その価格と工作によって生じた価格を加えた物が元の材料の価格を超えるときは，加工者がその加工物の所有権を取得する（246条2項）。

★盗品贓物である婦人用自転車の車輪2個およびサドルを取り外して，これを他の男子用自転車の車体に取り付けても加工にはならないとされた（最判昭24・10・20刑集3巻10号1660頁）。

Step up

埋蔵物を発見した場合の当該埋蔵物の所有権は，埋蔵物が文化財ではなく埋蔵物の所有者が知れない場合は，原則として発見者に帰属する。他人の土地で発見した場合は，発見者とその土地の所有者との折半になる。この〈CASE〉では，土地の所有者が家屋の建築を行う際に作業員Bが大判・小判を発見したのであるから，所有者Aと作業員Bとの折半となろう。Bの雇用者Cは，発見者でもなく，発掘調査によるものでもないから何ら権利がないことになる。

Practice

下記の各問の正誤を答えなさい。

問1．漁業会社の従業員が仕事で獲った魚も，無主物先占で所有権を取得する。
（　　　）

問2．道で拾った財布を届けるのを忘れ，10日後に届けた場合には，遺失物拾得とはならない。
（　　　）

問3．自宅の蔵から大判・小判を見つければ所有権を取得する。（　　　）

問4．無断で他人の土地を耕作しても，そこでとれた作物は土地を耕作した者の所有になる。
（　　　）

No. 25　共有の形態と性質

〈**CASE**〉　Aは先祖代々住んでいた村をでて，町に家を建てた。村に住んでいたときは，裏山に出かけ，山菜などを自由に採っていた。Aは，休日に家族を連れ村に住んでいたときと同じように山へ山菜を採りに行った。しかし，かつての村の仲間は，Aに対し，勝手に山菜を採っては困ると抗議し，山菜を採るならば有料だと告げた。Aはお金を払う必要があるのだろうか。

1　共有の意義・本質

(1)　意　　義

共有の本質については，1個の所有権を数人が量的に分有する状態とする説と，複数の者が同一物についてそれぞれに1個の所有権を有し，ただ目的物が1個なのに所有権者が複数人であるために，各人の所有権を互いが制限しあっている状態であるとの説に分かれる。後説の方が今日わが国では有力ではあるが，前説の方が市民社会法的な正しい考え方といえよう。

(2)　本　　質

所有権は，物に向けられた個人の意思の最大限の尊重とされるものであり，完璧な意思的支配として構成される。したがって，物に対する支配は完璧に独立したものとなる。しかし共有における場合は，個人の意思を，たとえ，独立支配を排しても，複数の者で1個の物を支配するとの意思を有することもある。所有権についての個人の意思の尊重を大前提としながらも，このような独立した完璧な単独支配に背理な共同所有をも認めざるを得ないということになる。共有は，このように1個のパラドックスであるため，その願いを無制限に認容することはできないことになる。すなわち共有は，可能な限り個人の独立性を保持した形態で構成されなければならないということであり，また，共有関係はできるだけ短期間に止めさせ，共有者の意思によっていつでも単独所有に復

Ⅳ 所有権

帰できるような配慮がなされねばならない。

2 共同所有の形態

(1) 共　　有

共有とは，数人がそれぞれ共同所有の割合としての持分を有して1つの物を所有することをいう。共有者それぞれの持分につき，処分の自由を有し，かつ，共有物につき持分に応じた分割請求の自由（256条1項本文）を有することを特色とする。

(2) 合　　有

合有とは，各共有者が持ち分を潜在的に有するが，持ち分処分の自由が否定され，また，目的物の分割請求の自由も否定される。すなわち，民法上の組合のように（667条以下），持ち分が拘束される状態にある点で，合有は共有と区分される。

(3) 総　　有

総有とは，共同所有者の持ち分が潜在的にも存在しないため，持ち分の処分や分割請求も生ぜず，各共同者は目的物の利用・収益権のみを有し，必ずしも目的物の管理権を各共同所有者が行使するわけではなく，慣習等に従って代表者等が管理するといった共有形態である。入会権が総有の代表例とされたが，その他では慣習法上の物権としての温泉権や権利能力なき社団の財産も総有とされている。個人の自由性が否定されている点においてきわめて封建的残滓が残る制度と考えられている。

《共有・合有・総有の比較》

	共　有	合　有	総　有
持 ち 分	有	潜在的に有	無
持ち分の処分権	自由処分	処分権無	処分権無
共有物分割権	有	無	無

3 共有関係の成立

共有関係の発生原因も，人の意思（法律行為）と非意思（事件）とに分かれ

る。
(1) 意思にもとづく場合
　意思にもとづく共有関係の発生は，金銭を出しあって行う売買契約を最も典型例とし，共有物の分割についての物権編の規定（256条・258条）を排除する夫婦財産契約にもとづく共有財産制（755条ないし759条）を最も非典型的なものとする。
(2) 意思にもとづかない場合
　共有が当事者の意思にもとづかず法律上当然に生ずる場合がある。その主要なものは以下のとおりである。
① 境界線上に設置された界標・牆壁・溝渠（229条）
② 数人による無主物先占・遺失物拾得・埋蔵物の発見（239条・240条・241条）
③ 他人の物の中における埋蔵物発見（241条但書）
④ 動産の附合・混和（244条・245条）
⑤ 共有の性質を有する入会権（263条）
⑥ 債権の一部について代位弁済した代位者と原債権者の法律関係（502条1項）
⑦ 夫婦のいずれに属するか明らかでない財産（762条2項）
⑧ 共同相続財産（898条）
⑨ 建物区分所有における共用部分（区分所有法4条・11条1項）

　この場合には，一般の共有におけるようないつでもできる共用物の分割請求は行えない（256条・257条）。しかし，これらの場合でも分割不能な共有関係を法はまったく無条件に認めるものではない。すなわち，界標等を相隣者の共有と推定するに止め（229条），夫婦財産関係に共有制を導入せず夫婦別産制をとり，共有を夫婦のいずれに属するか明らかでない財産に限定し，さらに共有推定に止めている（762条）。共有者の1人が持分を放棄したとき，または相続人なくして死亡したときは，その持分は他の共有者に帰属させ（255条），それ以外の他の人を加えて複雑化させることを排除している等々は，共有を無条件に認めるわけではないことのあらわれである。

Ⅳ　所　有　権

4　共有持分の決定

　持分とは，共有物に対し各共有者が有する所有の割合をいい，それにもとづく権利を持分権という。

　持分権の割合は，①法定されている場合と，②当事者の意思表示によって決定される場合がある。しかし持分が不明なときは，持分は「相均シキモノト推定」される（250条）。なお不動産の共有持分は，登記申請上，必ず記載しなければならない（不登39条）。

5　持分権の処分・主張

　各共有者は，持分権を自由に処分できる。また，各共有者は，他の共有者および第三者に対し持分権を主張できる。すなわち，他の共有者に対する持分権の主張は各共有者が単独で行えるし，また，第三者に対する持分権の主張も各共有者が単独で行える。したがって，共有者全員が原告・被告となる必要はない。持分権主張の場合は，次のような場合がある。

① 　持分権確認請求
② 　持分権にもとづく妨害排除請求
③ 　持分権にもとづく引渡請求
④ 　持分権にもとづく登記請求
⑤ 　持分権にもとづく時効の中断請求
⑥ 　持分権にもとづく損害賠償請求

★共有持分確認の訴えは，各共有者単独で提訴することができる（大判大13・5・19民集3巻211号）。

★共有土地の引渡は，共有者全員のために各共有者単独で請求できる（大判大10・6・13民録27輯1155頁）。

★共有権は共有者各自の権利であれば，各共有者は独立して他の共有者に対し共有権の確認および登記請求の訴えを提起しうるのはもちろん，他の共有者全員を相手方とすることなく，自己の共有権を争う共有者のみを相手方とすることができる（大判大11・2・20民集1巻56頁）。

　共有者の1人が持分権を放棄したとき，または相続人がなくして死亡した場合は，その持分は他の区分所有者に帰属するとされる（255条）。放棄または相

続人がなくともこの場合は、共有者が利害関係人として存在するから、全くの無主の財産ではなく国庫に帰属する（959条参照）としていない。

★共有登記のなされている不動産につき共有者の1人が持分権を放棄した場合には、他の共有者は、放棄にかかる持分権の移転登記手続を求めるべきであり、放棄者の持分権取得登記の抹消手続を求めることは許されない（最判昭44・3・27民集23巻3号619頁）。

6 共有物の使用

各共有者は、共有物を区画し部分的に使用するのではなく、その全体についてその持分に応じ使用することができる（249条）。たとえば、数人が金銭を出しあって車1台を購入した場合、その出金の比が持分の割合であり、もっとも多く出金した者が持分に応じてもっとも長時間その車を使用できるというような場合である。ただし、出金の比によらず持分を均一にし平等使用するという特約をすることはできる。各共有者は、他の共有者全員の同意を得ないで共用物に変更を加えることができない（251条）。たとえば、共有の田地を宅地に変えたり、駐車場にするような場合である。共有物の管理（変更を除く）については、各共有者の持分の価格（出資比率）に従いその過半数で決定するが、雨漏りの修理のような、ごく普通の管理である保存行為は、各共有者単独ですることができる（252条）。共有物の管理費用の支払・公租公課等の負担は、各共有者の持分に応じてする。共有者が右の義務を履行しないときは、その履行の強制措置をとることができる（414条以下）。しかし、右費用・公租公課等を支払うべき時から1年間その義務を履行しない共有者に対しては、他の共有者は相当の償金を払ってその持分を取得できる（253条）。

★第二抵当権者が数人の共有に属する場合、第一抵当債権の消滅確認と第一抵当権の登記抹消は、各共有者単独でできる（大判昭15・5・14民集19巻840頁）。

★共有物を目的とする賃貸借契約の解除は、共有者によってされる場合は、本条本文の「共有物ノ管理ニ関スル事項」に該当すると解すべきであり、右解除については544条1項は適用されない（最判昭39・2・25民集18巻2号329頁）。

Ⅳ 所有権

7　共有物の収益・処分

　共有物を第三者に賃貸する等の収益行為をするには，共有者全員の同意を必要とする。その収益は，各共有者の持分に応じて各共有者に帰属すると解すべきである。共有物を処分する場合の法律関係も同様に解すべきである。なお，各共有者はその持分を特約なき限り他の共有者の同意なくして自由に処分することができるが，この場合共有者の1人が共有物につき持分の処分をした，たとえば，公租公課の建替分のような，他の債権者に有する債権はその特定承継人に対しても行うことができるとされている（254条）。この場合，共有者から債権を譲り受けた第三者がこれにより害されるおそれがあるため，登記によって対抗力を与えようとの考えが立法者の一部にあったが，実現するにいたらなかった。

　★土地の共有持分の一部を譲り受けた者が，他の共有者と共有者間の内部においてその土地の一部を分割し，その部分を右譲受人の単独所有として独占的に使用しうること，およびのちに分筆登記が可能となったときは直ちにその登記をなすことを約した場合は，その後同土地につき共有持分を譲り受けた者に対して，右契約上の債権を行うことができるとした（最判昭34・11・26民集13巻12号1550頁）。

Step up

　本〈CASE〉において村が主張する山に対する権利は，入会権と考えられる。Aがその村に住んでいた頃の村における山菜採取は，住人としての入会権の行使ということができよう。入会権は総有の代表的例とされるが，Aはその村の構成員であったから，入会権者として山菜を採取できたのであって，町に出てしまったからその村の構成員ではなくなった。したがって，在住の時に有していた入会権も消滅したと考えるべきであり，昔のように山に入って山菜採取する行為は，その村の入会権を侵害することになろう。したがって，Aは山菜をかってに採ったとみなされるから，代金を請求されたならば支払わねばならない。

Practice

下記の各問の正誤を答えなさい。

問 1． 共有者が相続人なくして死亡した場合は，その持分権は国庫に帰属する。

（　　　）

問 2． 共有者は，共有物を区画し持分に応じて部分的に使用する。　（　　　）

問 3． 共有物の管理費用は持分に応じて共有者が負担する。　　　（　　　）

問 4． 共有者は，他の共有者の 4 分の 3 の同意があれば共有物の変更を行うことができる。

（　　　）

Ⅳ 所有権

No.26 共有物の分割

<CASE> A, B, C, Dは, 共有として軽井沢に別荘を持っていた。その比率は, 5対3対3対2であった。景気が悪くなったので, Aは当該別荘の分割を他の共有者に申し出た。共有物は別荘という土地建物であり, そのままでは持分どおりに分割できない。別荘を売却し, 金銭に換価して分割すればいいのだが, B, C, Dは別荘を維持したいと思っている。Aの分割請求は, 他の三者に迷惑をかけるものであるから, 13分の5ではなく4分の1で満足してもらいたいと三者が申し出た。通るであろうか。

1 共有物の分割

(1) 分割の自由

各共有者は, 何時でも共有物の分割を請求することができる。しかし, 5年を超えない期間内において分割をしない契約をすることができる。この期間を超えて分割しない契約をしたときは, 5年に減縮して有効となる。なお, この契約は, 期間満了と共に更新することができる。しかし, 更新契約もまた5年を超えることができない（256条）。ただし, 前述の界標・囲障等には本規定の適用はない（257条）。

(2) 分割の方法

(a) **協議による分割** 共有者が分割を望むときは, 他の共有者に対し分割の請求をし, 共有当事者全員の協議によって行う（258条1項）。当事者全員の意思の合致があれば, どのような分割方法（現物分割, 代金分割, 価格賠償）によっても差し支えない。

(b) **裁判による分割** 分割請求をしても共有者間で協議することができずまた協議が調わなければ, 裁判所に分割請求することができる（258条1項）。裁判所は現物をもって分割することを建前とする。しかし, たとえば共有物が1冊の本のように, 現物をもって分割することができないとき, または, 大き

なダイヤのように分割することにより著しくその価額を損ずるおそれがあるときは、裁判所は競売を命じ、換金して分割させることができる（258条2項）。共有者の1人が、たとえば共有物の管理費の建替等のような他の共有者に対し共有に関する債権を有するときは、裁判上の分割たると裁判外の分割たるとを問わず、分割にさいし債務者に帰すべき共有物の部分をもってその弁済をさせることができる。この場合に債務者の方の共有者に帰すべき共有物の部分を売却する必要があるときは、債権者の方の共有者はその売却を請求することができる（259条）。

また、共有物につき地上権・賃借権・抵当権・質権等の権利を有するものおよび共有者の債権者は、裁判上の分割たると裁判外の分割たるとを問わず、自己の費用をもって分割の参加をすることができる（260条1項）。共有者はこれらの者に分割を通知する必要はない。参加者は分割にあたり意見を述べ、分割を監督しうる。参加の請求があったのにかかわらずその参加をまたずして分割がなされたときは、その分割は参加を請求した者に対抗することができない（260条2項）。参加にはそれほど強い効力が認められていないので、裁判上の分割における訴訟参加（民訴47条）以外には参加の実益はあまりないとされる。

(3) 分割の効力

分割により共有関係は消滅する。すなわち、各共有者はその分割のときから、その分割によって得た部分の単独所有者となる（遡及効のある遺産分割と異なる。909条参照）。各共有者は、他の共有者が分割によって得た物につき、売買において売主が買主に対し担保の責めを負うのと同様に、その持分に応じての担保責任を負う（261条）。

共用物購入のさいの売買証書や公租公課納入の証拠書類などのような共用物に関する証書があるときは、各分割者は分割終了後その受けた物に関する証書を保管することを要する（262条1項）。共有者一同またはそのうちの数人に分割した物に関する証書は、その物の最大部分を受けた者がこれを保存することを要する（262条2項）。最大部分を受けた者がいないときは、分割者の協議で証書の保存を定める。協議が調わないときは裁判所がこれを指定する（262条3項）。証書の保存者は、他の分割者の請求に応じてその証書を使用させることを要する（262条4項、民訴220条2号3号）。

Ⅳ 所 有 権

★共有の分割は，共有者相互間において共有物の各部分につきその有する持分の交換または売買が行われることであって，各共有者が取得部分について単独所有権を原始的に取得する者ではない（最判昭42・8・25民集21巻7号1729頁）。

★共有物分割前共有者の1人がその持分に抵当権を設定している場合，分割後も依然として共有物全部の上に存続していると解すべきである（大判昭17・4・24民集21巻447頁）。

2 準 共 有

準共有とは，複数の者が所有権を除く財産権を共同で有していることをいう（264条）。所有権以外の財産権としては，各種用益物権，担保物権のほか，債権，株式，無体財産権，漁業権，鉱業権等が問題となる。ただし，債権のうち賃借権・使用借権については共有の規定が準用される。金銭債権等については，427条以下の多数当事者の債権関係が準用される。

★共同鉱業権の移転登録が無効なときは，その登録の存在は鉱業権の行使に対する妨害にほかならないから，その抹消手続は共有物の保存行為であり，各共有者が単独で訴求できる（大判大12・4・16民集2巻243頁）。

Step up

各共有者はいつでも共有物の分割請求ができる。したがって，Aは他の共有者に対し分割請求を行うことは問題ない行為である。しかし，A，B，C，Dの四者間において当該別荘の分割をしない旨の約束があれば，5年間はAは分割請求はできない。かかる約束なくAから分割請求がなされたときは，A，B，C，Dの四者の協議で分割の当否が検討される。協議が調わないときは，Aは裁判による分割を請求することとなる。

なお，当事者間の協議の段階で，B，C，DがAに対し迷惑をかけるから持ち分を4分の1にしてくれないかと申し入れることはできるが，Aはその申し出に拘束されることはない。

Practice

下記の各問の正誤を答えなさい。

問1. 現実に分割が不可能な建物は，売却した金銭を持分に応じて分割するしか方法はない。（　　　）

問2. 3年間分割しないという契約は有効である。（　　　）

問3. 共有者の一部が分割請求している場合，その者に対してだけ持分の限度で分割し，それ以外は残りの者の共有とすることができる。（　　　）

問4. 共有者の1人が単独所有者となり，他の共有者に償金を与えるという形での分割も可能である。（　　　）

V 用益物権

V 用益物権

No.27 地上権と賃借権による借地権

〈CASE〉 AはBの土地に借地権を設定し，家屋を建設して7年間居住したが，仕事の都合で外国へ転居することになったので借地権の譲渡または転貸をしたいと思っている。Aはどのような方法をとったらよいだろうか。

1 地上権と賃借権

他人の土地上に家屋を建築し居住するには，地上権の設定と賃借権の設定という2つの方法がある。現在行われている借地は，そのほとんどが賃借権によるものである。それは次の理由による。

① 地上権は，土地を直接支配し排他性を有する物権であるが，賃借権は賃貸人に対し使用収益を求める請求権である。
② 地上権は登記すれば第三者に対抗できる（地主は登記協力義務を負う）が，賃借権は貸主に賃借権の登記につき協力義務がないので，対抗力がない。
③ 地上権は自由に譲渡・転貸および担保の供与ができるが，賃借権は無断譲渡，転貸ができない（612条）。
④ 存続期間について，地上権はとくに制限（永久でもよいとする）がないが，賃借権は20年を超えられない（604条）。
⑤ 期間の定めのない場合，地上権は当事者の請求により20年～50年の期間内で裁判所が定めるが（268条2項），賃借権はいつでも解約できる（617条）。
⑥ 第三者による侵害について，地上権は物権であることから妨害排除請求権が認められるが，賃借権は債権ゆえにこれが認められない。

以上のことから，土地所有者は他人に土地を利用させる場合に，賃借権の設定を選択することになる。賃借権者の地位が地上権者の地位に比べてきわめて低いことから，賃借権の強化が特別法の制定によって図られた（これを一般に賃借権の物権化という）。

2　新借地借家法の制定

　平成4年4月1日に施行された借地借家法は，従来の特別法（建物保護に関する法律，借地法，借家法等）を見直して統合するとともに新たな時代に適合すべく新機軸を加えたものとなっている。主要な改正点は以下のとおりである。

　①　借地権の存続期間　　地上権，賃借権にかかわらず一律に30年とする（借地借家法3条）。

　②　更新拒絶の要件（正当事由）　　借地権設定者（土地所有者）が土地の明渡と引換に借地権者に対して財産上の給付をする（借地権の買取り）旨の申出をした場合に，その申出が正当事由に当たるか否かを判断する（同6条）。

　③　定期借地権制度の新設　　存続期間を50年以上とし，契約の更新を行わないことを特約で定める（公正証書にすること）定期借地権を新設した（同22条）。さらに，借地権設定後30年以上の期間の経過後に借地上の建物を借地権設定者（土地所有者）に譲渡することを予定する建物譲渡特約付借地権（同23条），事業用建物の所有を目的として存続期間を10年以上20年以下とする事業用借地権（同24条）も新たに創設した。

　④　定期借家権の導入　　更新を予定しない借家契約を認めた（同38条）。

　⑤　地代・家賃増減額紛争処理の場合，まず調停を申し出なければならない（民事調停法24条の2）。

　⑥　自己借地権（借地借家法15条）制度の導入，等である。

3　賃借権の物権化

　ここで賃借権の物権化についての重要項目を整理しておくことにする。

(1)　対　抗　力

　借地権は，その登記がなくても，土地の上に借地権者が登記されている建物を所有するときは，これをもって第三者に対抗することができる（同10条）。この場合の登記は，建物の保存登記が原則であるが，判例は建物の表示登記でもよいとしている（最判昭50・2・13民集29巻2号83頁）。従来の建物保護に関する法律1条を継承したものである。

(2)　存　続　期　間

　賃借権にもとづく借地権設定であっても地上権と区別せずに，存続期間は前

述の通り一律に30年とした（同3条）。更新後の期間は，最初が20年とされ，2回目から10年となった（同4条）。さらに更新拒絶の場合，借地権設定者側の正当事由の要件が明確化され，借地権者の利益が保障された（同6条）。

(3) 土地の賃貸借の譲渡・転貸

賃借権の無断譲渡，転貸は解約事由となる（612条）。貸主が譲渡・転貸に応じない場合の対策として借地借家法は，貸主の承諾に代わる裁判所の許可を認めた。すなわち，〈CASE〉のように借地権者が賃借権の目的である土地の上の建物を第三者に譲渡しようとする場合において，その第三者が賃借権を取得し，または転借をしても借地権設定者に不利となるおそれがないにもかかわらず，借地権設定者がその賃借権の譲渡または転貸を承諾しないときは，裁判所は，借地権者の申立てにより借地権設定者の承諾に代わる許可を与えることができる（借地借家法19条1項）としたのである。借地条件の変更および増改築の許可についても当事者間に協議が調わないときは，同様に借地権設定者の承諾に代わる許可を与えることができるとした（同17条）。

4 地上権

(1) 地上権の法的性質

地上権は他人の土地の上の権利で，工作物または竹木の所有を目的とする一面的な支配権である（265条）。一筆の土地の一部には認められない。また，土地の立体的利用の場合（地下や空中の利用）も地上権とすることができる。これを区分地上権という（269条の2）。工作物は，家屋・橋梁・道路・トンネル・テレビ塔・地下鉄・モノレール等地上および地下の一切の建造物をいう。竹木には制限がないが，果樹の所有を目的とする場合，耕作と認められれば，永小作権となる。地上権には，相続性，譲渡性があり，担保目的物とすることもできる（369条）。地代は地上権の要素ではない。

(2) 地上権の取得と存続期間

① 地上権の取得　　地上権は，土地所有者との設定契約によって成立するのが一般的であるが，その他相続や譲渡によっても承継され，遺言による設定や取得時効によっても取得される。また，設定された権利が地上権か賃借権かを決定するについては，期間の長短，譲渡性の有無，地主の土地補修義務の有

無等が規準となる。なお，法定地上権が成立する場合がある（抵当権 *No. 39* をみよ）。

② 地上権の存続期間　民法上存続期間は設定行為で定めることができ，最短期および最長期ともに制限はない。最長期については，永久の地上権を定めることができる（大判大14・4・14新聞2413号17頁）。設定行為で期間を定めなかったときは，慣習に従い，慣習がないときは裁判所が設定当時の事情を考慮して20年以上50年以下の範囲で定める（268条2項）。

(3) 地上権の効力

① 土地使用権　地上権者は設定契約の範囲で土地を使用する権利を有する。地上権は，土地を利用する権利であるから，相隣関係の規定（209条〜238条）が準用される。地上権には当然物権的請求権がある。地主は地上権者に対して土地使用を妨げてはならない消極的な義務を負うだけである。

地上権者は，自ら土地を使用するだけでなく，地上権を他人に譲渡し，賃貸し，また担保に供することができる（369条2項）。地上権の譲渡禁止の特約は当事者間の債権的効力を持つにすぎないとされる。

② 対抗力　地上権は登記をしなければ第三者に対抗できない。借地借家法は，地上権の登記がなくても建物につき登記があれば対抗力があるとした（10条）。この場合建物の表示登記でもよい（前述）が，必ず借地権者名義で登記することを要し同居する長男名義で所有権保存の登記をしても対抗力はないとされる（最判昭41・4・27民集20巻4号870頁）。

③ 地代支払義務　地代は地上権の要素ではない。当事者が地代支払を約定した場合にだけ地代支払義務が生ずる。地代またはその支払時期は，登記事項であり（不登法111条1項），登記なくて新地上権者に対抗できない。定期の地代支払義務については，永小作権の規定（274条〜276条）と，賃借権に関する規定（312条以下・601条以下）が準用される（266条）。

Step up

●**地代の増減請求権**　借地権における地代については，不増額特約のない限り地代・借賃が租税・土地価格の上昇と低下または比隣の土地の地代・借賃に比較して不相当となったときは，当事者は将来に向って地代・借賃の増減額

V 用益物権

請求をすることができる(借地借家法11条1項)。この増減額について当事者間で協議が調わないときは,借地人は裁判確定まで相当と認める地代,借賃を支払っておけば足りるが,裁判が確定し,不足がある時はその不足額に年1割の利息を付して支払う必要がある。

地代・家賃の増額について慣習(92条)を認めた古い判例があるのでここで紹介する。「借地法施行前に,東京都内には,その土地が繁栄し地価が騰貴し,公祖公課が増加しまたはその借代が比隣の借地料に比較して著しく低い状態となったような場合には,地主は借地人の同意を得なくとも相当の地代値上げをすることができるという慣習のあることを認定し,とくにこれを排斥する合意がない限り,借地人がたまたまこの慣習の存在を知らなくても,地主はなおこの慣習を援用することができる」と判示した(大判大3・10・27民録27輯818頁)。この判例が契機となって借地法11条に採用され,現在の借地借家法11条となった。

Practice

下記の各問の正誤を答えなさい。

問1. 地代のない永久の地上権は無効である。　　　　　　　(　　　)

問2. 地上権設定の際,譲渡禁止特約がついている場合でも,地上権者は地上権を第三者に譲渡することができる。　　　　　　　(　　　)

問3. 地上権は登記をしないと第三者に対抗できないが,この場合の登記は,建物の表示登記でもよいとされる。　　　　　　　(　　　)

No.28　永小作権

〈CASE〉　AはB所有の農地に永小作権を持ち，ミカンを栽培していたが3年前の台風で被害にあい，現在まで全く収穫することができなかった。Aは年額5万円の小作料をBに支払わなければならないだろうか。

1　永小作権の意義と法的性質

永小作権は他人の土地を耕作または牧畜のために使用する物権である。しかし，現在ではこの永小作権はほとんど利用されず，農地の賃貸借の場合が多い。戦後の農地改革によって，小作人と地主の関係はほとんど消滅してしまったといってよい。

永小作権は他人の土地の上の権利で，耕作または牧畜を目的とする。耕作は穀物，野菜，果樹等の栽培をいう。永小作権は相続性，譲渡性（担保性）があるが，小作料を要素とする点で地上権と異なる。

2　永小作権の取得と存続期間

(1)　永小作権の取得

地上権の場合と同様に設定行為によるのが普通であるが，遺言・譲渡・相続・取得時効によっても取得されうる。永小作権の設定，移転は登記がなければ第三者に対抗できない。

(2)　永小作権の存続期間

設定行為で期間を定める場合は，20年以上50年以下でなければならないが，50年より長い期間を定めたときは，50年に短縮される（278条1項）。20年以下の場合は，永小作権ではない。更新後の期間は50年を超えられない（同条2項）。

期間の定めがない場合は，慣習に従うが，慣習がないときは30年とする（同条3項）。

3 永小作権の効力

(1) 土地使用権

設定行為によって定まった目的の範囲に及ぶが，永小作人は土地に永久の損害を生ずる変更を加えてはならない（271条）。永小作人は，別段の慣習がない限り（277条），土地を他人に賃貸できるが，設定行為で禁じられたときはこの限りではない（272条）。相隣関係・物権的請求権については，地上権と同様である。

(2) 譲渡性・担保性

永小作権は別段の慣習のないかぎり（277条），譲渡性，担保性を有する（272条・369条2項）が，設定行為で制限することができる（272条但書）。

(3) 小作料の支払義務

小作料の支払いは，永小作権の要素であり（270条），登記申請書の絶対的記載事項である（不登法112条）。農地法では，小作料は金納であるとする（農地法23条）。小作料の支払義務に関し，民法は永小作人が不可抗力によって収益に損失を受けても小作料の免除または減額を請求できないとした（274条）。ただし，3年以上まったく収益がないか，5年以上小作料より少ない収益を得たときはその権利を放棄できるとする（275条）。しかし，この永小作権が担保目的となっていた場合には，放棄しても担保権者に対抗することができない（398条）。

4 永小作権の消滅

永小作人が引き続き2年以上小作料の支払を怠った場合や破産の宣告を受けたときは，地主は永小作権の消滅を請求できる（276条）。また，前述したとおり，永小作権の放棄によっても，消滅してしまう（275条）。永小作権が消滅した場合には永小作権者は，土地を原状に復して返還すべき義務を負う。

Step up

●**永小作権と賃借権**　土地の利用関係，特に地主と小作人との関係は，徳川時代からの古い歴史を持ち，個々の小作関係が，永小作権であるか賃借権であるかの区別は必ずしも明確ではない。明治時代は，存続期間の長短によって

両者を区別していたが，戦後の農地改革後には永小作権は激減し，現在の農地利用は大部分が賃借小作だとされる。しかし，まったくなくなってしまったわけではなく，永小作権の登記は年平均約50件ほど記録されている。

Practice

下記の各問の正誤を答えなさい。

問1．永小作権は，地上権と同様に地代（小作料）を要素とする権利である。
（　　　）
問2．永小作権は，抵当権の目的とすることができる。　　　（　　　）
問3．永小作権に譲渡禁止特約がついている場合でも，第三者に譲渡することができる。
（　　　）
問4．60年という期間で永小作権を設定しても無効である。　（　　　）

V 用益物権

No. 29 地役権・入会権

〈CASE〉 Aは，海岸近くに100年前から続く由緒ある旅館を所有し経営している。その旅館の日本庭園は有名であるが，海を借景としているため，海と旅館の中間にある土地の所有者が土地に建物を建てるのではないかと心配している。Aはどのような手段を講じたらよいだろうか。

1 地役権の意義および性質

地役権とは，ある土地の便益に供するために他人の土地を利用する物権である（280条本文）。この場合，便益を受ける土地を「要役地」といい，便益に供せられる土地を「承役地」という。両者は必ずしも隣接していなくてもよい。

地役権者は，承役地を一定の目的で利用する権利を有するが，賃借権を設定するほどにはいたらない利用であり，また相隣関係によって隣地を利用することも考えられるが，所有権の調整機能としての相隣関係（お互い様の論理）とは異なり，一方の土地の便益についてだけを内容とする点で特色があるのである。

地役権は，全要役地のために全承役地を利用する権利であるから，地役権が要役地の持分のために存在するような状況にいたったときは，地役権を全面的に存続させるか，効力を否認するかのどちらかを選択しなければならなくなる。これを地役権の不可分性といい，民法は3つの場合につき規定している（282条・284条・292条）。また，地役権は要役地の便益のために存在する権利であるから，要役地から切り離して地役権だけを処分することは許されない（地役権の附従性281条）。

2 地役権の種類

(1) 継続地役権と不継続地役権

継続地役権は，その権利行使が間断なく継続する地役権であり（引水地役

権・通路を開設した通行地役権など），不継続地役権は，利用に間断があるもの（通路を設けない通行地役権・汲水地役権など）をいう。

(2) **表現地役権と不表現地役権**

これは地役権の行使が，外形的に現れるか否かによる区別である。表現地役権は，地役権の行使が外形的な施設等によって現れるものをいい，不表現地役権は，権利行使が外形的施設によって認識することができないもの（地下に埋めた土管による引水地役権や不作為地役権など）をいう。

(3) **積極的地役権と消極的地役権**

地役権の内容が，作為を目的とするか否かによる区別である。消極的地役権は，承役地所有者に対して行為をさせないこと（眺望地役権・日照地役権など）を内容とする地役権である。

3 地役権の取得

多くの場合，地役権は設定契約によって取得されるが，遺言によっても，また相続・譲渡などによっても取得される。地役権は時効によって取得されるが，この場合は，継続かつ表現の地役権に限られる（283条，最判昭33・2・14民集12巻2号268頁）。

4 地役権の効力

地役権者は，その権利の範囲内において地役権を行使し，直接承役地を使用することができる。この権利の範囲は設定行為によって定まるが，取得時効によって取得した場合には，時効期間中続いた利用形態がその範囲を定める。また，地役権者は必要に応じて工作物を設ける権利を持っている。

承役地所有者の義務は，地役権者の行為を認容する不作為義務を負うことである。

Step up

● **〈CASE〉におけるAのとりうる手段は**　　Aは海と旅館の中間にある土地の所有者に対して，まず土地の買取りを申し込み，買ってしまえば心配は解消される。土地の利用といっても実際に使用するわけではないから賃貸借契約は

V 用益物権

考えにくいので，次なる手段としては眺望地役権の設定が現実的である。当該土地の所有者に対して不作為を求める内容となる。

●**入会権について**　　入会権(いりあい)について簡単に触れておく。入会権とは，一定の地域住民が，特定の山林原野において，共同して雑木の伐採や山菜等の採取をなす慣習上の権利をいう。入会地の管理は，国，地方公共団体，個人が行い，利用権だけが入会権者に帰属する。入会権には，譲渡性や相続性は原則として認められない。入会部落に属する住民に与えられるからである。したがって，一家の主にだけ認められるという性質を持つものではなく，その部落に生まれたすべての住民が入会権を取得するのである。

Practice

下記の各問の正誤を答えなさい。
問1．要役地と承役地は必ず隣接していなければならない。　　（　　　）
問2．眺望地役権が設定してある土地に，他の要役地の通行のために重ねて地役権を設定することができる。　　（　　　）
問3．共有者の1人が時効によって地役権を取得した時は，他の共有者も地役権を取得する。　　（　　　）
問4．地役権を要役地と分離して処分することは許されない。　　（　　　）

VI 担保物権

Ⅵ 担保物権

No.30 担保物権の機能と通有性

〈CASE〉 電気商を営んでいるAは，自己所有の土地と建物を担保にして，B銀行との間に当座貸越契約を結び，向こう5年間に総額5,000万円の融資を受けたいと思っている。Aは，どのような担保権を設定したらよいだろうか。

1 担保物権の意義と種類

私たちが銀行から融資を受ける場合，何らかの担保が必要となる。土地家屋等の不動産があれば，これを担保とし，不動産や動産等の担保価値のある物を所有していなければ保証人をつけることになる。前者を物的担保，後者を人的担保と呼ぶ。物的担保を担保物権というが，これは，債権を満足する手段として融資を受ける債務者または第三者の特定財産から優先的かつ排他的に弁済を受ける権利である。

民法の定める担保物権には法律上当然に発生する法定担保物権と当事者の合意によって成立する約定担保物権があり，これらを典型担保物権と呼んでいる。

典型担保物権 ┬……………… 法定担保物権（留置権，先取特権）
　　　　　　 └……………… 約定担保物権（質権，抵当権）

民法の定める4つの担保物権では，経済取引の要請に応えられない場合がある。印刷機械を自分の手許に置いたまま担保とする譲渡担保（質権の設定ではこれは許されない。質権設定の要物契約性；344条）は，早くから判例がこれを認めている。立法化されるまでの代物弁済の予約（仮登記担保）や所有権留保を含めて，これらを非典型担保と呼んでいる。

2 担保物権の性質

民法の定める4つの担保物権は，それぞれその内容に特色があって，ひとまとめにその性質を論ずることは乱暴である。したがって，各項目でその特色を

確認してもらいたい。ここでは、担保物権が一般に有しているとされる性質について触れることにする。

(1) 附　従　性

債権なければ担保なしといわれるように、担保物権は債権の発生を要件として成立し（成立における附従性），債権の消滅によって当然に担保物権も消滅してしまう（消滅における附従性）。これを担保物権の附従性という。しかし、これを厳格に適用すると不都合が生じる場合がある。約定担保物権の質権や抵当権の場合，将来発生するであろう債権にあらかじめ担保権を設定したいときがある。債権がないのに担保だけは設定しておくことになる。根質や根抵当がこれにあたり、これを成立における附従性の緩和と呼んでいる。

さらに，一定期間内に一定の債権額の枠（根抵当ではこれを極度額という）を決めておいて，債権額が0になっても担保権を消滅させないとする手法が考えられる。これを消滅における附従性の否定というが，実際の取引ではきわめて有用である。債務者が債務を弁済しても担保はそのまま残り，その同じ担保を利用してすぐまた新しい融資を受けることができるからである。〈CASE〉の場合には，将来発生する債務にあらかじめ担保権を設定しておくのだから根抵当権の設定が妥当である。銀行との継続的な当座貸越契約だから，将来の一定期間，当座預金口座の残高が，＋300万円になっても根抵当権は消滅しないし、また，残高が－5,000万円までは，貸越が認められることになる。－5,000万円まで出し入れ自由ということである。担保目的物の価値が大きく，後順位担保権者がいる場合，債務を弁済して債権が消滅しても担保はそのまま残って，すぐまた先順位の担保で融資を受けられることは，〈CASE〉におけるAにとってたいへん有利である。

(2) 随　伴　性

債権がAからBに移転すれば，それとともに担保権も当然移転する、という性質をいう。ただし、根抵当には例外がある（398条ノ8）。

(3) 不　可　分　性

担保物権者は，被担保債権額のすべてが弁済されるまで担保目的物の上に権利を行使できる。5,000万円の債権のうち3,000万円の弁済があっても、目的物の範囲は縮小せず目的物のすべてに担保権の効力が及ぶとする。これを不可分

性という（296条・305条・350条・372条）

(4) 物上代位性

担保目的物が，売却・賃貸・滅失・毀損等によって他の価値物に変形した場合，担保物権者は，債務者等が受ける他の価値物に対しても権利を行使することができる。これを担保物権の物上代位性という。たとえば，担保目的物が火災にあって債務者が火災保険金を受け取った場合，担保物権者はこの火災保険金を差し押さえることができる。民法は，優先弁済的効力をもつ担保物権にこの物上代位性を認めている（304条・350条・372条）。

Practice

下記の各問の正誤を答えなさい。

問１．留置権と先取特権を法定担保物権という。　　　　　（　　　）
問２．先取特権には，物上代位性が認められていない。　　（　　　）
問３．非典型担保を代表するものとしては，譲渡担保がある。（　　　）
問４．根抵当権は，その附従性が否定されるところに特色がある。（　　　）
問５．質権には留置的効力があり，民法上抵当権は動産を目的とすることができない。そこで動産を目的として，しかも留置的効力を持たない担保として譲渡担保が生まれた。　　　　　　　　　　　　　　　　（　　　）
問６．不動産を目的とする譲渡担保は認められていない。　（　　　）

No. 31	留 置 権

> 〈CASE〉 AはB所有のアパートを2年間賃借していたが，期間満了にあたり支出したアパートの修理費用12万円の償還をBに求めたところ，Bはこれに応じない。Aのなしうる手段は何か。

1 留置権の意義

　時計の修理を依頼された時計職人は，修理代金の支払があるまでその時計を自分の手もとに置いて引渡を拒むことができる。この権利を留置権といって，先取特権とともに，一定の要件が整えば当事者の意思にもとづかないで法律上当然に生ずる法定担保物権と位置づけられる。修理代金の支払があるまで目的物を留置できることから，物の占有者（時計職人）の債権は担保されるのである。これは，双務契約における同時履行の抗弁権（533条）と同様に公平の原則にもとづくものである。この留置権には，附従性，随伴性および不可分性（296条）はあるが，物上代位性はない。

2 留置権の成立要件

(1) 他人の物の占有者

　留置権は，他人の物の占有者について生じる権利である。この場合の他人とは一般に債務者を指すが，第三者でもよいとされる。友人から借りたオートバイを修理に出した場合がそれにあたる。留置権の目的物は動産・不動産を問わないが，留置権は，留置物の占有を要件とするから不動産の場合でも登記なくして第三者に対抗することができる。

(2) その物に関して生じた債権を有すること

　留置権が成立するためには，留置権者が留置物から生じた債権を有していなければならない。すなわち，債権と物との間に牽連関係があることが必要である。

判例は、賃借物について支出した必要費や有益費（608条）の償還請求権を根拠に、賃貸借契約終了後にも賃借家屋を留置できるとしている（大判昭14・4・28民集18巻484頁）。これに対して借地借家法33条の造作買取請求権にもとづく賃借家屋の留置を判例は認めない（最判昭29・1・14民集8巻1号16頁等）。すなわち、造作代金は造作に関して生じた債権であって、建物に関して生じたものではないからというわけである。学説はこの見解に反対している。造作は家屋の価値向上に貢献しているから、有益費の支出と何ら変わるところがないのに、造作の買取請求権にもとづく家屋の留置を認めないのはおかしいと主張する。

借地契約終了後に建物を賃借し、借家人が必要費を支出した場合、建物には留置権はあるが、敷地にまで留置権は及ばない（大判昭9・6・30民集13巻1247頁）。この判例の立場に従えば、建物の留置権は有名無実なものとなってしまうため、建物の留置権があれば、それは当然敷地に対しても及ぶものと解すべきである。

(3) **債権が弁済期にあること**（295条1項但書）
(4) **占有が不法行為によって始まった場合でないこと**

他人の物を盗んだ者が、その物を修理して債権を取得しても留置権は生じない（295条2項）。判例は、295条2項を広く解釈している。有効な賃貸借契約にもとづいて占有を開始した後に、解除されて占有権原を失ったときは、占有権原がなくなったことを知っていた者は解除後の必要費・有益費の償還請求権はあるが留置権はない、という（最判昭46・7・16民集25巻5号749頁）。さらに判例は、悪意・有過失の場合について留置権の成立を否定している（最判昭51・6・17民集30巻6号616頁）。

学説はこの点に関し判例に反対するものが多い。賃貸借契約の場合、契約解除の効力は曖昧であって最終的には裁判所の判断を待たなければならない場合が多いから、契約が終了したかどうかわからないからである。

3 留置権の効力

(1) 留置的効力

留置権者は、債権の弁済を受けるまで、目的物を留置することができる。留置権の中心的効力であり、留置権のほかに質権もこの留置的効力をもつ（350条

による準用）。

　ここでいう「留置」とは何か。すなわち，占有を継続して相手方への引渡を拒むことである。さらに298条2項但書は，「其物ノ保存ニ必要ナル使用」を認めている。これに関して，2つの判例がある。

　(a) **家の留置**　家屋の賃貸借契約では，引き続き居住することができるとする（大判昭10・5・13民集14巻876頁）。借家人の居住はその「保存ニ必要ナル使用」にあたるとした。実際，家は人が住まないほうが荒れてしまうし，番人をつけて管理せよというのは常識的でない。ただし，賃料相当額を返還しなければならない。

　(b) **木造帆船の留置**　木造帆船の買主が，売買契約解除前に支出した修繕費の償還請求権にもとづいて留置権を行使した場合，遠洋航海して相変わらず貨物輸送に用いて収益を得ることが，298条2項の「保存ニ必要ナル使用」と言えるかについて，判例は「保存」の範囲を越えるとして留置権消滅の請求を認めた（最判昭30・3・4民集9巻3号229頁〔第5日和丸事件〕）。

　「留置的効力」の具体的な意味はどのようなものであろうか。同時履行の抗弁権と同様に，原告が引渡請求をしたのに対して被告が留置権を主張した場合には，請求棄却はされずに引換給付判決がなされるとされる（最判昭33・3・13民集12巻3号524頁）。

(2) 果実収取権（297条）

　留置権者は留置物から生じた果実を収取し，他の債権者に先立って，これを自己の債権の弁済に充当することができる。この場合の果実は，天然果実・法定果実双方が含まれる。

(3) 費用償還請求権（299条）

　留置権者が目的物について支出した費用については，償還請求が認められている。必要費の支出にもとづく費用償還請求権のために家屋を留置する者が，その建物のためにさらに必要費を支出した場合には，後の必要費償還請求権のためにも留置権を行使することができる（最判昭33・1・17民集12巻1号55頁）。また，有益費の償還については，裁判所は所有者の請求によって，これに相当の期限を許与することができる（299条2項）。この場合，占有者はその物の留置権を失うことになる（196条2項但書・608条2項但書）。なお，196条では，この

期限の許与について占有者の悪意の場合に限っているが，299条は，占有者の善意・悪意を区別していない。

(4) 優先弁済権

留置権者は，目的物から優先弁済を受ける権利を有しない。すなわち，競売の売上から優先弁済を受ける権利はないが，ただ競売手続との関連で，事実上優先弁済を受ける結果となる。民事執行法も195条で，留置権者の競売権を認めている。

(5) 第三者に対する対抗力

留置権は物権であるから，債務者だけでなくすべての第三者にもこれを主張することができる。不動産留置権者は，登記なくして第三者に対抗することができる（不登1条参照）。不動産の買受人は買い受けた目的物に関する債務を弁済しなければ，その目的物の引渡を受けることはできない（民執59条4項）。

4　留置権の消滅

留置権には，次の消滅事由がある。

① 被担保債権が弁済されたとき
② 留置権者の義務違反による債務者の消滅請求（298条3項）
③ 相当の担保の提供（301条）　債務者は，債権額に対して相当の担保を提供して，留置権の消滅を請求することができる。たとえば，2,000万円のブルーフォックスのコートの修繕費が10万円の場合に，債務者にとっては留置されるのは酷であることから，両者のバランスを考慮（債務者の使用の必要性）してこの条文が置かれているのである。
④ 占有の喪失（302条本文）　留置権者が留置物の占有を失うと，留置権は消滅してしまう。占有を侵奪された場合には，占有回収の訴え（200条）を提起することができる。

Step up

●**留置権と同時履行の抗弁権**　留置権によく似た制度には同時履行の抗弁権がある（533条）。両者は，相互の債権が担保的機能を果たしている点で実質的に大変共通しているが，次の点で異なっている。同時履行の抗弁権が双務契

約によって生じた相互の債権の対価関係にあって，一方が他方に対してのみその抗弁権を主張できるだけであるのに対して，留置権は，物について生じた債権が弁済されるまで，その物の引渡を誰に対しても拒むことができるのである。留置権も同時履行の抗弁権も，ともに原告が目的物の引渡請求を提起した場合に，引換給付判決がなされる。

Practice

下記の各問の正誤を答えなさい。

問1．留置権の目的物は，動産だけでなく不動産もその対象となる。（　　　）

問2．留置権者が目的物の占有を失った場合，その回復の方法はない。
（　　　）

問3．家屋の賃借人は，有益費の償還請求権にもとづいて留置権を行使することができるが，この留置権によって従来どおり家屋に居住を続けることができる。
（　　　）

問4．留置権者には競売権が認められていない。　　　　（　　　）

問5．留置権者は，留置物から生じる果実を取得することができる。（　　　）

問6．友人から借りていたオートバイを修繕に出した場合，修繕した債権者は，債務者が所有者と同一でないことから，オートバイの上に留置権を取得することはできない。　　　　　　　　　　　　　　　　　　　（　　　）

No.32 先取特権

〈CASE〉 Aは，会社が倒産したため収入がなく家賃を6カ月滞納してしまった。家主のBは，家賃の代りと称してA所有のステレオやピアノを運び出してしまった。これは認められるだろうか。また，そのステレオが友人から預っていた物だった場合の法律関係はどうなるか。

1 先取特権の意義および種類

(1) 先取特権の意義

先取特権は，債権者平等の原則を破って特定の債権者に優先して配当を与えるという制度である。たとえば，ABCD4人の債権者のうち，Aだけが少額の給料債権で，BCDは普通の貸金債権だった場合，債権者平等の原則に従うと，Aの配当が極端に少額になってしまい，Aは生活を脅かされてしまうことにもなりかねない。そこで，民法は，Aに対してBCDより先に弁済を受けられることにしたのである（306条2号）。

この先取特権制度は，債権者平等の原則を破るものであり，しかも公示を伴わない場合もあることから，他の債権者に不測の損害を与えるおそれがあって，取引の安全を損なう危険がある。そのため，ドイツ・スイスでは先取特権を認めていないし，フランスでも大幅に縮小している。日本だけが数多く（民法だけでなく特別法においても）これを認めている。

(2) 先取特権の種類

(a) **一般先取特権** 一般の先取特権は，債務者の総財産を目的とする先取特権である（306条）。「一般の」とは「債務者の一般財産」つまり「債務者の総財産の上に」という意味で，債権者は債務者のどの財産でも差し押さえて競売することができる。この一般先取特権には，①共益費用の先取特権（306条1号），②雇人給料の先取特権（306条2号），③葬式費用の先取特権（306条3号），④日用品供給の先取特権（306条4号）の4種類がある。

共益費用の先取特権は，当事者間の公平にもとづく典型的なものであり，全債権者のために財産の保存・清算等の行為をした債権者に対して，当然に優先権が与えられる。抵当権実行の際の配当表においても，第一番目が共益費用，第二番目が一番抵当権者………となっている。

306条の2号から4号までの3つの被担保債権はごく零細な債権であり，社会政策的な配慮にもとづくものである。しかし，日用品の供給などの債権は，現在ほとんどみられず，存続の意味が問われている。

(b) **動産の先取特権**　311条は，8種類の動産先取特権を認めている。いずれも債務者の動産の上に生ずる先取特権である。

①　不動産賃貸の先取特権（311条1号）　たとえばアパートの所有者である賃貸人は，家賃等の債権にもとづいて賃借人の一定の動産の上に先取特権が認められる（312条）。この場合の担保される債権の範囲は，必ずしも債権の全額とは限らない。では，どこまで担保されるのだろうか。まず賃借人の財産の総清算の場合には，前期・当期・次期の賃料（すなわち三期分），損害賠償は当期・前期分に限られる（315条）。さらに賃貸人が敷金を受領している場合には，敷金を差し引いた分についてだけ先取特権が認められる。

目的物の範囲については，土地の賃貸借の場合は賃借地に備え付けた動産等であり（313条1項），建物の賃貸借の場合は，賃借人の設置した動産（クーラー・冷蔵庫・ピアノ等）である。そして，さらに賃借権の譲渡または転貸があった場合には，賃貸人の先取特権は，譲受人または転借人の動産，および譲渡人または転貸人が受けるべき金額に及ぶとする（314条）。また，〈CASE〉におけると同様，賃借人等が他人の動産を借りて備え付けていた場合，賃貸人が賃借人の所有物だと過失なく信頼したときは，即時取得の規定が準用され，先取特権の成立が認められる（319条）。

②　旅店宿泊の先取特権（317条）　旅館の主は，旅客の宿泊料等について旅客の手荷物の上に先取特権を認められる。主の期待権が保護されるのである。昔は，手荷物を持たない客は，泊めてもらえなかったが，これは旅館の主が最低限の保障を得たかったことに起因する。ここでも319条によって即時取得の規定が準用されるから，手荷物は必ずしもその客の所有物でなくてもよい。

以下，③運輸（318条），④公吏保証金（320条），⑤動産保存（321条），⑥動産

売買（322条），⑦種苗または肥料供給（323条），⑧農工業労役（324条）の先取特権が認められている。

(c) **不動産の先取特権**（325条）　不動産の先取特権は，債務者の特定不動産の上に認められる先取特権である。これには三種ある。

① 不動産保存の先取特権（326条）　不動産の保存のための費用（修繕・補修ための費用）について債権を有する者は，当該不動産の上に先取特権を認められる。

② 不動産工事の先取特権（327条）　工匠（大工や左官など）・技師（設計・監理者など）および請負人は，工事（建物の新築，増改築など）費用につき，当該不動産の上に先取特権が認められる（同条1項）。ただし，この先取特権は，工事によって生じた不動産の増価が現存する場合に限って，その増加額の範囲でのみ認められる（同条2項）。

③ 不動産売買の先取特権（328条）　これは，ほかに同時履行の抗弁権（533条）があるので，あまり意味をもたない。

2　先取特権の効力

(1)　優先弁済権

先取特権者は目的物から優先弁済を受けることができる（303条）。目的物の動産・不動産を問わず競売権を有する（民執行法181条・190条）。さらに，債権その他の財産権に対しても同様に競売権を持つ（同法193条）。

また，他の債権者が執行手続に入った場合には，先取特権にもとづいて配当要求することができる（同法51条1項・133条・154条1項）。

(2)　優先弁済の順序

同じ物の上に数種の先取特権が存在することがある。また，先取特権と他の担保物権とが競合することがある。

(a)　先取特権相互の関係　①同一物上の一般先取特権と特別の先取特権では，特別の先取特権が優先するが，共益費用の先取特権は例外で特別の先取特権に優先する（329条2項）。②一般先取特権相互間では，329条1項により306条の順序に従う。③動産先取特権相互間は，330条に定められた順序による。④不動産先取特権相互間は，331条により325条の順序に従う。⑤さらに，同一

目的物につき，同順位の先取特権者が複数あるときは，各自その債権額の割合に応じて弁済を受ける（332条）。
　(b)　他の担保物権との関係
　①　留置権との関係　　留置権には優先弁済権はないから，先取特権との競合の問題は生じないはずであるが，留置権者は物の引渡義務がないし，競売しても買受人は代金を払わなければ留置物を引き取ることができないから，事実上留置権者が優先的な地位を占める。
　②　動産質権との競合　　334条により，330条の第一順位の先取特権者と同一の権利を有する。不動産質権は抵当権と同様に扱われる（361条）。
　③　抵当権との競合　　一般先取特権と競合した場合，抵当権に登記がなければ一般先取特権は登記がなくても優先するが，双方に登記があれば177条による（336条）。不動産保存と不動産工事の先取特権は，登記することによって登記された抵当権に優先する（339条）。
　(3)　**対抗要件**
　目的物が動産の場合，第三者に譲渡され引き渡されてしまえば，先取特権には追及力がないので（333条），第三取得者には勝てないことになる。この「引渡」には占有改定が含まれるとする学説が多く，同旨の判例もある（大判大6・7・26民録23輯1203頁）。目的物が不動産の場合，先取特権者は，登記なくして抵当権や不動産質権のない一般債権者には優先する（336条）。しかし，登記のある債権者で特別担保を持つ者には対抗できない（336条但書）。不動産保存の先取特権は，登記が対抗要件である。登記すれば，それ以前に登記された担保権に優先する（339条）。不動産工事の先取特権は，工事開始前に費用の予算額を登記すれば，それ以前に登記された抵当権等にまさる（339条）。
　(4)　**第三取得者との関係（追及力の問題）**
　動産上の先取特権では，333条で第三取得者に追及できないとしている。不動産については，第三取得者が登記をしてしまえば，これに対する追及はできない。
　(5)　**物　上　代　位**
　304条は，目的物が賃貸された場合の賃料，滅失・毀損した場合の火災保険金・損害賠償請求権にも先取特権が及ぶとする。この304条は，質権（350条）

と抵当権（372条）にも準用されている。304条1項但書の「払渡または引渡前に差押を為すこと」の解釈が重要である。

Step up

〈**CASE**〉は，不動産賃貸の先取特権の問題である。賃料不払だけでなく賃借人が，荷物を残したままどこかに行ってしまうことも多い。賃貸人Bは，賃料確保のために賃借人Aのステレオやピアノの占有を移し，競売手続に入ることになる。目的物が，Aの友人の所有物であっても，Bが即時取得の要件を満たして占有移転を行えば，その物の上に先取特権を取得することになる（319条）。

Practice

下記の各問の正誤を答えなさい。

問1．不動産工事の先取特権は，工事開始前に費用予算額を登記すれば，登記を早く済ませた抵当権に優先する。　　　　　　　　　　　（　　　）

問2．同一物上に留置権と先取特権が併存する場合には，先取特権が優先する。
　　　　　　　　　　　　　　　　　　　　　　　　　　　（　　　）

問3．一般先取特権の効力は，債務者の所有する不動産には及ばない。
　　　　　　　　　　　　　　　　　　　　　　　　　　　（　　　）

問4．不動産賃貸借にもとづく先取特権の効力は，債務者の所有するピアノや冷蔵庫等に及ぶが，債務者が友人から借りていたオーディオセットには及ばない。
　　　　　　　　　　　　　　　　　　　　　　　　　　　（　　　）

No.33　質権と抵当権の比較

〈CASE〉　AはBに100万円貸して，その担保としてB所有の宝石を預った。その後弁済期を過ぎてもBからの債務の弁済がなかったので，Aはその宝石を自分の物にしてしまった。これは認められるか。

1　質権と抵当権の相違

質権と抵当権は同じ約定担保物権であるが，その内容と機能は大きく異なっている。ここでは両者の本質的な相違だけでなく，細部についても比較検討したい。

(1) 目的物

質権の目的物は，動産・不動産だけでなく債権のような財産権も含まれ，その範囲は広い（352条・356条・362条）。これに対して抵当権は，不動産と地上権および永小作権に限定されている（369条）。抵当権は，不動産が中心となるから，2つの権利はこの目的物において大いに異なっている。

(2) 効力の差異

質権の中心的効力は留置的効力である。質権設定者は，設定後質物を使用することができない（342条・344条・345条・352条・362条・363条）。抵当権にはこの留置的効力がない。抵当目的物を債務者は相変わらず占有し続けることができる（369条）。

この「目的物」と「留置的効力の有無」における2つの権利の差異が，本質的なものであり，担保権の機能にも影響を与えている。

(3) その他の差異

(a)　被担保債権の範囲　質権は346条によって広い範囲で認められているのに対し，抵当権は狭く，利息や違約金にも制限がつけられている（374条）。質権では後順位者がほとんどいないのに対して，抵当権では後順位者の存在を意識し，その利益を考慮しているからである。

(b) 果実に対する効力　　質権は果実から優先弁済を受けることができる（350条による297条の準用）が、抵当権では、371条の規定に従い一定時期まで果実には効力が及ばない。

(c) 流質契約の禁止と流抵当　　349条は、流質契約を禁止しているが、抵当権にはこの規定がなく弁済期に弁済がない場合には抵当不動産をもって弁済にあてるという代物弁済予約を結んで仮登記をしておく方法がとられている。流質契約の禁止は、譲渡担保や流抵当の有効性とのバランスを欠くとの批判が強い。また、弁済期後であれば流質契約も許される。

2　質権と抵当権の社会的機能

(1) 質　　権

中心となるのは動産質権である。動産質は、債権額が少額でもよいし、手軽なために多く利用されている。動産でも建設機械や機械器具には、実際上は質権設定が不可能な場合が多い。生産財である動産（印刷機械やブルドーザー等）に質権設定すると、質権には留置的効力があるから生産できなくなってしまうからである。不動産質は、現代社会においては特殊な例外を除いてあまり意味がない。山林を質にとった銀行は、山林を管理しなければならないし、農地の場合には耕作することが必要となるが、非現実的である。借主で満室となっているマンションを質にとって、家賃から優先弁済を受けることには意味があるかもしれない（356条）。権利質（債権質）はどうであろうか。株式や公社債等が対象となるが、消費者金融だけでなく生産者金融にも幅広く利用されている。

(2) 抵　当　権

債務者が金融を得る手段としては、最も強力な担保となり、この抵当権制度の利用によって工業社会が発展したといっても過言ではない。すなわち、土地建物のような生産財であっても使用収益を設定者にとどめながら担保にできる点で債務者にとって便利であり、債権者にとっても保管の必要もなく、いつでも差押えができ、しかも担保価値の変動が少ない（この点に関してはやや疑問がある）という利点があって、最も優れた担保である。

しかし、質権と抵当権の2つだけではすべての債務者の要望を満たすことはできない。ブルドーザーや印刷機械のような生産財である動産について、債務

者の手もとにとどめながら担保にする方法がない。そこで特別法による動産抵当（自動車抵当・農業動産信用法等）が認められ，判例によって譲渡担保が認められるようになったのである。

Step up

●**土地神話の崩壊と抵当権**　バブル経済が破綻して土地の価格が暴落してしまい（商業地の一部では10分の1以下になったところもある），過剰融資などもあって，銀行の持つ債権が著しく担保不足となり，不良債権化してしまった。これが平成不況の元凶といわれている。不動産の価値低下に伴って，地代・家賃が重要な意味を持つことになった。判例は，賃料債権に対して抵当権の物上代位を認め（最判平10・1・30民集52巻1号1頁），さらに賃料債権の差押後の賃借人の賃貸人に対する相殺については，抵当権の物上代位の効力が優先するとしている（最判平13・3・13民集55巻2号363頁）。民法改正も視野に入れて考え方の転換が求められているといってよい。

Practice

下記の各問の正誤を答えなさい。

問1．抵当権者は，抵当目的物から生じた果実に対して優先弁済権を行使することができる。　　　　　　　　　　　　　　　　　　　　　（　　　　）

問2．質権には留置的効力があるので，不動産質権者は，質物（土地・建物）を管理しなければならない。　　　　　　　　　　　　　　　（　　　　）

問3．質権設定契約において，質流れの特約を結ぶことは許されていない。
　　　　　　　　　　　　　　　　　　　　　　　　　　　（　　　　）

問4．抵当権の被担保債権の範囲が質権と比べて狭いのは，後順位抵当権者の利益を考慮しているからであるとされる。　　　　　　　　　（　　　　）

Ⅵ 担保物権

No. 34 質権の設定と効力

〈CASE〉 質権者Aは，Bから預った質物である宝石を第三者Cに奪われてしまった。Aはこれを取り戻すことができるか。第三者Cに詐取されたり，Aが遺失してしまった場合はどうか。

1 質権の設定

(1) 要物契約性

質権の設定は，当事者間の合意のほか引渡を要件としているから（344条），質権の設定契約は要物契約であって，176条の意思主義の原則の例外である。要物契約性は権利質で一部否定される。指名債権などで証書がなく，その交付ができない場合があるからである。設定契約の当事者は通常債務者と債権者であるが，第三者が設定者となることもある。この第三者を物上保証人（質物だけを提供し，その目的物についてだけ責任を負う）といい，債務を弁済したり，また質権の実行によって質物の所有権を失ったときは，債務者に求償することができる（351条）。ここでいう「引渡」とは何か。質権設定では合意だけでは質権は成立せず，必ず引渡がなければならない。345条は，設定者による代理占有を禁止している。つまり占有改定の方法によって質権設定することはできないのである。しかし，簡易の引渡（質権者に預けておいたものをそのまま質入れする）や指図による占有移転（第三者の倉庫に預けておいたものを質入れする）による引渡は有効だとされる。特に動産質については，質権の公示を完全にするために引渡を要件としているのである。

(2) 対 抗 要 件

(a) 動産質の対抗要件は，きわめて厳格に継続した占有が対抗要件とされている（352条）。引渡が効力発生要件であるから，占有の継続の意味するところは，本来の対抗要件とは異なり，占有していないかぎり第三者に質権を主張できないという趣旨なのである。質権者が占有を失ったらどうなるであろうか。

動産については占有を失う場合として，①奪われた場合，②遺失した場合，③詐取された場合の3つがある。動産質の場合，その占有を回復する方法は，占有回収の訴えに限られている（353条）。したがって，①の奪われた場合にだけ占有回復の方法があることになる。遺失したり，詐取された場合には，質権者は回復の方法がない。したがって〈CASE〉のAは占有回収の訴えによってのみ質物の回復が可能ということになる。

(b) 不動産質の対抗要件は，抵当権と同様に登記である。

(c) 権利質の対抗要件は，各種の債権によってそれぞれ異なっている。指名債権が目的物である場合は，債権譲渡と同様に，質権設定を第三債務者に通知するか，または第三債務者が質権設定を承諾することである（364条1項）。質権設定を通知するのは質権設定者であって，質権者ではないことに注意すべきである。指図債権の場合は，裏書しないと対抗できない（366条）。

(3) 質権の目的物

質権の目的物は，譲渡可能なものでなければならない（343条）。これ以外に特別な制限はない。譲渡性のない物は目的物にできないから，禁制物や譲渡禁止特約附債権（466条1項），扶養請求権（881条），等の譲渡性のない権利は除かれる。質権は，とくに動産質では使用価値に重点を置いていたが，換価処分できないものは目的物にしても意味がない。また，亡妻の写真のごとく主観的な価値しかないものも目的物には適さない。

(4) 被担保債権

質権によって担保される債権についても特別な制限はない。必ずしも金銭債権でなくてもよい。なぜなら債務不履行は損害賠償の請求権という一種の金銭債権に変わるからである。ここでも抵当権と同様に附従性の緩和が問題となる。将来発生するであろう債権にあらかじめ質権を設定しておくのであるが，これを否定する理由はない。

2 質権の効力

(1) 被担保債権の範囲

質権における被担保債権の範囲は，**No. 33**で述べたようにたいへん広くなっている。質権では目的物上に複数の債権者が存在することは稀で，被担保債権

の範囲を広げても他の債権者の利益を害する心配がないからである。民法は，担保される債権の範囲として，①元本，②利息(すべて入り重利で計算される)，③違約金(遅延損害金だけでなく違約罰も入る)，④質権実行の費用，⑤質物保存の費用，⑥債務の不履行または質物の隠れた瑕疵によって生じた損害の賠償(後者は，薬品を質にとったらそれが爆発して倉庫が壊れた場合である)をあげている(346条)。なお，質権についても不可分性の規定が準用されている。

(2) 効力の及ぶ目的物の範囲

引渡を受けた目的物のすべてに及ぶ。抵当権では，従物には効果が及ぶかどうかにつき問題とされるが，質権では，引渡を受けていない従物には効果は及ばない。果実のうち天然果実については，質権の効力が及び，質権者は質物から生じる果実を収取して優先弁済に充当することができる(350条による297条の準用)。法定果実についても同様に扱われる(動産質においては，使用収益について設定者の承諾が必要となる。また，不動産質では，目的物の使用収益権があり，果実を当然取得できるが，債権の利息を請求することはできない……358条)。なお，質権についても物上代位性の規定が準用されている(350条による304条の準用)。

(3) 留置的効力

動産質権者は，被担保債権の弁済を受けるまで，目的物を留置することができる(347条)。質権者は，質物を留置して設定者の使用利益を奪い，間接的に債務の履行を実現させようとするのである。質権の特徴であって中心的な効力である。しかし，質権の留置的効力は，留置権のそれより弱い。質権より先順位の先取特権者等によって競売された場合，質権者は質物の引渡を執行官に拒むことはできないからである(347条但書)。

被担保債権が残存するため，質権が存続するのに債務者から目的物の返還請求訴訟が提起された場合はどうなるだろうか。留置権では引換給付判決がなされるが，質権では請求棄却となると解されている(大判大9・3・29民録26輯411頁)。

(4) 優先弁済権

質権者は，民事執行法に従って質物を換価し，その代金から弁済を受けることができる(民執190条〜192条)。しかし，民法は動産質に関して特別規定を設

け簡便な方法を認めている。354条の簡易な弁済充当である。たとえば，債権が50万円で質物の価値が70万円の場合，差額の20万円を設定者に返して質物を自分の物とする方法である。この制度は，手続の簡易化と質権者が質物の所有を望む場合にそれを満足させるという利点をもっている。また，「正当の理由」とは，競売するとかえって費用倒れとなり質権者が十分な弁済が受けられない場合や，質物が特殊な物で買う者がいない場合をいう。この正当な理由があれば，質権者は鑑定人の評価に従い，質物をもってただちに弁済にあてることを裁判所に請求できる（354条前段，非訟83条の2）。この場合，質権者は，あらかじめ債務者にその請求を通知しておかなければならない（354条後段）。

権利質には，367条の簡便な実行方法がある。質権者は，質権の目的である債権を直接取りたてることができる（367条1項）。ここで，第三債務者Cが自分の債権者Bに弁済してしまった場合はどうなるであろうか。481条では，質権者のAが質権設定者BのCに対する債権を差し押えた場合，CがBに弁済すれば，CはAにも重ねて弁済しなければならない。二重払いさせられるのであるが，権利質（債権質）も同様に解されている。

(5) 流質契約の禁止

裁判所の手続を経ないで質物を自分の物にしてしまうという簡便な方法（債権額が50万円で質物の価格が70万円なら，その差額は，質権設定者に支払うことになるが）をあらかじめ約束しても無効である（349条）。流質契約は厳しく禁止されている。しかし，この流質契約の禁止については，現在その実効性を疑問視する学者も多く，立法論としても不要とする考え方が一般的である。民法は流抵当を禁止していないし，譲渡担保も判例が有効としているから，これとのバランスを考えると流質契約も有効とせざるをえないことになる。判例は，譲渡担保について原則として清算型を採用しているから，流質契約の場合もこれに従えばよい。全面的に流質契約を無効とするのは行き過ぎであり，債務者の無思慮・窮迫につけ込んだ暴利的な流質契約は，90条の公序良俗違反で無効とすれば十分である。現行法の例外としては，商事質権（商法515条）や質屋営業法による流質権（同法19条1項）等がある。

Step up

●**動産担保としての質権と譲渡担保**　民法は動産質権について，設定者による質物の代理占有の禁止（345条）と流質契約の禁止（349条）を規定している。この2つの規定は，債権者と債務者双方にとって不便このうえないものである。建設機械や工作機械などの生産財を担保とする場合には，345条が障害となり，簡便な担保権の実行は，349条によって許されない。ここに動産質権の限界があり，譲渡担保の誕生の理由があるのである。譲渡担保は，この2つの障害を乗り越えた形で実効性の高い制度として運用されている。

Practice

下記の各問の正誤を答えなさい。

問1．質権の設定契約は要物契約であり，抵当権の設定契約は諾成契約である。
　　　　　　　　　　　　　　　　　　　　　　　　　　　　（　　　）

問2．倉庫に預けたテレビ100台を預けたままで質に入れることができる。
　　　　　　　　　　　　　　　　　　　　　　　　　　　　（　　　）

問3．質権者が質物を詐取されてしまった場合には，質権にもとづいて返還請求することができない。　　　　　　　　　　　　　　　　　　（　　　）

問4．被担保債権の弁済前に設定者から質物の返還請求訴訟が提起された場合には，引換給付判決がだされることになる。　　　　　　　　　（　　　）

問5．権利質においては，質権者は質権の目的である債権を直接取りたてることができる。　　　　　　　　　　　　　　　　　　　　　　　（　　　）

問6．不動産質権者は，質物から生じる果実を取得できるだけでなく，債権から生じる利息も質権設定者に主張することができる。　　　　　（　　　）

| *No.35* | 転　　質 |

〈CASE〉　AはB信用組合から1,000万円借り受け，宝石1,500万円相当を質入れした。その後Bは，この宝石を担保にC銀行から1,500万円の融資を受けた。Aが弁済期に債務の全額をBに返済した場合，Cから宝石を取り戻すことができるだろうか。

1　転質権の意義

　質権者が保管している質物を担保に，自己の債務のための金融を得られるであろうか。転質の問題である。転質は，資金の流動化にとって重要な意味を持つものであるが，この転質には厄介な問題がある。
　民法は348条で転質を認めているが，権利の存続期間内という要件があり，自己の責任で行うとしている。そして，350条が準用する298条2項によれば質権設定者の承諾なくして転質できないことになるので，この2つの条文の関係をどう解釈したらよいかが問題となる。

(1)　348条

　設定者の承諾を得ないで自己の責任によってする転質も認められている。これを責任転質という。以前はこれを350条（298条2項）違反で横領罪であるとしていたが（大判明44・3・20刑録17輯420頁），後に原債権の範囲を越えなければよいと変更された（大連決大14・7・14刑集4巻484頁）。現在ではこの要件も不要と解されている。

(2)　350条（298条2項）

　原質権設定者の承諾を得て転質を行うことは当然可能であり，これを承諾転質という。

2 責任転質

(1) 法的性質

　責任転質の法的構成をめぐっては，2つの学説に大別される。1つ目は質権の附従性を重視した考え方で，転質は常に被担保債権と共に質権が転質権の目的となる。すなわち質権附債権の質入に限られるとする考え方である（共同質入説＝柚木，石田文）。2つ目は，単独質入説と呼ばれる。この考え方は，転質において被担保債権と切り離して質権または質物だけが担保とされるというものである。この単独質入説では，質物だけを更に質入する考え方（質物再度質入説）が有力である（我妻，星野）。

(2) 責任転質の要件

　(a) 転質権の被担保債権は，原質権の被担保債権の範囲内であるべきか。前述したとおり原質権の範囲を越えてもよいとされる。すなわち，転質権の被担保債権が原質権の被担保債権を越えても，原質権の被担保債権の範囲内においてのみ優先弁済を受けられるだけであるから，効力の問題として処理すればよいというわけである。

　(b) 転質権の存続期間は原質権の存続期間内であることが要件とされている（348条前段）。しかし，この要件も意味がないとされる。転質権の被担保債権の弁済期が原質権の弁済期より後である場合には，転質権者は，原質権の債務者に供託させて原質権を消滅させ，そ供託金の上に質権を存続させることになる。

　(c) 転質権の設定も要物契約であり，目的物の引渡を要することはもちろんである（344条）。

(3) 転質の効果

　(a) 転質をしたために質物が滅失した場合には，不可抗力による損失についても原質権者は責任を負い，損害賠償をしなければならない（348条後段）。

　(b) 原質権設定者Aが弁済した場合，質物を取り戻すことができるであろうか。Aは原質権者Bに弁済しても質物を取り戻すことはできない。質物を質にとったのであるが，実質的には質権を質にとったと同様であるからAはBに弁済することはできない。責任転質であっても，転抵当（376条）や債務質（364条）と同様に，転質の通知・承諾を求めるべきである。もし通知がなければ転質

権者Cは転質権をAに対抗できないから，AのBへの弁済は有効となる。しかし通知があった場合には，AがBに払ってもCに対抗できず，質物を取り戻すことはできない（481条）。通知があった場合にはAは供託すべきであり，その後Cから質物を取り戻すことになる。

C（転質権者）
　／　銀行
B（原質権者）
　／　信用組合
A（原質権設定者）

(c) BまたはCは，自分の持つ債権を取り立てることができるか。転質によってBは自己の債権を取り立てることはできないが，CはAから直接取り立てることができる（367条）。BはAに対して，単に供託せよといえるだけで，質権を実行することもできない。Cは，Aの弁済期が到来していれば転質権を実行できるが，到来していなければ，到来するまで待たなければならない。

Step up

〈CASE〉 No.35におけるAのBへの返済は，転質権者CからAに転質の通知がなかったならばそのまま有効となり，Cから宝石を取り戻すことができる。しかし，この通知があった場合には，Aは債務額を供託すべきであり，その後AはCに対して質物の返還請求権を持つことになる。

Practice

下記の各問の正誤を答えなさい。

問1．質権者が質権設定者から預かっている質物を勝手に再び質入することは，横領罪になってしまう。　　　　　　　　　　　　　　（　　　）

問2．転質の目的物が不可抗力によって滅失した場合でも，原質権者は責任を負い，損害賠償をしなければならない。　　　　　　　（　　　）

問3．転質権の存続期間は，原質権の存続期間内でなければならない。
　　　　　　　　　　　　　　　　　　　　　　　　　（　　　）

Ⅵ 担保物権

No. 36　抵当権の意義および性質

〈CASE〉　A社団法人は，社員ではないBに1,000万円融資し，B所有の土地に抵当権を設定した。しかし，このような法人の員外貸付は無効であるため，Aの債権は不当利得返還請求権に転換された。この請求権を担保するものとして，抵当権を有効とすることができるだろうか。

1　抵当権の意義

　同じ約定担保物権である質権とは異なって，抵当権は，抵当目的物を相変わらず設定者に占有させ，弁済期に債務者による有効な弁済がないときに，抵当目的物の換価代金から優先弁済を受ける担保物権である。抵当権は，目的物を抵当権設定者が引き続き使用・収益できるため，留置的効力も収益的効力もない。抵当権は，専ら優先弁済的効力だけを有する担保なのである。
　この抵当制度は，20世紀の日本の工業化社会の発展に大きく貢献したといっても過言ではない。多くの企業が，不動産に抵当権を設定し，金融機関から融資を受けて企業活動を行い，飛躍的な成長を成し遂げたのである。金融を得る者にとって便利なこのシステムは，特別法によってその範囲を広げられた。立木ニ関スル法律，物の集合体を抵当権の目的とする各種の財団抵当（鉄道抵当法，工場抵当法，鉱業抵当法など），企業自体を一体としてとらえる企業担保法，369条を大幅に修正する各種の動産担当（自動車抵当法，農業動産信用法など），漁業権（漁業法）や採掘権（鉱業法）を目的とするもの等である。

2　抵当権の設定

(1)　抵当権設定契約

　抵当権設定契約は質権が要物契約であるのと異なり，合意のみによって成立する，いわゆる諾成契約である。この設定契約の当事者は，被担保債権の債権者と債務者または物上保証人である。抵当権設定時において，抵当権者は抵当

権設定者との間で，被担保債権の弁済がなされないときは，競売手続によらず債務の弁済に代えて抵当不動産の所有権を抵当権者に帰属させる旨の特約をあらかじめしておくことがある。これを流抵当，あるいは抵当直流(じきながれ)の特約という。抵当権には質権と異なって349条と同旨の規定がないため，禁止されていない。しかし，仮登記担保や譲渡担保におけると同様に，清算を義務づける方向である。

(2) **対 抗 要 件**

177条の原則に従い，抵当権の設定登記が対抗要件となる。同一物上に数個の抵当権が設定されている場合には，登記の順序によって優先権が定まる。一番抵当，二番抵当，三番抵当という具合に順位がつくのである。消滅した先順位の抵当権が残存している場合には，これを抹消請求することができる。

(3) **被担保債権**

抵当権によって担保される債権は，通常金銭債権であることが多いけれども，質権における被担保債権と同様に金銭債権以外の債権であっても，最終的には損害賠償請求権となるから，被担保債権とすることができる。次に，抵当権設定時に被担保債権の存在を要するかという問題がある。「成立における附従性の緩和」の問題である。

(a) 抵当権設定時に被担保債権の存在が必要だろうか。金銭の消費貸借契約は要物契約であるが（587条），実際には，抵当権を設定した後に金銭の授受が行われ，設定と金銭授受が数カ月も離れている場合もみられる。金銭授受以前に作られた「金銭授受終了」を内容とする公正証書の有効性が争われたり，成立における附従性に反するから抵当権は無効ではないかという問題がでてくる。この点に関して判例は，附従性を厳格に適用せず，抵当権の設定と金銭の交付との間に4カ月の隔たりがあっても，これを有効としている（大判昭5・11・19裁判例4巻民111頁）。

(b) 抵当権発生契約が無効のときは抵当権も無効か。〈CASE〉の内容と同一である。法人の員外貸付について，消費貸借契約としては無効であるが，不当利得返還請求権を担保するものとして抵当権を有効とすることができるだろうかという問題である。当初判例はこれを否定したが（最判昭41・4・26民集20巻4号849頁），その後の具体的事件の中で次のように判示した。債務者が貸付金

額相当額の不当利得返還債務を履行せずに抵当権の無効を主張することは，信義則上許されない（最判昭49・7・4民集23巻8号1347頁）としている。Aによる抵当権有効の主張が積極的に有効とはされないが，Bが不当利得返還債務を履行しないで抵当権の無効を主張することは許されないというわけである。

Step up

●**抵当権における順位確定の原則**　抵当権相互間では，いったん得た順位については，下がることはない。一方，順位の上昇はしばしば起きる。先順位の被担保債権の弁済によって後順位抵当権の順位が1つずつ上がるのである。しかし，設定者は弁済してもすぐまた同じ債権者（銀行）から同じ順位で融資を受けたいので，弁済しても抵当権を消滅させない方法（根抵当）が考案された。消滅における附従性の否定である。

Practice

下記の各問の正誤を答えなさい。

問1．抵当権には，留置的効力がない。　　　　　　　　　　（　　　）
問2．抵当権は，多くの特例法によってその範囲が拡張され，自動車等の動産であっても抵当権の目的とすることができる。　　　（　　　）
問3．抵当権は，質権と同様に設定時に流抵当の特約を結ぶことができる。
　　　　　　　　　　　　　　　　　　　　　　　　　　（　　　）
問4．抵当権設定契約の当事者は，債権者と債務者に限定される。（　　　）

| No.37 | 抵当権の効力の及ぶ範囲 |

〈CASE〉 (1) Aは，B銀行から金員500万円を借り受け，その担保として自己所有の家屋に抵当権を設定した。そして，Aは，同家屋の畳・建具をすべて新しい物に入れ替えた。この場合，新しい畳・建具に抵当権の効力は及んでいるのであろうか。

(2) 甲は乙から借金をするに際し，自己所有の山林に抵当権を設定した。甲が抵当山林の樹木を伐採した場合，乙はその伐木の搬出を甲に対して禁止することができるか。また，甲がその伐木を丙に売却し，抵当山林から搬出した場合，乙はどのような主張をすることができるか。

抵当権の効力の及ぶ範囲

わが国の民法は，土地と建物は別個の不動産であることから（86条1項），土地に設定された抵当権の効力は，その土地の上にある建物には及ばない（370条本文）。ただし，設定行為に別段の定めがあるとき，詐害行為取消権により取り消すことができる場合（424条）には，抵当権の効力は及ばない（370条但書）。

(1) 附 加 物

土地に抵当権を設定した場合，土地の上にある建物以外のもの，たとえば，石垣・敷石・庭木あるいは石灯籠にも抵当権の効力は及んでいるのであろうか。

抵当権は，「其目的タル不動産ニ附加シテ之ト一体ヲ成シタル物」に及ぶと規定しているが（370条），石垣などは，この「附加シテ之ト一体ヲ成シタル物」（附加物，附加一体物）に該当するのであろうか。附加物の解釈をめぐって議論がなされている。

附合物（たとえば，石垣，敷石，庭木）は，不動産所有権に吸収されてしまう（242条），換言すれば，当該不動産の構成部分となって独立性を失うことから，370条の附加物に含まれ，不動産に設定された抵当権の効力に服すると解することには異論がない。よって，附合の時期が抵当権設定の前であろうと後

であろうとにかかわらず，附合物には，抵当権の効力が及ぶことになる。判例によれば，雨戸・ガラス戸は建物の一部を構成することから，独立の動産とはいえないとして，附合物としている（大判昭5・12・18民集9巻1147頁）。なお，附合物であっても，第三者が「権原ニ因リテ」不動産に附合させた場合には，抵当権の効力はその附合物には及ばない（242条但書）。この場合，第三者の権原は，抵当権者に対抗することができるものでなければならない。

従物（たとえば，土地に対する石灯籠，建物に対する畳，建具）が，370条の附加物に含まれて抵当権の効力が及ぶかについては，判例・学説の対立するところである。判例は，独立した動産には抵当権を設定することができないことから，主物に設定された抵当権の効力は，当該不動産の従物である動産については及ばないとした（大判明39・5・23民録12輯880頁）。その後，見解を改め，従物は附加物には含まれないことを前提に，抵当権設定当時に存在した従物については，87条2項を適用して，抵当権の効力が及ぶとしている（大連判大8・3・15民録25輯473頁）。抵当権設定後に付属された従物についても抵当権の効力が及ぶとした判例もある（大判昭9・7・2民集13巻1489頁）。学説は，従物も370条の附加物に含まれるとする見解と，判例理論と同様に従物は附加物に含まれないが，87条2項により，従物は抵当権設定の時期いかんにかかわらず抵当権の効力が及ぶとする見解がある。

(2) 従たる権利

抵当権者は，抵当不動産の利用を抵当権設定者に委ねておき，その抵当不動産の交換価値を把握しつつ債務者が債務不履行に陥った際に債権の優先弁済を受けることができることから，抵当権の効力は，本来は抵当不動産の所有権の範囲と一致すべきであるが，これを文字どおり解釈していると，借地上の抵当建物の担保価値は著しく廉価となってしまう。そこで，抵当権の効力は，抵当不動産の従たる権利についても，従物の場合と同様に及ぶことになる。

借地人が借地上の建物に抵当権を設定した場合，抵当権の効力は建物存立の前提となる敷地利用権である借地権にも及ぶと判例（最判昭40・5・4民集19巻4号811頁）・学説ともに解釈している。なお，当時は，土地所有者に対して借地権の競落を対抗できなくなるおそれがあったが，現在は解決されている（612条1項，借地借家法20条1項）。

(3) 果　　実

　抵当権は，抵当権設定者に抵当目的物の使用・収益権を認める物権であることから，抵当権の効力は，抵当目的物から生ずる果実には及ばないが，抵当不動産が差し押えられた後，または，第三取得者が抵当権実行の通知（381条）を受けた後は，果実についても及ぶとしている（371条）。

　このことは，天然果実については異論がないが，法定果実については争いがある。判例は，371条は370条の例外規定であること，そして，法定果実は抵当不動産の附加物ではないことから，370条の適用はなく，したがって，371条も適用がないとしている（大判大2・6・21民録19輯481頁）。かつての通説は，法定果実についてはもっぱら物上代位の原則によるべきであるとして，371条の適用はないとしたが，近時の学説には，371条は法定果実も含むとする見解もある。

(4) 抵当不動産からの分離物

　抵当不動産の附合物あるいは従物が，抵当不動産から分離した場合に，その分離物に抵当権の効力は及んでいるのであろうか。判例では，抵当山林の伐木(a)，(b)や抵当建物が崩壊した場合の木材(c)に抵当権の効力が及んでいるか否かが問題となっている。

　(a)　抵当山林の伐木（抵当山林の伐木について，抵当権者が搬出の禁止をできるかという問題）について，当初の判例は，生立している樹木が伐採されると動産になることを理由に抵当権の効力は及ばないとした（大判明36・11・13民録9輯1221頁）。その後，競売開始後に立木を買い受けた第三者が伐採に着手した場合について，競売開始の決定により土地と一体である立木は，差押えの効力として抵当権者に伐採の差止め・搬出の禁止を認め（大判大5・5・31民録22輯1083頁），さらに，差押え前の伐採に対しても，抵当権者に抵当権自体の効力として伐木の搬出禁止を認めた（大判昭7・4・20新聞3407号15頁）。学説は，伐木の搬出禁止を認めている。（→ **Step up** 参照）

　(b)　分離物が抵当不動産から搬出された場合の搬出物についても抵当権の効力が及んでいるか否か（抵当山林から搬出された伐木を，抵当権者が元の場所に戻せと請求できるかという問題）について，判例は明らかにしていない。学説は多岐に分かれているが，伐木が搬出されても抵当権設定者の所有物である

Ⅵ 担保物権

かぎりは，返還請求することができるとする見解（我妻，鈴木，星野，高木，内田）が有力である。しかし，伐木が抵当山林から搬出されて第三者に譲渡された場合については，見解が分かれている。（→ **Step up** 参照）

(c) 抵当建物が崩壊した場合の木材に抵当権の効力は及んでいるのであろうか。判例は，抵当権実行の着手前に抵当建物が崩壊して木材すなわち動産になった場合は，抵当権は消滅することから，抵当権の効力は及ばないとし（大判大5・6・28民録22輯1281頁），抵当権実行の着手後に抵当建物が崩壊した場合は，抵当権の効力はその木材に及ぶとしている（大判大6・1・22民録23輯14頁）。学説は，判例を支持する見解（我妻，西沢），物上代位を認める見解（勝本，柚木＝高木），伐木と同様に解する見解（鈴木，星野，内田）等がある。

Step up

抵当権の効力は登記により公示に包まれている限り伐木に及ぶが，搬出されると第三者に対抗できないとする見解（我妻），304条（物上代位）の勿論解釈として伐木に抵当権の効力は及ぶが，搬出後は，第三者に処分する前に差押えが必要であるとする見解（柚木＝高木），伐木は370条の附加物であるから抵当権の効力が及ぶが，搬出後は附加物の要件を満たさないので抵当権の効力は及ばないとする見解（川井），伐木が抵当権設定者の所有に属しているかぎりは搬出後でも抵当権の効力は及ぶが，第三者が即時取得した場合には抵当権の効力は及ばないとする見解（星野）等がある。

Practice

下記の各問の正誤を答えなさい。
問1．抵当権者は，抵当地上の庭木や敷石も競売することができる。（　　　）
問2．抵当権者は，抵当権設定後の従物を競売することはできない。（　　　）
問3．借地上の建物に抵当権が設定された場合，その抵当権は借地権にも及ぶ。
　　　　　　　　　　　　　　　　　　　　　　　　　　　（　　　）
問4．抵当権の効力は，原則として抵当不動産の天然果実には及ばない。
　　　　　　　　　　　　　　　　　　　　　　　　　　　（　　　）
問5．抵当山林上の伐木に，抵当権の効力は及んでいる。　（　　　）

No. 38 | 優先弁済権

〈CASE〉 A所有の土地に，Bは抵当権・Cは質権・Dは不動産工事の先取特権を順次設定し登記をした。Aが期限に弁済しなかった場合，各債権者の優先弁済の優劣についてはどうか。

1 抵当権の優先弁済的効力

抵当権者は，弁済期が到来したにもかかわらず債務が弁済されない場合に，抵当不動産を換価して，その売却代金から他の債権者に優先して債務の弁済を受けることができる（369条1項）。この効力を抵当権の優先弁済的効力と呼び，抵当権の中心的な効力である。なお，この優先弁済権は，債権者平等の原則の例外であり，とくに法律が定めた場合にのみ認められている。

優先弁済の方法としては，抵当権者が民事執行法の規定にもとづく不動産競売（民事執行法181条1項）によって行う方法が一般的である。この場合，一般債権者が強制執行を行ったりあるいは後順位抵当権者が競売を行った場合であっても，抵当権者は，抵当不動産の売却代金から，民法上の優先順位に従って優先弁済を受けることができる（同法85条・87条・188条以下）。そのほかの方法としては，設定契約または債務の弁済期前の契約で行う流抵当（抵当直流）によって行う方法もあるが，清算をしない流抵当（抵当直流）については，疑問視されている（仮登記担保3条参照）。（→ **Step up** 参照）

2 抵当権者と他の債権者との優劣関係

抵当権者が，抵当目的物から優先弁済を受ける場合において，他の債権者と競合する場合の優劣関係について検討する。

(1) **抵当権者と一般債権者との優劣関係** 抵当権者は，その抵当権が登記されている場合には，担保を有しない一般債権者に対して，つねに優先する。

抵当権者が一般債権者の地位で，抵当不動産以外の債務者の一般財産（責任

財産ともいう：債務者に属する法律上の差押えが禁止された財産・一身専属的な財産を除いた全財産）から弁済を受ける場合には，他の一般債権者を保護する関係から一定の制限が規定されている（394条）。

(2) **抵当権者相互の優劣関係** 同一の不動産に複数の抵当権が設定された場合には，各抵当権者の優劣は登記の先後によって定まる（373条1項）。すなわち，先順位の抵当権者は後順位の抵当権者に対して，つねに優先するのである。なお，同一順位の抵当権者相互間では，優劣関係がないので，債権額に応じて配当を受けることになる。

(3) **抵当権者と他の担保権者との優劣関係**

(a) 抵当権者と不動産質権者 同一の不動産に抵当権と質権が設定されている場合の優劣関係は，登記の先後により定まる（361条）。

(b) 抵当権者と一般の先取特権者 同一の不動産に抵当権と一般の先取特権とが設定されており，抵当権の登記がなされていない場合の優劣関係は，一般の先取特権が登記の有無にかかわらず優先し，双方に登記がなされている場合の優劣関係は，登記の先後により定まる（336条）。

(c) 抵当権者と不動産保存・工事の先取特権者 同一の不動産に抵当権と不動産保存・工事の先取特権とが設定されている場合の優劣関係は，一定の要件のもとで登記された不動産保存の先取特権および不動産工事の先取特権は，登記の先後にかかわらず，抵当権に優先する（339条）。

(d) 抵当権者と不動産売買の先取特権者 同一の不動産に抵当権と不動産売買の先取特権とが設定されている場合の優劣関係は，登記の先後により定まる（340条）。

(4) **抵当権者と国税**

国税の法定納期限等以前に設定された抵当権は，国税に優先するとされている（税徴16条）。

Step up

流抵当（抵当直流）は，登記できないことから第三者に対抗する法的手段がないこと，そして，抵当不動産の価格が被担保債権額を上回るときは，抵当権者は抵当権設定者にその差額を返還しなければならず（清算義務），返還がされ

るまで設定者は同時履行の抗弁権（533条）を行使して，抵当不動産の引渡を拒むことができる。

Practice

下記の各問の正誤を答えなさい。

問1． 未登記の抵当権者は，競売権はあるが，優先弁済権はない。　（　　　　）

問2． 流抵当は，判例・学説により禁止されている。　　　　　　　（　　　　）

Ⅵ 担保物権

No. 39　抵当権と用益権の関係

〈CASE〉　(1)　AはBとの間で金銭消費貸借契約を締結し，自己所有の建物に抵当権を設定した(以下，本件建物という)。その後，AはYとの間で本件建物について期間を定めないで賃貸借契約を締結し，Yは本件建物の引渡を得た。Xが本件建物を競落した場合，XはYに対して本件建物の明渡を請求することができるか検討しなさい。

(2)　甲は乙から金員を借りるに際して，自己所有の土地とその上の建物の双方に抵当権を設定した。抵当権が実行されて，丙が土地を，丁が建物を買受けた。この場合，丁は買い受けた建物を所有するために丙が買い受けた土地に対して地上権を取得することができるか。

1　抵当権と用益権の関係

　抵当権は，目的不動産の交換価値を把握する権利であることから，抵当権の設定により目的不動産の利用関係が妨げられることはないのである。抵当権設定者＝所有者は，抵当権者の干渉を受けることなく目的不動産の使用・収益そして処分する権利を有するのである。

　しかし，抵当権が実行され目的不動産が競売されると，買受人は抵当権設定当時の状態における目的不動産の価値を，全面的に取得することから，抵当不動産の用益関係および抵当不動産の第三取得者は，重大な影響を受けることになるのである。つまり，抵当権設定前から存在している用益関係は，その用益関係が対抗要件を具備しているときは買受人に対抗することができるが，抵当権設定後に存在するようになった権利関係は原則として覆えされるので買受人に対抗することはできず，抵当不動産の第三取得者はその権利を失うことになる。したがって，抵当不動産の用益関係および抵当不動産の第三取得者の地位はきわめて不安定になることから，とくに抵当権設定後の用益権の創設を困難にする。

そこで民法は，抵当権と用益権の調和を図る制度として短期賃貸借保護・法定地上権を，抵当権者と第三取得者の利害を調整する制度として代価弁済・滌除(てきじょ)を設けた（**No. 40**「抵当権と第三取得者との関係」を参照されたい）。

2 短期賃貸借保護

(1) 短期賃貸借保護の意義

同一不動産に抵当権と賃借権が設定されている場合，各権利の優劣は，その対抗要件具備の先後で決まることになるのが原則である。しかし，民法は，抵当不動産の用益権が抵当不動産の担保価値にある程度の不利益を及ぼすことがあっても，抵当不動産の合理的な利用を図ることが望ましいとの見地から，競売後も目的不動産を利用することができることとしたのである。すなわち，602条に定める期間を超えない短期賃貸借は，抵当権の登記後にその賃借権が登記された場合でも，抵当権者（つまり，競売の買受人）に対抗することができると規定した（395条本文）。抵当権者によって，本制度が悪用されて，抵当権者に不当な不利益を及ぼす場合が懸念されることから，短期賃貸借が抵当権者に不利益を与える場合には，抵当権者は当該短期賃貸借の解除を裁判所に対して請求することができるとしている（同条但書）。

(2) 短期賃貸借保護の成立要件

(a)短期賃貸借であること，(b)賃借権の登記があること，の2つの要件を満たすことが必要である。以下，詳説すると，

(a) 短期賃貸借であること　602条に定める期間(山林—10年，その他の土地—5年，建物—3年)を超えない賃貸借であることが必要である。

① 602条に定める期間を超える賃貸借（長期賃貸借）は，その全期間が抵当権に対抗できないのか，あるいは，短期賃貸借の期間を超えた部分が対抗できないのか見解が分かれている。判例は，その全期間が抵当権に対抗できないとしているが（最判昭36・6・23民集15巻6号1680頁），多数説は，602条に定める期間の限度において抵当権に対抗できると解している。

② 宅地の短期賃貸借または期間の定めのない賃貸借と借地借家法　宅地に5年以下の短期賃貸借または期間の定めのない賃貸借が締結された場合，借地権の存続期間は30年となり（借地借家法3条），長期賃貸借となる。判例は，

Ⅵ 担保物権

期間の定めのない宅地の賃貸借について，旧借地法2条1項・3条を適用して長期賃貸借になるとして，全く保護を受けないとした（最判昭45・6・16判時600号84頁）。学説としては，5年以下の短期賃貸借については約定の期間内は保護を受けるとする見解，どちらの場合でも602条に定める5年という期間の範囲で保護を受けるとする見解（有力説），どちらの場合でも全く保護を受けないとする見解等がある。

③ 建物の短期賃貸借または期間の定めのない賃貸借と借地借家法　建物の賃貸借において3年以下の短期賃貸借のうちで期間を1年未満とする場合は，期間の定めのない賃貸借とみなされる（借地借家法29条1項）。期間の定めのない建物賃貸借は，短期賃貸借として保護されると判例・多数説は解している。

④ 短期賃貸借の更新　短期賃貸借は更新することができるが（603条），判例は，抵当権実行により差押えの効力が生じた後に賃貸借が満了したような場合には，短期賃貸借の更新は抵当権者に対抗できないとしている（最判昭38・8・27民集17巻6号871頁）。多数説は，短期賃貸借の限度において更新を認め，更新後の短期賃貸借にも395条が適用されると解している。

(b) 賃借権の登記があること　抵当権に優先する賃借権が，抵当不動産に設定されていることを第三者に公示する必要があることから，賃借権の登記があることを要する。この賃借権の登記は，抵当権実行による差押えの効力発生時（競売申立登記）より前にする必要がある（大判大2・1・24民録19輯11頁，通説）。そして，この登記は，仮登記でもよいと解されている（大判昭11・6・25民集15巻1503頁，通説）。

特別法が規定する賃借権の対抗力は（借地借家法10条1項・31条1項），395条の賃借権の登記に代わることができると通説は解している。

(3) 抵当権者による有害な短期賃貸借の解除請求

抵当不動産の価格が短期賃貸借の存在により下落して，抵当権者が被担保債権の弁済を十分に得られなくなるときは，抵当権者は賃貸借契約の当事者を共同被告（必要的共同訴訟）として，裁判所に対してその短期賃貸借の解除を請求することができる（395条但書）。なお，判例は，短期賃貸借の存在により抵当不動産の売却価格が下落すれば損害ありといえ，短期賃貸借の内容を問うことなく解除の可否を判断すべきであるとしている（最判平8・9・13民集50巻8

号2374頁)。

3 法定地上権
(1) 法定地上権の意義
　たとえば，Aが土地を所有し，その土地上に建物を所有しているとする。わが国の民法は，土地と建物は別個の不動産であることから（86条1項），土地と建物は独立して取引の対象とされる。この場合，Aは，あらかじめ建物のために土地に自己借地権を設定することはできないのである（179条，混同による消滅の例外としては借地借家法15条2項）。その結果，Aが土地・建物のいずれか一方にあるいは双方に抵当権を設定して，その抵当権が実行され，土地と建物の所有者が別々になった場合，建物所有者は土地所有者に対して土地の利用権を得ない限りは，建物を収去しなければならないことになる。こうなると，建物のみを競落する人はまれになり，その結果，債権者にとっては建物に抵当権を設定しても債権の回収がおぼつかないこととなってしまう。

　そこで民法は，抵当権設定時における当事者の意思の推測および建物保護という公益的理由から（学説，最判平9・2・14民集51巻2号375頁），土地と建物が同一の所有者に帰属している場合において，土地または建物の一方のみに抵当権が設定され，競売によって土地と建物の所有者が異なったときは，抵当権設定者は地上権を設定したものとみなされ，建物のために地上権が成立すると規定した（388条）。この地上権を法定地上権という。

(2) 法定地上権の成立要件
　法定地上権が成立するためには，(a)抵当権設定当時に，建物が存在していたこと，(b)抵当権設定当時に，土地と建物が同一の所有者に帰属していたこと，(c)土地と建物の一方または双方に抵当権が存在すること，(d)競売により土地と建物が別異の所有者に帰属するに至ること，の4つの要件を満たす必要がある。学説・判例はともに388条を緩やかに解釈し，法定地上権の成立する範囲を拡張して，建物に必要な土地利用権を認める傾向にある。

　(a) 抵当権設定当時に，建物が存在していたこと　　更地に抵当権を設定し，後日，抵当地上に建物が建てられても，建物所有者のために法定地上権は成立しない（最判昭36・2・10民集15巻2号219頁，多数説）。なぜならば，債権者が土

地を評価する場合に，更地は借地権を負担する土地より担保価値が高いことによっているからである。更地に抵当権を設定するときに，将来当該更地に建物を建て土地が競売されたときは地上権を設定したものとみなすという特約がなされても，建物所有者のために法定地上権は成立することはない（大判大7・12・6民録24輯2302頁）。

抵当権設定当時に建物が存在していれば，その後，建物が改築されたり，滅失して再建築された場合でも法定地上権は成立するが，法定地上権の内容は，改築・再建築前の建物を標準として決まることになる（大判昭10・8・10民集14巻1549頁）。

(b) 抵当権設定当時に，土地と建物が同一の所有者に帰属していたこと
抵当権設定当時に，土地と建物が別異の所有者に帰属していた場合には，すでに建物のために土地利用権が設定されているはずであるから，法定地上権を認める必要はない。

抵当権設定当時に，土地と建物が同一の所有者に帰属していたが，その後，別異の所有者に帰属した場合でも，法定地上権は成立する（大連判大12・12・14民集2巻676頁，通説）。

抵当権設定当時に，土地と建物が別異の所有者に帰属していたが，その後，同一の所有者に帰属したときは，法定地上権は成立しない（最判昭44・2・14民集23巻2号357頁，多数説）。

(c) 土地と建物の一方または双方に抵当権が存在すること　388条の文言は，「土地又ハ建物ノミ」に抵当権が設定された場合について規定しているが，土地と建物の双方に抵当権が存在していても，法定地上権は成立する（最判昭37・9・4民集16巻9号1854頁，通説）。

(d) 競売により土地と建物が別異の所有者に帰属するに至ること　この競売は，担保権の実行による場合でも（民事執行法181条以下），債務名義にもとづく強制競売の場合でも（同法43条以下）よいとされている。なお，土地と建物のいずれにも抵当権が設定されていない場合において，強制競売により土地と建物が別異の所有者に帰属するに至った場合にも，法定地上権の成立は認められる（同法81条）。

(3) 法定地上権の内容と対抗要件

法定地上権が及ぶ土地の範囲は，建物の利用に必要な範囲である（大判大9・5・5民録26輯1005頁）。地代について当事者の協議が調わないときは，当事者の請求により裁判所が定め（388条但書），存続期間について当事者の協議が調わないときは，借地借家法3条により定まる。

建物所有者は，土地所有者に対して法定地上権の取得を登記なくして対抗することができるが，第三者に対しては法定地上権の取得を登記しなければ対抗することができない（177条）。もっとも，建物所有を目的とする地上権は，地上建物の登記をもって対抗要件とすることもできるので（借地借家法10条1項），建物所有者は，地上権そのものを登記しなくとも，競売建物についての所有権取得登記をすればよいことになる。

(4) 抵当地上の建物の競売権（一括競売）

更地に抵当権が設定された後に更地所有者がみずから建物を築造した場合には，抵当権者は，土地と建物を一括して競売に付すことができるが，優先弁済は土地の売却代金に限られる（389条）（→ **Step up** 参照）。

Step up

抵当地上の建物の競売権（一括競売）の要件は，①抵当権が更地に設定された後に当該抵当地上に建物が築造されたこと，②築造者が更地所有者であること，である。したがって，BのAに対する債権を担保するために，A所有の更地に抵当権が設定された後，当該抵当地をCがAから借り受けて建物を築造した場合には，抵当権者Bはその建物を競売することができない。

Practice

下記の各問の正誤を答えなさい。

問1．期間の定めのない建物賃貸借は，短期賃貸借として保護される。
（　　　　）

問2．更地に抵当権を設定し，後日，抵当地上に建物が建てられたときは，建物所有者のために法定地上権は成立する。
（　　　　）

Ⅵ 担保物権

No.40　抵当権と第三取得者との関係

〈CASE〉　乙は甲から2,000万円の融資を受けるに際して，自己所有の土地に抵当権を設定・登記した。後日，抵当土地（時価1,500万円）の所有者乙は，同土地を1,300万円で売却する旨の契約を丙との間で締結した（代金は乙に支払われていないとする）。この場合，乙が甲に2,000万円を弁済する以外に，丙が所有する抵当土地の抵当権を消滅させる方法についてはどうか。

1　抵当不動産の第三取得者の地位と保護の必要性

　不動産の所有者は，その不動産に対して使用・収益そして処分する権利を有している（206条）。そこで所有者は，その不動産に抵当権を設定したり，抵当権を設定したまま第三者に売却したりすることができるのである。たとえば，Aから金員を借り受けるBが自己所有の土地に抵当権を設定・登記する場合，A・Bが抵当権設定の当事者である。Bがその抵当土地をCに売却（所有権の移転）・登記した場合，Cは抵当権設定に関しては「第三者」であり，Bから抵当土地を買い受けたのであるから「取得者」でもある。よって，このCを抵当不動産の「第三取得者」という。

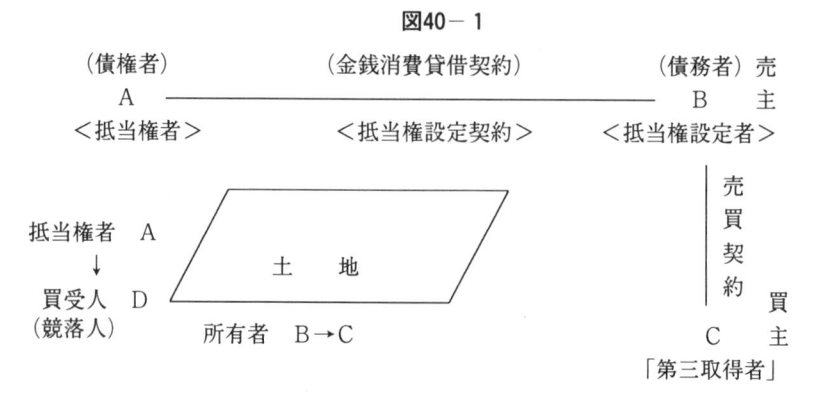

図40－1

（債権者）　　　　（金銭消費貸借契約）　　　　（債務者）売
　A ────────────────────── B　主
＜抵当権者＞　　　＜抵当権設定契約＞　　　　＜抵当権設定者＞

抵当権者　A
　　↓
買受人　D
（競落人）

土　地
所有者　B→C

売買契約
買主　C
「第三取得者」

抵当不動産の第三取得者Cは，BがAに被担保債権を期日までに弁済しないと，Aが抵当権を実行することにより，今までの法律関係はすべて覆えされることになる。つまり，Cは抵当土地の買受人（競落人）Dには対抗できないことから（Dは，抵当権が設定・登記された時点の状態で当該土地の所有権を取得することになる），Cは当該土地の所有権を失うという，不安定な地位に置かれているのである。すなわち，抵当不動産の第三取得者の地位は，自己の意思にかかわらず，債務者が被担保債権を債権者に弁済するか否かにかかっていることになる。そこで，民法は，抵当不動産の第三取得者を保護するために，代価弁済（377条）および滌除（378条）の制度を設けたのである。

2 代価弁済
(1) 代価弁済の意義

代価弁済とは，抵当不動産について所有権または地上権を買受けた第三者が，抵当権者の請求に応じてその代価を抵当権者に支払ったときは，抵当権はその第三者のために消滅するという制度である（377条）。通常の売買契約では，BがCとの間でBの土地の売買契約を締結すると，代金の支払についてはBが債権者・Cが債務者になり，代金はCからBに支払われることになる。ところが，代価弁済の制度によれば，Bが所有する抵当権付の土地をCが購入する場合に，買主Cが抵当権者Aからの請求に応じて本来抵当土地の所有者であるBに支払うべき売買代金をAに支払ったときは，抵当土地の抵当権は，その第三者Cのために消滅することになるのである。

抵当権者Aは，債務者Bが期日に債務を弁済しないとき抵当権を実行して，債権の回収をはかることができること，もちろんである。この場合，一般的に競売価格は時価よりも低くなること，そして，抵当目的物の価格の値上りが容易に見込めないような場合に，抵当権者Aとしては，初めて代価弁済の制度を用いることを考えるであろう。また，抵当権者Aは，物上代位権を行使して，売買代金債権を差し押えて優先弁済を受けることもできるのである（372条による304条の準用）。そこで，代価弁済が抵当権者からの請求により行われることを考慮すると，抵当不動産の第三者取得者を保護する制度としては，あまりその効用を発揮することは少ないといえよう。

(2) 代価弁済の成立要件と効果

代価弁済が成立するためには，①抵当不動産について所有権または地上権を買い受けた第三取得者がいること，②抵当権者からの請求があること，③第三取得者が請求に応じて売買代価を弁済することの3つの要件を満たす必要がある。

代価弁済の効果としては，第三取得者のために抵当権が消滅すること，そして，代価弁済を行った第三取得者は，抵当権者に支払った範囲で，売主に対する所有権または地上権の代金債務を免れること，である。なお，代価弁済によって被担保債権が弁済されなかったときは，抵当権者は一般債権者として，残債務につき被担保債権の債務者に対して，請求することができる。

3 滌 除

(1) 滌除の意義

滌除とは，抵当不動産の第三取得者すなわち抵当不動産の所有権・地上権あるいは永小作権を取得した者が，みずからその抵当不動産の価格を任意に評価して，抵当権者に申し出た金額を受領する代わりに抵当権を消滅するように請求することができる制度をいう (378条)。抵当権者は，第三取得者からの滌除の申し出に応ずる義務はないが，この申し出を拒絶するときは，増価競売の申立をしなければならない。この場合，抵当権者は，申し出た金額プラス1割の保証を提供しなければならず (民事執行法186条)，増価競売において第三取得者が滌除のために申し出た金額より1割以上の高価で買い受ける者がいないときは，みずから1割高価で買い受ける義務を負うことになっている (384条)。

滌除は，抵当不動産の第三取得者を保護するための制度ではあるが，抵当権者にとっては，抵当権の追及効の制限 (第三取得者から競売を強いられることから)，そして滌除拒絶に伴う負担 (増価競売の申立・保証提供の負担) およびこれら負担からの回避による承認ということなどから，学説の多くは，滌除を廃止すべきであると指摘している。

(2) 滌除権者

滌除を請求することができる者を滌除権者といい，抵当不動産の所有権・地上権あるいは永小作権を取得した者，すなわち抵当不動産の第三取得者が該当する (378条)。ただし，主たる債務者・保証人およびその承継人は，たとえ第三

取得者になっても，債務の全額を弁済すべきであることから，滌除権者から除外される（379条）。停止条件付第三取得者は，その条件の成否未定の間は抵当権の滌除をすることはできない（380条）。

(3) **滌除を請求できる時期とその方法**

滌除を請求できる時期は，抵当権者から抵当権実行の通知を滌除権者が受けるまでである（381条・382条）。

滌除の方法は，第三取得者から登記をした各債権者（抵当権者・不動産質権者・先取特権者）に，滌除の通知をしなければならない（383条，法文上の「送達」は，民事訴訟法上の送達の意味ではない）。滌除の通知とは，383条各号にある書面の送付である。債権者が，滌除の通知を受けてから1カ月以内に増価競売の請求をしないときは，第三取得者が指定した金額を承諾したものとみなされる（384条1項）。第三取得者（滌除権者）は，この金額を債権の順位に従って弁済または供託をしなければならない（383条）。なお，この弁済または供託は，債権者の保護をはかるためであることから，遅滞なく行わなければならないと解されている（大決大4・11・2民録21輯1813頁，通説）。

(4) **滌除の効果**

第三取得者（滌除権者）が有効に滌除したときは，抵当不動産上の抵当権その他の担保権はすべて消滅する。

Step up

1個の不動産の全体の上に抵当権が設定されている場合，その抵当不動産の共有持分を取得した第三者は，抵当権を滌除することはできない（最判平9・6・5民集51巻5号2097頁）。多数説も，判例と同趣旨である。

Practice

下記の各問の正誤を答えなさい。

問1．代価弁済とは，抵当権者の請求に応じて抵当不動産の第三取得者が売買代価を弁済することにより，その抵当権が第三取得者のために消滅する制度である。
（　　　）

問2．抵当権者は，第三取得者からの滌除の申出に応ずる義務がある。
（　　　）

No. 41 抵当権の侵害

〈CASE〉 抵当不動産を不法占有する第三者Aに対して、抵当権者Bは妨害排除請求権を行使できるか。

1 抵当権侵害の意義

抵当権の侵害とは、抵当目的物の交換価値が減少したために抵当目的物の価値が被担保債権額に満たない場合をいい、抵当目的物をその用途に従って用益することは抵当権の侵害には該当しない。これは、抵当権が目的物の利用権を伴わない交換価値の支配権であって、他の物権侵害の場合とは、おのずとその様相を異にしているからである。

抵当権が侵害された場合、抵当権者は、侵害排除を求める物権的請求権を行使したり、その侵害が不法行為の成立要件を満たしていれば（709条以下）、損害賠償請求権を行使したりすることもできる。さらには、期限の利益の喪失あるいは増担保の問題などが生ずる場合もある。

2 抵当権にもとづく物権的請求権

抵当目的物の侵害により目的物の価値が減少したときは、たとえ目的物の価値が被担保債権額に十分であっても、抵当権の不可分性から、抵当権にもとづく物権的請求権が生ずると解されている（→ **Step up** 参照）。

その典型例としては、抵当山林上の立木を所有者または第三者が不当に伐採して搬出したとき、抵当権者は伐木の搬出禁止・伐採禁止を請求できるとしている（大判昭7・4・20新聞3407号15頁、我妻説。*No. 37*「抵当権の効力の及ぶ範囲」を参照）。

3 抵当権侵害に対する損害賠償請求権

抵当権者は、抵当目的物が侵害されていることを理由として、直ちに損害賠

償を請求できるとは限らない。すなわち，抵当権者は，侵害によって抵当目的物の交換価値が減少して，被担保債権額が完済されない場合に，はじめて不法行為にもとづく損害賠償を請求できる（709条）ことになるのである（傍論として大判昭3・8・1民集7巻671頁，大判昭7・5・27民集11巻1289頁）。

損害賠償を請求できる時期について，判例（前掲大判昭7・5・27）は，不法行為の当時を標準とするのではなく，抵当権の実行時または抵当債権の弁済期後抵当権実行前の損害賠償請求権行使の時を標準とすべきであるとしている。学説は，抵当権の実行前でも損害額の算定が可能であるならば，不法行為後であれば損害賠償請求権を行使できるとする多数説と，損害の有無およびその額は抵当権実行後においてはじめて確定するので，抵当権実行前の損害賠償請求を否定する少数説がある。

4 期限の利益の喪失・増担保請求

債務者（または抵当権設定者）が抵当目的物を毀滅または減少したときは，債務者の故意・過失を問うことなく，債務者は期限の利益を失い（137条2号），抵当権者は直ちに抵当権の実行をすることができる（多数説。少数説は，債務者の責めに帰すべき事由を要件としている）。

増担保とは，抵当目的物が侵害されて担保価値が減少して，被担保債権額を担保することが十分でなくなったときに追加される担保をいう。民法上規定がないことから，学説は，原則として増担保請求はできないとする否定説と肯定説が対立している。

Step up

抵当不動産を第三者が不法占有することにより，目的物の交換価値の実現が妨げられ，抵当権者の優先弁済の請求権行使が困難となるような場合は，抵当権の侵害であるとして，抵当権者がその請求権を保全する必要があるときは，423条の法意に従い，所有者の不法占有者に対する妨害排除請求権の代位行使を認めた（最判平11・11・24民集53巻8号1899頁）。

Ⅵ 担保物権

Practice

下記の各問の正誤を答えなさい。

問1．抵当権者は抵当権が侵害された場合，いつでも物権的請求権を行使できる。
（　　　）

問2．抵当権者は抵当権が侵害された場合，いつでも損害賠償請求することができる。
（　　　）

No. 42　抵当権の処分

〈**CASE**〉　A所有の家屋（時価1,000万円）に，一番抵当権者B（債権額600万円）と二番抵当権者C（債権額400万円）そして一般債権者D（債権額200万円）がいる。BがDに①抵当権を譲渡した後，あるいは，②抵当権を放棄した後，抵当権が実行された場合（1,000万円で売却），各債権者の配当額がどうなるか。

1　抵当権処分の意義

抵当権者は，被担保債権の弁済期前に投下資本を回収したくとも，債務者に債務の弁済を請求することや抵当権を実行することはできない。抵当権者が弁済期前に投下資本（債権）を回収する方法としては，被担保債権の譲渡あるいは質入がある。この場合，抵当権は，随伴性により被担保債権とともに譲渡されたり質権の目的となるのである。

民法は，抵当権の附従性を緩和することにより，抵当権を被担保債権から分離して，抵当権の処分を認めている（375条）。すなわち，転抵当・抵当権の譲渡・抵当権の放棄・抵当権の順位の譲渡・抵当権の順位の放棄（375条）そして抵当権の順位の変更（373条2項3項）である。これらの制度は，その機能および抵当権者の要請という点から，2つに分類できる。すなわち，①転抵当は，抵当権者が抵当権を自己の信用を獲得するための機能として・抵当権者の投下資本の流動化を図る要請から，②他の抵当権の処分は，債権者間で抵当権者が把握した担保価値の交換，そして流通のために担保価値の利用に弾力性を与えて債権者間の利害を調整するための機能として，抵当権者の資金調達の要請である。

2　転抵当

転抵当とは，抵当権者がその抵当権をもって他の債権の担保にすることであ

Ⅵ　担保物権

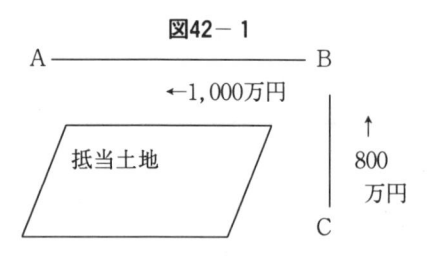

図42-1

A ——————— B
　　←1,000万円
抵当土地　　　↑
　　　　　　800万円
　　　　　　↓
　　　　　　C

る（375条1項前段）。たとえば，BがAに1,000万円を融資してその担保としてAの土地に抵当権を得たが，BもCから800万円を借り受ける際に，その抵当権を自己の担保としてCに供することをいう。このとき，Aを原抵当権設定者，Bを原抵当権者・転抵当権設定者，Cを転抵当権者という。375条1項の転抵当を設定するには，原抵当権設定者Aの承諾は不要であり，これを責任転抵当という。原抵当権設定者Aの承諾を得て行う転抵当を承諾転抵当という。転抵当の法的性質については，転質の場合と同様な議論があり（*No. 35*「転質」を参照），抵当権再度設定説（抵当目的物に再度抵当権を設定するとする説）が多数説である。

　転抵当権の被担保債権額は，原抵当権の被担保債権額を超過してもよい。転抵当権の被担保債権の弁済期は，原抵当権の弁済期後であってもよい。この場合，転抵当権者は，転抵当権の被担保債権の弁済期まで，転抵当権を行使することができないことになる。

　転抵当権の第三者対抗要件は登記であり（177条，不登1条），原抵当権者の被担保債権の債務者・保証人・抵当権設定者およびその承継人に対しては，転抵当の設定について利害関係を有することから，467条の規定に従い，その債務者への通知または承諾がなければ対抗することができない（376条1項）。この通知または承諾は，原抵当権が被担保債権の弁済により消滅することを防止するためであることから，確定日付ある証書（467条2項）は必要ではなく，この関係は登記によることになる。

　転抵当権者が転抵当を実行するには，転抵当権・原抵当権の両被担保債権について弁済期が到来することを要する。

3　抵当権の譲渡・抵当権の放棄

　抵当権の譲渡とは，抵当権者（BまたはC）が，同一の債務者（含む物上保証人）Aに対して抵当権を有していない特定の債権者（D）に自己の抵当権を与え，その限度で抵当権を失うことをいう（375条1項）。すなわち，抵当権の

譲受人（D）は自己の債権について，譲渡人（BまたはC）の抵当権の順位と被担保債権額の範囲で確保できるのである。抵当権の放棄とは，抵当権者が無担保債権者の利益のために，優先弁済の利益を放棄することをいう（同条同項）。この場合，抵当権を放棄する者は，放棄を受ける者に対してのみ優先権を失うのである。なお，対抗要件は，両者とも，登記（177条）および債務者への通知または承諾である（376条1項）。

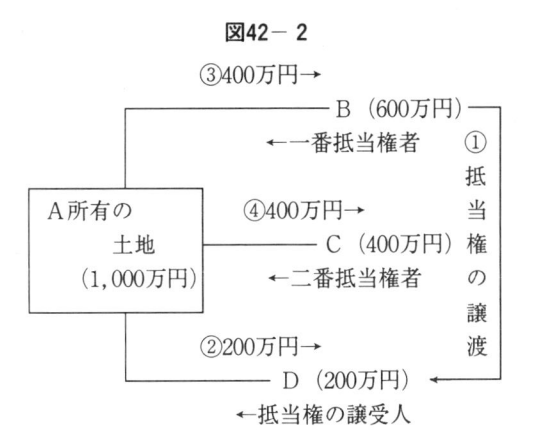

図42－2

③400万円→
B（600万円）
←一番抵当権者
④400万円→
C（400万円）
←二番抵当権者
②200万円→
D（200万円）
←抵当権の譲受人

A所有の土地（1,000万円）

① 抵当権の譲渡

　前者の例：Aが所有する1,000万円相当の土地に一番抵当権者B（債権額600万円）・二番抵当権者C（債権額400万円）がいる。Aが新たにDから200万円を借り受ける場合，Dに三番抵当権を設定するのではなく，Bの協力（抵当権の譲渡）により，DはBの順位の抵当権を200万円の限度で取得し，BはDの有する債権額200万円の限度で無担保債権者となる。土地の競売代金を1,000万円とすると，Bに本来配当される600万円は初めに抵当権の譲受人Dが200万円の配当を，残り400万円を譲渡人Bが受け取ることになる。このように残額があるときは，Bはその範囲で一番抵当権を有しているが（抵当権はBとDとの準共有），残額がないときにはBは無担保債権者となる。この場合，Bの抵当権の譲渡は，A・Cの承諾を必要としない。なお，抵当権の譲渡の効力は，譲渡人Bと譲受人Dとの間でのみ生ずるから（相対的効力），二番抵当権者Cには影響がないのである（Cは，400万円の配当を受ける）。

　後者の例：一番抵当権者B（債権額600万円）が，一般債権者D（200万円）のために抵当権の放棄をすると，Bに本来配当されるべき600万円がBとDの債権額に比例して分配されることになるのである。すなわち，Bが450万円・Dが150万円の弁済を受け，ついでCが400万円を受けることになる（抵当権の放棄の効力も，譲渡人Bと譲受人Dとの間でのみ生ずるから（相対的効力），二番抵当権者Cには影響がないのである）。

4　抵当権の順位の譲渡・抵当権の順位の放棄

　抵当権の順位の譲渡とは，抵当権者間でその順位を入れ替えることをいい，譲受人は自己と譲渡人との配当額の合計から優先弁済を受け，譲渡人は残額があれば弁済を受けることができるのである（375条1項）。たとえば上記の例では，Dが三番抵当権者（債権額200万円）となり，その後，BからDへBが抵当権の順位を譲渡すると，まずDがBとDとの配当額の合計600万円から200万円・Bは残額400万円，そしてCはB—D間の抵当権の順位の譲渡について影響を受けないから400万円をそれぞれ受けることになる（順位の譲渡がなければ，B600万円・C400万円・D0円の配当）。

　抵当権の順位の放棄とは，抵当権者間で行われるもので，先順位の抵当権者が自己の優先弁済を受ける利益を，後順位の抵当権のために放棄することをいう（375条1項）。たとえば，Dが三番抵当権者（債権額200万円）となり，その後，BからDへBが抵当権の順位を放棄すると，BとDは同順位になり，Bに本来配当されるべき600万円がBとDの債権額に比例して分配されることになるのである。すなわち，Bが450万円・Dが150万円の弁済を受け，Cが400万円の配当を受けることになる。

　対抗要件は，ともに抵当権の譲渡と同様である。

5　抵当権の順位の変更

　抵当権の順位の変更とは，抵当権者間の合意により，抵当権の順位を変更して優先弁済を受けること，つまり，被担保債権を抵当権の順位から分離して，変更後の順位で優先弁済を受けることである（373条2項）。たとえば，Aが所有する1,000万円相当の土地に一番抵当権者B（債権額200万円）・二番抵当権者C（債権額400万円）・三番抵当権者C（債権額700万円）がいるとき，抵当権の順位をD・C・Bに変更するには，B・C・D三者の合意が必要である（Cの順位は二番で変わらないが，配当額が異なるから）。

　この合意には，抵当権の順位変更の当事者および利害関係人（たとえば，転抵当権者・被担保債権の差押債権者・質権者など）の承諾が必要である（373条2項但書）。なお，債務者・抵当権設定者・保証人などは，利害関係人に該当しない。順位の変更は，登記することにより，絶対的効力を生ずる（373条3項）。

Step up

抵当権の譲渡・放棄と抵当権付債権譲渡との異なる点は，前者は，抵当権を被担保債権と分離して抵当権のみを処分する点，および抵当権設定者や後順位担保権者の承諾を要しない点である。

Practice

下記の各問の正誤を答えなさい。

問1． 抵当権者は，その抵当権を自己の債権の担保に使うことはできない。
（　　　）

問2． 抵当権の順位の変更では，当事者および利害関係人の承諾が必要であるが，抵当権の譲渡では，利害関係人の承諾は必要ではない。（　　　）

No. 43　抵当権の消滅

〈CASE〉　ＡＢ間で金員の貸借があり，それを担保するためにＡ所有の土地に抵当権が設定された。この抵当権が，消滅する場合についてはどうか。

1　抵当権の消滅に関する特則

　抵当権は，物権の一種であり，さらに担保物権の一種であることから，物権に共通する消滅原因そして担保物権に共通する消滅原因により，消滅する。物権に共通する消滅原因としては，目的物の滅失・消滅時効（所有権は，取得時効の反射的効果により失う）・放棄そして混同である（詳細は，*No. 15*「物権の消滅」参照）。担保物権に共通する消滅原因としては，被担保債権の弁済に伴う担保物権の消滅（担保物権の消滅における附従性）である（詳細は，*No. 30*「担保物権の機能と通有性」参照）。代価弁済・滌除（詳細は，*No. 40*「抵当権と第三取得者との関係」参照）そして競売によっても，抵当権は消滅する。

　民法は，上記の他に抵当権の消滅に関する特則を定めている。

2　抵当権の時効消滅

　「所有権ニ非サル財産権」は，20年の消滅時効にかかる（167条2項）。そこで，抵当権も実行できる状態になってから（166条1項），20年の期間が経過することにより，時効消滅するかに見える。しかし，抵当不動産が債務者または物上保証人の所有に属している場合には，これを認めることはできない。なぜならば，抵当不動産の債務者または物上保証人は，みずからが義務ないし責任を負っており，被担保債権の存在にもかかわらずに抵当権の時効を援用することは，認めるべきではないからである。

　そこで民法は，抵当不動産の債務者または抵当権設定者（物上保証人）については，被担保債権と同時でなければ，抵当権は時効で消滅しないと規定したのである（396条）。

判例（大判昭15・11・26民集19巻2100頁）は、抵当権は、抵当不動産の第三取得者との関係では396条の適用はなく、被担保債権から離れて、20年の消滅時効にかかる（167条2項）としている。学説の多くも、判例を支持している（→ **Step up** 参照）。

3 抵当不動産の時効取得による消滅

不動産の時効取得者は、不動産の所有権を原始取得するのであるから、かりに当該不動産に抵当権が設定されていても、従前の所有権も抵当権も承継することはないのである。しかし、債務者や抵当権設定者のようにみずからが義務や責任を負っている者にまで、これを認めるべきではない。

そこで民法は、抵当不動産について、債務者または抵当権設定者でない者が、取得時効の要件を備えた占有を行っているときは、抵当権はこれによって消滅すると規定したのである（397条）。

判例（大判昭15・8・12民集19巻1338頁）は、抵当不動産を買い受けその所有者となった第三取得者は、買受け当時、抵当権の存在を知っていたか否かを問わず、397条の規定を適用すべきではないとしている。なお、この判旨は、145条および162条についての判例の展開（最判昭48・12・14民集27巻11号1586頁、最判昭43・12・24民集22巻13号3366頁）により、実質上変更されるに及んでいる。

4 抵当権の目的である用益権の放棄による消滅

抵当権の目的物は、不動産・地上権・永小作権である（369条）。地上権または永小作権に抵当権を設定した場合において、地上権者または永小作権者がこの用益権を放棄しても、これをもって抵当権者には対抗することができない（398条）。すなわち、抵当権者は、なおこの用益権が存在するものとして、競売することができるのである。

学説によれば、権利の放棄も、これにより第三者の権利を害する場合には許されないことから、398条は、当然の規定であると解している。

Step up

抵当不動産の第三取得者が、抵当権の時効消滅を主張することの可否につき

Ⅵ 担保物権

判例・多数説は肯定するが，近時の有力説は，抵当不動産の第三取得者には397条が適用され，被担保債権から離れた抵当権は時効消滅にかからないと説く（取得時効と同じ要件を満たすことにより，抵当権は消滅する）。そして，第三取得者が抵当権の存在につき悪意の場合には，抵当権付不動産を時効取得させれば十分であるとする。

Practice

下記の各問の正誤を答えなさい。

問１．抵当権が消滅するのは，被担保債権が弁済された場合のみである。
　　　　　　　　　　　　　　　　　　　　　　　　　　（　　　　）

問２．抵当権は，抵当権設定者に対しては，被担保債権と同時でなくても時効消滅する。　　　　　　　　　　　　　　　　　　　　　（　　　　）

No.44　共同抵当

〈CASE〉　AはB銀行から3,000万円の融資を受けたいと考えている。AはBに対する借入金の担保として、A所有の甲土地（価額3,000万円）と乙土地（価額2,000万円）両方に抵当権を設定した。その後、CはAに対する貸金債権（1,200万円）の担保として、甲土地に2番抵当権を、またDは貸金債権（800万円）の担保として、乙土地に2番抵当権をそれぞれ設定した。Aが返済期日になっても返済しないので、Bは甲土地について抵当権の実行をした。この場合B・C・Dの法律関係はどのようになるのであろうか。

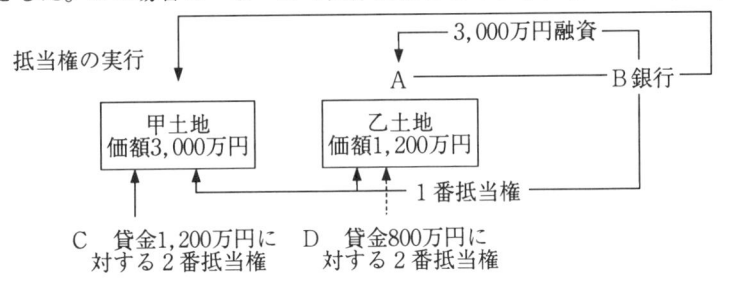

```
                                    ─ 3,000万円融資 ─
    抵当権の実行                  A ───────── B銀行
         ↓                        
    ┌─────────┐    ┌─────────┐
    │  甲土地   │    │  乙土地   │
    │価額3,000万円│    │価額1,200万円│
    └─────────┘    └─────────┘
         ↑              ↑ ─ 1番抵当権 ─
    C  貸金1,200万円に  D  貸金800万円に
       対する2番抵当権      対する2番抵当権
```

1　共同抵当の意義

　同一の債権を担保するために、複数の不動産の上に設定された抵当権を「共同抵当」という（392条）。たとえば〈CASE〉の事例のように、AがB銀行から3,000万円の融資を受ける際に、その担保として自己所有の甲土地（価額3,000万円）と乙土地（価額2,000万円）両方に抵当権を設定する場合である。わが国では、土地と建物とが別個独立した不動産であり、それぞれ抵当権の目的となるため、その有用性は高く、またそれは1個の不動産だけだは担保力が脆弱な場合が多く（価値の集積）、あるいは抵当権の目的物の滅失・毀損など、担保価値の低下に対する予防手段（危険の分散）のため、取引界で大いに利用されている担保制度である。

2　共同抵当権の設定と公示

　共同抵当を設定する場合に，通常は設定の時点で複数の不動産，あるいは地上権・永小作権などの不動産物権，立木法による立木，1個の不動産とみなされる工場財団・鉱業財団・漁業財団などが共同抵当の目的物となりうる。しかし登録自動車，登記船舶などは不動産と認められず，共同抵当の目的とはならない。また必ずしも同時である必要はなく，追加的に共同抵当を成立させることも認められている（追加担保）。また目的物が同一の所有者に属している必要はなく，目的物件の中に物上保証人所有の不動産が混在していてもよい。さらに一部の不動産に第三取得者が出現しても共同抵当関係は存続する。なお，共同抵当権の順位は，各不動産ごとに異なっていても構わない。

　共同抵当が成立すると，目的物である不動産ごとに抵当権設定登記がなされ，それとともに，それが共同抵当であることを示すために，共同担保目録を添付しなければならない（不登122条以下）。ただし，この登記がない場合でも抵当権者の権利行使に制限はなく，また後順位担保権者の代位も認められている。したがって，この登記は対抗要件としての意味を持つものではなく，単に権利関係を明確にするものにすぎないと解されている。

3　共同抵当の効力

　共同抵当権者は，目的不動産の全部に競売を申し立てて優先弁済を受けてもよいし，目的不動産の一部のみ競売を申し立てて優先弁済を受けることもできる。すなわち抵当権者は，どの不動産でも自由に実行しうる。しかしこれを無条件に認めると，共同抵当権者の実行の仕方によっては，後順位抵当権者は弁済を受けられない恐れが生じ，不安定な地位に甘んじなければならない。それは抵当不動産に残余の担保価値があっても，二番抵当権を設定することを控え，金融の道を閉ざすことにつながる。そこで両者の利害を調整するため，民法は共同抵当に関して特別規定を定めている。

(1)　同時配当の場合——割付

　共同抵当権者が，複数の抵当不動産全部を同時に実行した場合，各不動産の価格に応じた割合で優先弁済を受ける（392条1項）。たとえば〈CASE〉では，BはAに対する3,000万円の担保として，甲土地（価額3,000万円），乙土地（価額

1,200万円）に一番共同抵当権を，Cは1,200万円の担保としてAの甲の土地に，またDは800万円の担保としてAの乙土地にそれぞれ二番抵当権を有し，一番抵当権者であるBから甲土地・乙土地を同時に実行した場合，Bへの配当は，その債権額である3,000万円を，392条1項により，「各不動産ノ価額ニ準ジテ」，すなわち甲土地3,000万円対乙土地2,000万円の按分でなされるので，甲土地から1,800万円，乙土地から1,200万円を受け取る。これを「同時配当の割付」という。したがって甲土地について後順位抵当権者であるCは，競売代金3,000万円からBに配当された1,800万円の残りの金額である1,200万円を，さらに乙土地について後順位抵当権者であるDは，競売代金2,000万円からBに配当された1,200万円の残りの金額である800万円をそれぞれ受け取ることができる。

なお同時配当の割付は，後順位抵当権者の存在に影響されるかにつき，判例は，後順位抵当権者が存在しなくても392条1項を適用すべきであると解する（大判昭10・4・23民集14巻601頁）。それは割付を認めないと，後日，求償関係（351条・501条）が生じ，問題をより複雑なものにする趣旨である。割付の基準となる「不動産の価額」とは，鑑定による評価額ではなく，競売価額と解されている。もし優先する債権があるときには，その債権額を競売代金から控除した額が「不動産の価額」となる。

(2) **異時配当の場合**

共同抵当権者が，一部の目的不動産についてのみ抵当権を実行し，その代金を配当することを「異時配当」といい，抵当権者は，その代金から債権全額の弁済を受けることができる。この場合に後順位抵当権者は，共同抵当権者が他の共同抵当の目的不動産から同時配当の場合ならば弁済を受けたであろう金額に満つるまで，共同抵当権者に代位して抵当権を実行することができる（392条2項）。〈CASE〉の事例で，Bが甲土地の抵当権のみを実行した場合には，Bは債権額3,000万円全額を受けることができる反面，後順位抵当権者Cは甲土地から弁済を受けられなくなる。その代わりにCは，同時配当の箇所で説明した（392条1項），Bの乙土地上の割付額である1,200万円を限度として，乙建物上にBの一番抵当権の代位行使をすることができる。なお，代位権者の意味につき，条文には「次ノ順位ニ在ル抵当権者」（392条2項後段）としているが，これはすべての後順位抵当権者であると解されている（大判大11・2・13新聞1969号

20頁)。

　異時配当の場合に，代位権が認められた後順位抵当権者Cは，Bの一番抵当権が自己に移転した旨を附記登記によって公示することができる(393条，不登119条ノ4)。この附記登記の効力について，判例によれば，392条2項の代位は，法律上当然に発生する法定代位であり，しかも債務者や抵当権設定者は，抵当権が実行されることを予期しており，抵当権実行が何人によってなされるかにより利害を左右されるものでないから，後順位抵当権者は，債務者・抵当権設定者および被代位者の後順位抵当権者に対しては，附記登記がなくても代位を対抗できるものと解している(大判大8・8・28民録25輯1524頁)。

　また〈CASE〉の事例において，Bが乙土地のみを実行した場合には，Bは2,000万円の配当を受けることになるが，Bの債権額はまだ1,000万円残るので，Bの一番抵当権は甲土地の上に残存する。このように共同抵当権者が一部の弁済しか受けない場合にも，乙土地の後順位抵当権者であるDは，甲土地のAの抵当権に「代位」することができるか，すなわち「一部弁済」と「代位」の関係が問題となる。判例・多数説は，共同抵当権者が完済を受けたことを停止条件として，その残余割付部分に代位を認めている(大連判大15・4・8民集5巻575頁)。

　さらに共同抵当権者Bが，一部の任意弁済などを受けるなどして，乙土地上の共同抵当権を放棄した場合に，甲土地上の後順位抵当権者Cの代位権について，判例は，放棄しなかったならば後順位抵当権者が代位できたであろう限度において，共同抵当権者は後順位抵当権者に優先できないと解している(大判昭11・7・14民集15巻1409頁)。

4　物上保証人・第三取得者との関係

　共同抵当不動産の一部が物上保証人に属する場合に，それが競売されると物上保証人は弁済者代位の規定(500条・501条)によって，他の抵当不動産に対し，抵当権者に代位して抵当権を行使することになる。そうすると，392条2項による後順位抵当権者の代位との関係をどのように調整するかが問題となる。

(1) 債務者所有の甲不動産に後順位抵当権者がいる場合に，物上保証人の乙の不動産が実行された場合

　判例は，物上保証人は他の共同抵当物件である甲不動産から自己の求償権の満足を期待していたのであり，その後に甲不動産に設定された第二順位の抵当権により，この期待を失わせるべきでないと解して，物上保証人の代位を優先させる。つまり392条2項は，共同抵当物件がすべて債務者所有に属する場合にのみ適用される（大判昭4・1・30新聞2945号12頁，最判昭44・7・3民集23巻8号1297頁）。

　したがって，甲不動産上の後順位抵当権者は，物上保証人が優先弁済を受けた余剰金から弁済を受けることになる。

(2) 物上保証人所有の乙不動産に後順位抵当権者がいる場合に，乙不動産が実行された場合

　判例は，物上保証人のみが代位しうることを原則とするものの，物上保証人はみずから後順位抵当権を設定したのであるから，392条2項後段の後順位抵当権者保護の趣旨に鑑み，物上保証人に移転した一番抵当権は，後順位抵当権者の債権を担保するものとなり，後順位抵当権者は，一番抵当権の上に物上代位（372条・304条本文）をするような関係によって，優先弁済を受けることができるものと解されている（大判昭11・12・9民集15巻2172頁，最判昭53・7・4民集32巻5号785頁，最判昭60・5・23民集39巻4号940頁）。

　以上のことは，共同抵当権が設定されている，債務者所有の不動産を第三取得者が取得した場合についても該当し，後順位抵当権者との関係が問題となる。この場合には，債務者所有上の後順位抵当権者と第三取得者が互いに他の抵当不動産へ代位できるか否かは，譲渡時と後順位抵当権設定時の先後により決定されうる。たとえば，後順位抵当権者（第二抵当権者など）が現れる以前に，当該不動産を取得した第三取得者は，後順位抵当権者がいないものとして，すなわち代位権の「期待利益」を有するものとして取得したのであるから，当該不動産上の第一抵当権への代位が認められる。しかし後順位抵当権者が現れた以後に，当該不動産を取得した第三者については，後順位抵当権者の「期待利益」を保護するため，第一抵当権の代位は認められないことになる。

Ⅵ 担保物権

Step up

●**異時配当の時には次順位の抵当権者に代位権発生** 〈CASE〉の事例において，A・B間で設定された抵当権は，「共同抵当権」である。それはAがB銀行から3,000万円の借入金に対して自己所有の不動産である甲土地，乙土地両方に抵当権を設定したからである。Aが返済期日を過ぎても3,000万円を弁済しないため，Bは共同抵当権の実行をした。実行は甲土地・乙土地同時に行われたのではなく，甲土地についてのみの実行である。したがってここでは，共同抵当における，「異時配当」が問題点となる。

異時配当の場合，392条2項が適用され，共同抵当権者は，その代金から債権全額の弁済を受けることができる。したがってBがAの甲土地のみを実行した場合には，Bは債権額3,000万円全額を受けることができる。その反面，後順位抵当権者Cは甲土地から弁済を受けられなくなるので，Bの乙土地上の割付額（392条1項）である1,200万円を限度として，乙土地上にBの一番抵当権の「代位行使」をすることが認められている。これによりCは，Aに対して有している1,200万円の債権全額を担保している結果となりうる。さらにDも2,000万円の価額である乙土地について，Cが代位行使する1,200万円を差し引いた残額800万円，すなわちDのAに対する貸金債権800万円は全額担保されていることになる。

Practice

下記の各問の正誤を答えなさい。

問1．共同抵当権者は，複数の目的不動産のうち，一部について抵当権の実行をすることは認められていない。　　　　　　　　　　　　　　（　　　）

問2．共同抵当権は，立木法上の立木を担保の目的物とすることができる。
　　　　　　　　　　　　　　　　　　　　　　　　　　　（　　　）

問3．共同抵当の不動産は，債務者所有のものだけでなく，物上保証人所有のものであってもよい。　　　　　　　　　　　　　　　　　　　（　　　）

問4．共同抵当は，価値の集積および危険の分散をするために取引界で多く利用されている。　　　　　　　　　　　　　　　　　　　　　　（　　　）

No. 45 根抵当権の意義

〈CASE〉 A商店は，B銀行との間で毎月20日過ぎにメーカーの支払のために約1,000万円の融資を受け，翌月の10日頃に返済をするといった継続的な取引契約を結んでいる。AはBに対する債務の担保として，不動産を提供しようと考えている。どのような担保権を設定したらよいだろうか。

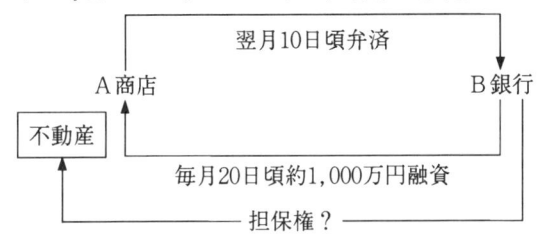

```
              翌月10日頃弁済
          ┌─────────────→
       A商店                B銀行
   ┌─────┐  ←─────────────
   │不動産│   毎月20日頃約1,000万円融資
   └─────┘
       ↑────── 担保権？ ──────
```

1 根抵当制度の制定

「根抵当権」とは，一定の範囲に属する不特定の債権を極度額の限度において担保するために設定する抵当権をいう（398条ノ2）。銀行と商人，メーカーの卸商・小売商など，継続的取引関係から生じる債権を担保するのに，普通の抵当権では特定の債権に応じて，設定，消滅を繰り返すことになるので手続が煩雑であり，費用もかさむ。そこで継続的取引から生じ，増減変動する多数の債権については，極度額（根抵当権者が優先弁済を受けることのできる上限額）をあらかじめ定めておき，将来確定する債権をその範囲内で担保するための抵当権が，古くから学説・判例（大判明34・10・25民録7輯9号137頁）によって承認されてきた。これが根抵当制度である。

このように古くから承認されてきた根抵当は，第二次世界大戦後における経済情勢の変化（たとえば銀行の与信業務の拡大など）に伴い，種々の問題が生じるようになった。その代表的なものが「包括根抵当」（AのBに対する現在および将来の一切の債権を担保する根抵当権）であり，昭和30年に出された法務省民事局長通達は，被担保債権が基本契約によって特定されていないことを理

由に，包括根抵当を無効と解したのである。この局長通達をめぐり，学界・実務界で大きな論争がまきおこり，明確な制度化が叫ばれ，これを1つの契機として，昭和46年に民法の一部改正により，「根抵当」制度が新設されたのである（398条ノ2〜398条ノ22）。

2　根抵当権の内容

　普通の抵当権は，特定の債権担保を目的とするから，被担保債権が存在しなければ抵当権も存在せず（成立による附従性），被担保債権が弁済等により消滅すれば抵当権も消滅する（消滅による附従性）というように，被担保債権に付従する性質（附従性）を有している。ところが根抵当権は，普通の抵当権とは違って，将来において発生・消滅を繰り返す不特定の債権を担保するため，設定の段階では被担保債権の特定を必要としないので，債権に対する附従性は問題とはならない。したがって当事者間で被担保債権が現に発生していなくても，根抵当権は有効に成立し，また被担保債権が弁済等により消滅しても，根抵当権は消滅しないことになる。すなわち担保される個別の債権の発生・消滅の状況に何ら影響を受けず，一度根抵当権を設定しておけば，そのつど抵当権を設定する必要がなく，何回取引をしても一定の範囲までは担保される。またその担保すべき元本の確定前においては，被担保債権の範囲の変更，根抵当権の譲渡等の変更・処分が認められており，この限りにおいては債権に対する附従性は否定される。

　このように，根抵当権が普通の抵当権との差異を最も有するのは，「確定」前ということになる。いったん確定すると，担保される元本債権がその時点で具体的に特定されるため，その後は普通の抵当権と類似したものになる。

Step up

●**根抵当権は附従性が緩和化している**　　したがって普通の抵当権では，たとえばA商店がB銀行から1,000万円借りた場合に抵当権は成立し，AがB銀行に1,000万円を弁済した時に抵当権も消滅することになる。しかしすぐにまたAがBから1,000万円の融資を受けたい時には，再度抵当権を設定しなければならず，手続が煩雑であり，設定費用もかさむことになる。

そこで〈CASE〉の事例のように，A商店と取引銀行であるB銀行との継続的な融資につき，担保権を設定する場合には，一定の範囲内であれば1回の設定ですむ，附従性が緩和化されている「根抵当制度」を利用すればよいものと思われる。

Practice

下記の各問の正誤を答えなさい。

問1．根抵当権は特定の債権を担保するために利用される。　　（　　　）
問2．根抵当権は設定の段階では被担保債権の特定を必要としない。（　　　）
問3．根抵当権は元本の確定前においては，被担保債権の変更が認められている。
　　　　　　　　　　　　　　　　　　　　　　　　　　　　　（　　　）
問4．かつて根抵当権は，判例法上の担保物権であった。　　　（　　　）
問5．根抵当権と普通抵当権との差異は元本確定前に顕著に現われる。
　　　　　　　　　　　　　　　　　　　　　　　　　　　　　（　　　）

No. 46　根抵当権の設定

〈CASE〉　AはB銀行との間で，Aが預金残高を超えて振り出した小切手・手形をBが一定額まで決算する「当座貸越契約」を結び，同時に「極度額5,000万円」とする根抵当権を設定するため，自己所有の土地X（価額1億円）をBに担保として差し出した。BのAに対する債権が6,000万円生じており，他に債権者がいない場合，Bは極度額を超えた6,000万円の優先弁済が受けられるであろうか。

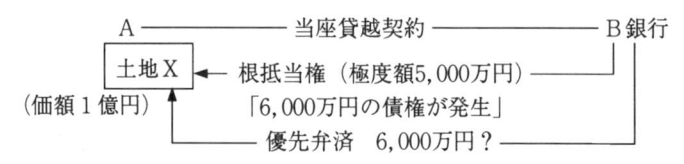

```
A ──────── 当座貸越契約 ──────── B銀行
土地X ← 根抵当権（極度額5,000万円）
（価額1億円）　「6,000万円の債権が発生」
　　　　　　　優先弁済　6,000万円？
```

根抵当権の設定

根抵当権の設定は，当事者間の根抵当権設定契約によってなされる。当事者については，普通抵当権と異なることなく，根抵当権を取得する者と設定者（債務者または物上保証人）である。設定契約には，(1)被担保債権の範囲，(2)債務者，(3)極度額を定めなければならない。また，(4)元本確定期日を定めておくこともできる。根抵当権の対抗要件は，普通抵当権と同様に設定登記が対抗要件（177条）となり，(1)～(4)などの事項が記載される。このうち(1)～(3)は必要的記載事項とされている（不登117条2項）。

(1)　被担保債権の範囲

根抵当権の優先弁済的効力が発揮されるために，どのような債権が担保されるかを設定契約で定めておかなければならない。すなわち根抵当権では，「一定の範囲に属する不特定の債権」（398条ノ2第1項）が被担保債権となるため，あらかじめ次の4種に限定されている。

① 債務者との特定の継続的取引契約によって生ずる債権（398条ノ2第2項前段）　たとえば銀行が取引先と当座預金口座を持ち，取引先の預金残高を

超えて振り出した小切手・手形を一定額まで決算する「当座貸越契約」，満期未到来の手形を満期までの利息・その他手数料などの費用を差し引いた金額で買い取る「手形割引契約」，継続的商品継続契約など継続的取引契約から生ずる債権である。

② 債務者との一定の種類の取引によって生ずる債権（398条ノ2第2項後段）　「売買取引」，「保証委託取引」，「手形貸付取引」，「消費貸借取引」，「運送取引」などといった抽象的な取引から生ずる債権である。個別の継続的取引契約から生ずる債権に限られない点で，上記①の基準よりは広く解されている。ただしこれをあまり広く認めると，範囲を限定しないで，当事者間に生じる一切の債権を一定限度まで担保する，いわゆる「包括根抵当」を否定する立法趣旨に反することになるので，その点を考慮しつつ抽象的ではあるが，「一定の種類の取引」であることが要求されている。

③ 特定の原因にもとづき債務者との間に継続して生ずる債権（398条ノ2第3項前段）　特定工場の廃液・排水などによって生ずる継続的不法行為にもとづく損害賠償債権，酒造業者が工場から酒類を搬出するごとに生ずる酒税債権などである。必ずしも取引から生ずる債権ではないが，特定の原因にもとづいて債務者との間に継続して生ずる債権である。

④ 手形上または小切手上の債権（398条ノ2第3項後段）　債務者が第三者のために振出・裏書・保証した手形・小切手，いわゆる「回り手形」・「回り小切手」が第三者を経て，債権者が取得したところの請求権である。当事者間に直接振り出された手形・小切手債権が，被担保債権になることは問題ないが，回り手形・回り小切手上の請求権については，これを無条件に認めると被担保債権が広範囲となり，債権者が根抵当制度を悪用する危険性がある。すなわち債務者の信用状態が悪化したときに，根抵当権者が回り手形・回り小切手を安価で買い集めて，被担保債権にすることにより，他の債権者（後順位抵当権者など）の利益を不当に害する恐れが生じる。そこで債務者が支払停止をしたとき，債務者について破産，会社更生等の倒産手続開始の申立，あるいは抵当不動産に対する競売申立もしくは滞納処分による差押以降に，根抵当権者がそのような事実を知りながら取得した回り手形・回り小切手上の請求権については，被担保債権に含まれないとし，制限を課している。

(2) 債務者

根抵当権の設定登記をする場合には，その申請書に「債務者」の表示を記載しなければならない（不登119条）。債務者の決定は，根抵当権設定当事者間の合意で自由に決定できる。

(3) 極度額

根抵当権は，増減変動する不特定の債権を担保とするため，根抵当権者が優先弁済を受けることのできる上限額を設定者との間であらかじめ定めておく。これを「極度額」といい，将来確定する債権をその範囲内で担保しているのである。このように極度額を明記しておけば，たとえば，第三者が目的物に後順位の担保権を設定するなどの場合でも，余剰価値（目的物の価額マイナス極度額）を容易に認識でき，第三者の予見可能性を確保したものといえる。

極度額の中には元本のほか，すべての利息その他の定期金・債務不履行による損害賠償が含まれる（398条ノ3第1項）。すなわち「債権極度額」の考え方を採用し，根抵当法制定以前の極度額により制限を受けるのは元本のみで，利息等については，374条の適用により極度額とは別に最後の2年分につき優先弁済権を有すると解していた，いわゆる「元本極度額」の考え方を否定したものである。したがって債権極度額の考え方によれば，利息等は，極度額に達するまでは何年分でも担保されることとなる。

(4) 確定期日

根抵当権は，確定時における元本債権を担保するものであり，当事者は元本の確定すべき期日を設定契約で定めることができる（398条ノ6第1項）。ただしこの確定期日は，任意的約定事項であり別段定めなくてもよいが，これを定める場合には，定めた日から5年以内でなければならない（398条ノ6第3項）。根抵当権設定者が長期間にわたって拘束されるのを防止するためであり，他方，根抵当権者にとっても設定者からの確定請求権（398条ノ19）の行使を受けないという利点を有する。

この期日は，確定前は根抵当設定者・根抵当権者間の合意により，いつでも変更することができる（398条ノ6第1項・2項）。そして確定期日が到来すれば，担保される元本は確定し，それ以後に発生する元本債権は担保されないことになる。

Step up

●**極度額超過の被担保債権と配当**　〈CASE〉の事例の場合，判例は，「極度額の定めは，単に後順位担保権者など第三者に対する右優先弁済権の制約たるにとどまらず，さらに進んで，根抵当権者が根抵当権の目的物件について有する換価権能の限度としての意味を有するものであって，その結果，根抵当権者は，後順位担保権者など配当を受けることのできる第三者がなく，競売代金に余剰が生じた場合でも，極度額を超える部分について，当該競売手続においてはその交付を受けることができない」と解し，極度額以上の優先弁済を否定している（最判昭48・10・4判時723号42頁）。したがってBは，Aに対して極度額である5,000万円までしか優先弁済を受けることができない。

この判例の見解に対して，物上保証人，第三取得者は398条ノ22の規定により，「根抵当権消滅請求権」を行使し，極度額をもって根抵当権を消滅させることができるが，債務者は債務の全部を弁済しなければならない。そこで担保目的物の所有者が債務者であれば，極度額を超えて弁済を受けることができるが，物上保証人や第三取得者の場合には，極度額に限定されると解する肯定説が主張されている。この見解によれば，Bは極度額を超えた6,000万円の優先弁済を受けることができる。

このように判例と学説とが異なった見解となっているが，本事例においては，担保目的物が債務者のものであり，また配当を受けるべき債権者がいないことを考慮すれば，肯定説を適用してもよいものと思われる。

Practice

下記の各問の正誤を答えなさい。

問1．現在および将来の一切の債権を担保する根抵当権を設定することはできない。
（　　　）

問2．根抵当権を設定するときには，必ず確定期日を定めなければならない。
（　　　）

問3．「リース」取引から生ずる債権については，根抵当権を設定することはできない。
（　　　）

No. 47　根抵当権の効力（処分）

〈CASE〉　A家具店は，B家具問屋との間で継続的商品供給契約を結び，そこから生ずる債権を担保するため，Bのために自己所有の土地X（価額6,000万円）のうえに，極度額3,000万円の根抵当権を設定した。BがC銀行にこの根抵当権を譲渡したとき，その効力はどのようになるのであろうか。

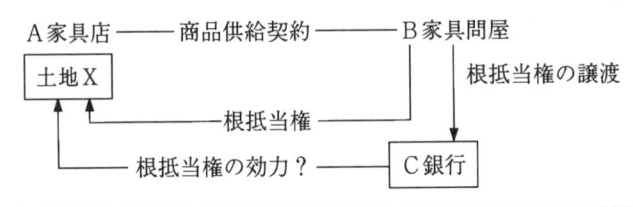

```
A家具店 ──── 商品供給契約 ──── B家具問屋
 ┌───┐                              │
 │土地X│                       根抵当権の譲渡
 └───┘                              │
   ↑  └──── 根抵当権 ─────┐         ↓
   └──── 根抵当権の効力？ ──── C銀行
```

1　根抵当権の処分

　根抵当権は，確定前の被担保債権が不特定であるとする性質から，普通抵当権の処分方法として375条1項に規定されている処分のうち，転抵当を除く，抵当権の譲渡・放棄，抵当権の順位の譲渡・放棄は禁止されている（398条ノ11第1項）。それに代わるものとして新たに根抵当権の全部譲渡（398条ノ12第1項），根抵当権の分割譲渡（398条ノ12第2項），根抵当権の一部譲渡（398条ノ13）を創設した。

　したがって根抵当権の処分方法としては，「転抵当」，「全部譲渡」，「分割譲渡」，「一部譲渡」，「順位の変更」という5つの方法が認められている。

2　根抵当権の処分方法

(1)　転　抵　当

　根抵当権も普通抵当権と同じく，元本の確定前に根抵当権をもって他の債権の担保となすことができる。これを「根抵当権の転抵当」という。転抵当権の設定は，転抵当権者と転抵当権設定者（原根抵当権者）との合意のみでなすこ

とができ，根抵当権設定者の承諾を要しない。また転抵当は，第三者の根抵当権者に対する債権の担保のためだけでなく，根抵当権者以外の者に対する債権のためにも設定することができ，この場合には，転抵当権設定者は，物上保証人と類似の関係に立つことになる。

普通抵当権に転抵当権を設定した場合には，それを債務者，保証人，抵当権設定者およびその承継人に対抗するためには，債務者への通知またはその承諾を要し（376条1項），この通知を受けまたは承諾した債務者が，転抵当権者の承諾なしに原抵当権者に弁済しても，転抵当権者には対抗することができない（376条2項）。しかし根抵当権の転抵当は，根抵当権が債権から独立したものとして取り扱われることから，376条2項が適用されず（398条ノ11第2項），債務者，保証人，物上保証人は，転抵当権者の承諾を要せずに，原抵当権者に弁済して債務を消滅させることができる。その結果，転抵当権者は優先弁済を受けられないこともあり，きわめて不安定な立場に置かれる。

(2) 根抵当権の全部譲渡

元本の確定前においては，根抵当権者は，根抵当権設定者の承諾を得て，これを譲渡することができる（398条ノ12第1項）。これを「根抵当権の全部譲渡」といい，被担保債権から独立して，根抵当権を譲受人に移転する処分方法である。譲渡契約は，根抵当権の内容である債権者の変更をきたし，設定者に重大な影響を及ぼすことになるから，設定者の承諾を要する。これにより，根抵当権者は「無担保の債権者」となり，譲受人が自己の債権につき根抵当権を取得したことになる。すなわち譲受人の債権は，譲り受けた根抵当権の被担保債権の範囲内のものであれば，譲り受けたときにすでに発生していた債権も担保されることになる。また根抵当権の全部譲渡は，不動産に関する物権の移転であるから，登記がその対抗要件となる（177条，不登134条）。

一般的には，銀行が融資の肩代わりをする場合や，信用保証機関の代位弁済などに利用されている。ただこの根抵当権の全部譲渡は，被担保債権の範囲の変更，債務者の変更などを伴うことが多くあるので，その場合には内容変更の手続をしなければならない。

(3) 根抵当権の分割譲渡

元本の確定前においては，根抵当権者は，根抵当権設定者の承諾を得て，1

個の根抵当権を2個に分割し，一方を自己に保留し，他方を譲渡することができる（398条ノ12第2項）。これを「根抵当権の分割譲渡」という。たとえば，根抵当権者が債務者（根抵当権設定者）所有の不動産に極度額5,000万円の根抵当権を有している場合に，これを極度額3,000万円の根抵当権と2,000万円の根抵当権とに分割して，3,000万円のほうを自己に保留させ，2,000万円の方を設定者の承諾を得て，譲渡することである。このように分割した一方を必ず根抵当権者に保留させ，分割した両方を譲渡することはできない。そして分割して，一方を「全部譲渡」するわけであるから，その作用，性質については，「全部譲渡」と異ならない。また分割された2つの根抵当権は，同順位のものとして取り扱われる。

ただし分割の効果により，根抵当権を目的とする権利（たとえば転抵当権）があるときには，譲渡された根抵当権は消滅することになるから（398条ノ12第2項後段），譲渡については，その者の承諾を要することになる（398条ノ12第3項）。なお，対抗要件については，全部譲渡の場合と同じに解してよい。

(4) 根抵当権の一部譲渡

元本の確定前においては，根抵当権者は，根抵当権設定者の承諾を得て，その根抵当権の一部譲渡をなし，これを譲受人と共有することができる（398条ノ13）。これを「根抵当権の一部譲渡」という。ここでは共有という用語が使用されているが，正確には準共有（264条）と解されている。したがって一部譲渡の場合，根抵当権者と譲受人のそれぞれの債権は，共同して極度額まで優先弁済を受けることができる。すなわち根抵当権の全部譲渡，分割譲渡が根抵当権の極度額の枠の全部または独立させた一部の譲渡であるのに対し，この一部譲渡は，譲渡人と譲受人とが極度額を共同して利用する点で異なるのである。そして譲渡契約は譲渡人（根抵当権者）と譲受人との合意でなされるが，この場合でも根抵当権設定者の承諾を要することになる。

根抵当権と譲受人間の準共有関係については，398条ノ14に規定がある。根抵当権の一部譲渡において，譲渡人と譲受人が弁済を受ける割合は，特約があればそれに従い，特約がない場合には，配当時において両者の有する被担保債権の割合に応じて配当される（398条ノ14第1項）。また根抵当権の準共有者は，他の準共有者の同意を得て，根抵当権の全部譲渡（398条ノ12第1項）をなすこと

ができる（398条ノ14第2項）。

(5) 根抵当権の順位の変更

　根抵当権についても，普通抵当権と同様に「順位の変更」が認められている（373条2項・3項）。元来，375条による抵当権の処分は複雑であり，効果についても必ずしも一義的でなかったため，昭和46年の法改正により，373条に2項・3項が付加され，抵当権・根抵当権の順位変更の制度が新設されたのである。すなわち根抵当権に順位は，各根抵当権者（影響を受ける根抵当権者全員）の合意によって，これを変更することができる。

　なお，根抵当権者は，根抵当権の順位の譲渡・放棄（375条1項）をすることは認められていないが（398条ノ11第1項），先順位の普通抵当権者からの処分を受けることは可能である。根抵当権者がこのような処分を受けた後に，譲渡または一部譲渡をした場合には，譲受人もその処分の利益を受けることができる（398条ノ15）。

Step up

●根抵当権を（全部・分割・一部）譲渡するときは，設定者の承諾が必要

　〈CASE〉の事例では，根抵当権者Bから譲受人Cに根抵当権が譲渡されたとしか説明がなされておらず，はっきりしていないが，仮に根抵当権設定者Aの承諾を得ていれば，根抵当権の全部譲渡と考えてよいだろう。したがって被担保債権から切り離された，根抵当権のみがCに譲渡されることになる。そこでCがAに対して，継続的取引から生じた債権などを有していれば，この債権につき根抵当権で担保されることになり，Bは無担保の債権者となる。

Practice

下記の各問の正誤を答えなさい。

問1．根抵当権の一部譲渡をする場合には，設定者の承諾を必要とする。
　　　　　　　　　　　　　　　　　　　　　　　　　（　　　）
問2．根抵当権の転抵当を設定する場合には，転抵当権者と転抵当権設定者の合意のほか，根抵当権設定者の承諾も必要とする。　　　（　　　）
問3．根抵当権は2個に分割し，その一方を譲渡できる。　（　　　）

No. 48 共同根抵当

〈**CASE**〉 AはB銀行との間で,「当座貸越契約」を結び,そこから発生する債権を担保するため,A所有の甲土地（価額5,000万円）と乙建物（価額5,000万円）両方に極度額5,000万円の根抵当権を設定した。ただし「共同根抵当権」の登記はしていない。このような場合,Aは普通抵当権の「共同抵当」と同様に理解してもよいのだろうか。

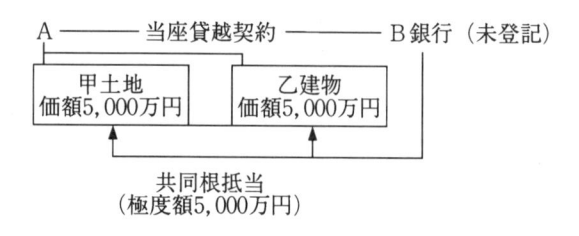

```
A ──── 当座貸越契約 ──── B銀行（未登記）
 ┌────────┬────────┐
 │ 甲土地   │ 乙建物   │
 │価額5,000万円│価額5,000万円│
 └────↑───┴────↑───┘
      共同根抵当
     （極度額5,000万円）
```

1 共同根抵当の意義

　同一債権の担保のために,数個の不動産に抵当権を設定するのが共同抵当であるが,この普通抵当権の共同抵当の規定である,392条・393条を根抵当権の場合にも適用できるかという問題が生じていた。かつては解釈も多様に分かれていたが,民法は,398条ノ16以下に共同根抵当の規定を設け,法律関係をより一層明確なものにしたのである。

　このように,数個の不動産の上に根抵当権を有する者は,各抵当不動産にそれぞれ極度額まで優先弁済権を行使することができる（398条ノ18）。たとえば極度額1,000万円で,不動産甲（価額1,000万円）・乙（価額1,000万円）両方に共同根抵当を設定すると,共同根抵当権者は甲・乙両不動産上に別個の根抵当権を有することになる。したがって各不動産からそれぞれ1,000万円の極度額まで,つまり合計2,000万円の優先弁済が受けられることになる。このように普通の共同抵当上の割付を行わないものを「累積式共同根抵当」といい,共同根抵当の原則としている。被担保債権額が著しく増加する可能性のある根抵当

権においては，この方がより合理的であるとの配慮にもとづくものである。

この「累積式共同根抵当」に対して，民法は例外を認め，割付の行う共同根抵当の設定も可能とする。これを「狭義の共同根抵当」，「純粋共同根抵当」といい，設定の際には，共同担保である旨の登記をしなければならない（398条ノ18）。そして純粋共同根抵当には，392条・393条の規定が適用されるのである。すなわち累積式共同根抵当では，2,000万円の優先弁済が受けられたのに対して，この純粋共同根抵当では割付が行われる結果，根抵当権者は，担保目的物である甲・乙不動産合わせて，1,000万円の限度でしか優先弁済が受けられないことになる。

2　純粋共同根抵当

「純粋共同根抵当」は，数個の不動産上に設定された根抵当権が同一の債権を担保するためのものであり，しかも設定と同時にその旨の登記がなされた場合についてのみ成立する（398条ノ16）。そしてこの場合は，普通抵当権の共同抵当に関する392条・393条が適用される。民法がこのような例外を認めた背景には，建物と敷地，同一の敷地内の数筆の土地などのように，一括して評価されるような目的物に根抵当権を設定する場合には，この純粋共同根抵当の方が実情に適合しているといった理由による。

この純粋共同根抵当が成立するためには，次の2つの要件を満たさなければならない。

(1)　「同一ノ債権ノ担保」として数個の不動産上に根抵当権が設定されること
　　「同一の債権担保」とは，被担保債権の範囲，債務者，極度額がすべて同一であることをいい，そのうちの1つでも異なっていれば純粋共同根抵当とはならない。

(2)　「設定ト同時ニ」純粋共同根抵当権（398条ノ16）が設定された旨の「登記」がなされること　　この「登記」がなされないと，上記(1)の要件が備わっていても，純粋共同根抵当権とは認められず，次の「累積式共同根抵当権」となる。したがってこの登記は，対抗要件ではなく，効力発生要件であると解されている。　この場合の登記は，「共同担保の登記」である（不登122条・125条）。また「設定ト同時ニ」とは，根抵当権の設定登記と同時にという意味である。

すなわち根抵当権や共同根抵当権がすでに成立にしているところに，さらに他の不動産上に根抵当権を設定した場合，今までのものと新たに設定された根抵当権とで398条ノ16の要件を具備さえすれば，純粋共同根抵当権は成立することになる。

純粋共同根抵当における各不動産上の根抵当権は，変更・処分・確定について共通の運命に服することになる。したがって被担保債権の範囲，債務者もしくは極度額の変更，または根抵当権の譲渡もしくは一部譲渡は，すべての不動産についてその登記をしなければ効力を生じない（398条ノ17第1項）。また純粋共同根抵当の場合，いずれかの不動産から極度額の弁済がなされると他の不動産の根抵当権は消滅し，あるいは1つの不動産上の根抵当権について確定事由が生じた場合には，他の不動産上の根抵当権も同時に確定することになる（398条ノ17第2項）。

3　累積式共同根抵当権

数個の不動産に根抵当権を有するものは，398条ノ16に規定している純粋共同根抵当を除けば，各極度額にいたるまで優先弁済権を行使できる（398条ノ18）。これを「累積式共同根抵当」といい，392条・393条は適用されない。各不動産につきそれぞれ極度額を定めて，根抵当権者の被担保債権を累積負担させるものであり，共同根抵当の原則とされる。そして累積式共同根抵当を成立させるには，特別の要件を要せず，398条ノ16に規定されている要件である，①「同一ノ債権ノ担保」として数個の不動産上に根抵当権が設定されること，②「設定ト同時ニ」純粋共同根抵当権（398条ノ16）が設定された旨の「登記」がなされることのいずれかが備わっていない共同根抵当は，すべてこの累積式共同根抵当として取り扱われることになる。

累積式共同根抵当においては，数個の不動産上の根抵当権は，それぞれ独立した根抵当権である。したがって後順位抵当権者の代位は生じない。また変更・処分は，各根抵当権ごとに独立して行うことができ，また確定についても，各抵当権はそれぞれ独立して生じ，1つの根抵当権に確定事由が生じても，他の根抵当権には確定の効力が及ばないとされている。

また根抵当権者は，各不動産の代価について，各極度額にいたるまで優先弁

済権を行使することができる（398条ノ18）。

Step up

●〈CASE〉の事例は，共同根抵当権に関するものであり，Bは共同根抵当権の登記を備えていない。そこでA・B間で設定した共同根抵当は，398条ノ16の要件を備えていない，「累積式共同根抵当」ということになる（398条ノ18）。したがって，普通抵当権の共同抵当における割付は行われず，共同根抵当権者であるBは，甲土地と乙建物からそれぞれ5,000万円の極度額まで，つまり合計1億円の優先弁済が受けられることになる。Aは普通抵当権の共同抵当と理解しているならば，設定時に共同根抵当権の登記をしておかなければならない。登記をしておけば，392条・393条の適用のある，純粋共同根抵当となり，各不動産に割付が行われ，甲・乙それぞれ2,500万円が割り付けられることになる。

Practice

下記の各問の正誤を答えなさい。

問1．純粋共同根抵当権を設定する場合，必ず登記をしなければならないが，この登記は，対抗要件ではなく，効力発生要件である。　　　　　　　　（　　　）

問2．累積式共同根抵当権を設定する場合でも登記をしなければならない。
　　　　　　　　　　　　　　　　　　　　　　　　　　　　　　（　　　）

問3．純粋共同根抵当権の場合，いずれかの不動産から極度額の弁済がなされると他の不動産の根抵当権は消滅する。　　　　　　　　　　　　　　（　　　）

問4．累積式共同根抵当権では，1つの不動産に確定事由が生じても，他の不動産には確定の効力は及ばない。　　　　　　　　　　　　　　　　　（　　　）

VI 担保物権

No.49　特別法上の抵当制度

〈CASE〉　Aは，工場財団までは組成していない，小規模な建設機械製造工場を経営している会社であるが，B銀行から5,000万円の融資を受ける際に，工場，敷地およびそこに備え付けてある機械一切を担保に差し出した。その後，同工場内に新型の機械Xが備え付けられた。しかしAが借入金を弁済しないため，B銀行は担保権を実行しCが競落した。競落人Cは，Aの新型機械Xの引渡を求めることができるであろうか。

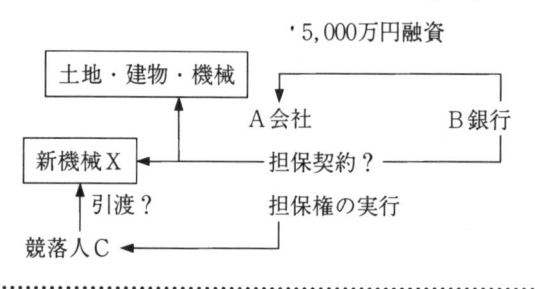

```
                        ・5,000万円融資
        土地・建物・機械 ←─────┐
              ↑         │        │
              │       A会社     B銀行
        新機械X ←──── 担保契約？ ──┘
              ↑
            引渡？    担保権の実行
              │         │
           競落人C ←────┘
```

1　特別法上の抵当権の意義

　抵当権は，不動産・地上権・永小作権しかその設定が認められておらず（369条），資本主義の発展による与信の拡大に伴い，取引界の要請から他のものについても，公示制度の伴うものについては，特別法上の抵当権が立法化されたのである。すなわち立木(りゅうぼく)，動産，財団，工場，企業などの抵当権の対象を拡大するものと，抵当証券のような抵当権の流通性を促進するものとがあり，これらは民法典の不備を補う重要な役割を果たしているのである。

2　立木抵当権

　立木は，その地盤である土地とともに1個の不動産を構成するが，わが国では土地に育成する立木を古くからその土地と別個に取引する慣行があり，「立木ニ関スル法律」（明42年）が制定されている。そして樹木の集団を登記すれば独

立の不動産とし，地盤と切り離して譲渡あるいは抵当権の目的とすることを認めた（立木2条）。立木抵当権は，民法上の抵当権に類似するが，立木所有者は協定した施業方法の範囲内において，立木を伐採することが認められ（立木3条），それ以外の伐採の場合には，抵当権はその伐採された樹木の上に及び，第三者が即時取得するまで追求力を有する（立木4条）など，伐採にその特殊性が見られる。

3 動産抵当

抵当権（369条）は，公示主義の関係から不動産をその目的とし，動産を担保の目的物とする場合には，占有を移転する質権（342条）によらざるをえない。しかし取引界は，動産を債務者の手許に留めながら担保化しうる制度を要請し，譲渡担保が判例法上承認され，「動産抵当」の役割を担っている。それとは別に重要な動産で，登記・登録など公示手段の伴うものについては，特別法により抵当権が認められている。たとえば，船舶（商848条・851条），農業用動産（農業動産信用法（昭8年）），自動車（自動車抵当法（昭26年）），航空機（航空機抵当法（昭28年）），建設機械（建設機械抵当法（昭29年））などの動産抵当権が認められている。

4 財団抵当

企業を構成する土地，建物，機械その他の物的設備や企業に関する各種の特許権などを一括して統一的財産，すなわち「財団」として抵当権の目的としようとする制度が「財団抵当」である。この制度は，明治後期における外資導入を契機として生じた企業設備の一括担保の必要性に応えて成立したものである。財団抵当は，不動産財団と物財団とに大別することができる。

(1) 不動産財団

企業に属する不動産を中心として構成され，財団目録を伴う財団の登記を通じて1個の不動産とみなされるものである。そして財団の組成は，設定者がどの不動産を中心とするか，またどのようなものを付属させるかは任意に選択できる任意選択主義が採られている。これに属するものとして，工場財団抵当（工場抵当法（明38年）），鉱業財団抵当（鉱業抵当法（明38年）），漁業財団抵当

(漁業財団抵当法（大14年）），港湾運送事業財団抵当（港湾運送事業法（昭26年）），道路交通事業財団抵当（道路交通事業抵当法（昭27年）），観光施設財団抵当（観光施設財団抵当法（昭43年））などがある。

(2) 物 財 団

企業施設全体で１つの財団を構成し，財団目録を伴う登録を通じて，それを１個の物とみなされるものである。財団の組成は企業の公共性の重視，企業施設の分散を防止する趣旨から，設定者の任意選択ではなく，企業施設全体が当然に財団を構成する当然帰属主義が採られている。これに属するものとして，鉄道財団抵当（鉄道抵当法（明38年）），軌道財団抵当（軌道ノ抵当に関する法律（明42年）），運河財団抵当（運河法（大２年））がある。

5　工場抵当権（狭義の工場抵当）

工場抵当法は，前述の工場財団のほかに，財団を組成することなく，工場財産全体を１個の抵当権の目的とする工場抵当についても規定している（工抵２条〜７条）。抵当権の効力の及ぶ目的物の範囲につき，工場抵当においては，設定の前後を問わず，工場の付加物・従物にもその効力が及ぶものと解されている（大判大９・12・３民録26輯1928頁）。工場財団抵当と違い，特許権などの権利は，担保の目的とすることはできないが，財団目録は作成しなくともよいとされている。ただ土地または建物の抵当権設定登記を申請する場合には，土地および建物に備え付けてある機械，器具その他工場の用に供する物，すなわち「共用物件」の目録を提出しなければならない（工抵３条１項）。この目録は登記とみなされ（工抵３条２項・35条），目録に記載されていない物の抵当権は，第三者に対抗することができない。

6　企業担保権

株式会社の発行する社債を担保するために，増減する会社の総財産を一括して担保の目的とする集合物担保制度である。前述の財団抵当制度では，主として企業の生産設備をその目的とし，財団の構成物を財団目録に記載することの煩雑なこと，また「のれん」や各種の債権などが構成物の中に入らないことなどの理由により，イギリスの浮動担保（フローティング・チャージ「floating charge」）を範として，昭和33年に企業担保法（法106号）が制定された。この制度により，企業の血液ともいうべき巨額な資金の調達がより簡便なものとなったのである。設定は，株式会社と企業担保権者の公正証書によってなされ（企担3条），被担保債権は，その会社の発行した社債に限られる（企担1条）。そして設定会社の本店所在地において，株式会社登記簿にその旨の登記をしなければ効力を生じない（企担4条）。さらに企業担保権の効力は，会社の「総財産」すなわち変動するもののその時におけるすべての財産に及ぶものの，設定以後流出した財産には追及できず，優先弁済権能はきわめて脆弱なものとなっている。企業担保権は，信用度のかなり高い企業しか設定できず，このような大企業では倒産というのはほぼありえないからである。

7　証券抵当権

抵当権の流通性を促進するために，抵当権と被担保債権とを1個の証券に化体させたものであり，抵当証券法（昭6年）により認められている。かつて抵当証券はあまり利用されていなかったが，近時，高利の金融商品として，金融市場で流通されるようになってきた。抵当証券は，当事者の特約により土地・建物・地上権を目的とする抵当権者の申請により登記所が発行する（抵証1条・2条5号）。抵当証券が発行されると抵当権および債権の処分は，抵当証券をもってしなければならない（抵証14条）。証券には登記簿の記載がそのまま転載されるが，登記簿は閉鎖されず，その後の抵当権の変動は，登記簿と証券の双方に記載されなければ，対抗力が与えられないとする（抵証16条）。

Step up

●**工場抵当権の効力の及ぶ目的物の範囲は，設定の前後を問わない**
〈CASE〉の場合，土地，建物およびそこに備え付けてある機械類などを目的物として差し出せば，より多くの金融を受けることができるので，A・B間で設定される担保権は，工場抵当権が妥当するといえる。そして判例は，工場の土地，建物に設定された工場抵当権は，土地，建物に備え付けられた工場の用に供する物に効力を及ぼし，抵当権設定前に備え付けた物のみならず，設定後に備え付けた物をも包含する（前掲判例）ので，Bの担保権の実行により，競落人

VI 担保物権

となったCはAに対して，新型機械Xの引渡を求めることができる。

Practice

下記の各問の正誤を答えなさい。

問1．樹木の集団は登記をすれば抵当権の目的となりうる。　　（　　　）
問2．自動車は質権の目的物となりうる。　　（　　　）
問3．不動産財団に属するものとして，工場財団抵当，漁業財団抵当，運河財団抵当などがあげられる。　　（　　　）
問4．物財団では，企業施設全体が当然に財団を構成する「当然帰属主義」が採られている。　　（　　　）
問5．企業担保権は株式会社の発行する社債を担保する制度である。（　　　）
問6．抵当証券は抵当権と被担保債権とを1個の証券に化体させたものである。
　　　　　　　　　　　　　　　　　　　　　　　　（　　　）

No.50 譲渡担保の意義および性質

〈CASE〉 Aは都内でダイヤモンドを研磨している会社であるが，近年の景気の後退から業績が悪化してきている。月末には手形決済のため1,000万円の運転資金を要するが，会社の不動産はすべて取引銀行に抵当として差し出してある。そこでAは工場内にあるコンピュータ付研磨機X（価額3,000万円）を担保に差し出して，同業者Bから1,000万円の融資を受けたいと考えている。A・B間でどのような担保契約を締結すればよいのだろうか。

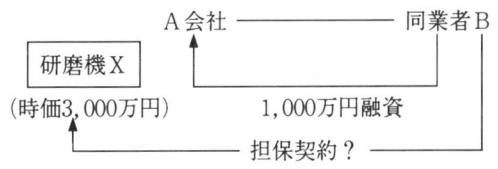

```
                A会社 ──────── 同業者B
                  ↑              │
  研磨機X          │              │
                  │   1,000万円融資
 （時価3,000万円） │              │
        └─────────── 担保契約？ ──┘
```

1 譲渡担保の意義

「譲渡担保」とは，債権担保のために債務者が財産権（とくに所有権）をいったん債権者に譲渡し，後日債務を弁済することにより，その財産権を復帰させるという約定によって成立する「権利移転型担保」である。この制度は，民法典には規定されておらず，経済取引界の要請により創出されたものであり，判例・学説の承認を得て広く利用されている，慣習法上の物的担保制度である（非典型担保・変則担保などとも呼ばれている）。

判例法上承認された譲渡担保は，古くは虚偽表示，脱法行為にあたるとか，あるいは信託法9条に抵触するとかで，無効論が唱えられていたが，現在では，判例・学説ともにその有効性を認めている。

民法上，質権・抵当権という担保物権が規定されているにもかかわらず，譲渡担保がよく利用されているのは，次の4つの理由による。

① 動産（営業用動産・商品）を債権者に引き渡すことなく債務者が占有・利用しうる（非占有担保）制度

② 形成途上にある財産権（営業権・ゴルフ会員権・コンピューターソフトウエアなど）を担保化しうる制度
③ 優先弁済手続の簡易化（質権・抵当権では換価手続が複雑で相当の費用と時間を要する）としての担保制度
④ 集合動産（倉庫内にある在庫商品など）を担保化しうる制度

　また譲渡担保は、「譲渡性」のある物なら担保の目的物になりうる。たとえば高価な書画・骨董品や宝石などの動産、土地・建物などの不動産あるいは手形・小切手・ゴルフ会員権（最判昭50・7・25民集29巻6号1147頁）などの権利、さらに倉庫内にある在庫商品などの集合動産（最判昭62・11・10民集41巻8号1559頁）など、多種多様にわたって譲渡担保の目的物として認められている。そして設定者の手許に担保目的物を留めて置きながら（動産にあっては動産抵当、不動産にあっては不動産抵当の役割）、営業資金を獲得しうる担保制度として、主に中小企業が好んで利用している。

2　譲渡担保の法的性質

　譲渡担保は、担保の目的のためにその所有権を譲渡するという、法形式を採ることから、その形式的側面（所有権の譲渡）と経済的側面（債権の担保）とが齟齬しており、その関係をどのように理解すべきかにより、従来から、「所有権的構成」と「担保権的構成」とに見解が分かれていた。

(1) 所有権的構成

　これにはかつての支配的見解であった、信託的譲渡説があげられる。この説は、担保目的物の所有権は絶対的に譲渡担保権者に移転し、ただ譲渡担保権者は、その担保目的以外には行使してはならないという、債権的拘束を受けるにすぎないと解する説である。この説では、担保設定者の地位があまりにも弱く、担保の実質が考慮されていないことから、今日ではほとんど支持されていない。

　判例も古くは、基本的に所有権的構成を採っていた。すなわち譲渡担保は、担保目的物の所有権は外部的（第三者）に対する関係においては債権者に移転するが、内部的（当事者）においては設定者に留まる型「外部的移転型」と、内外部とも債権者に移転するとする「内外部とも移転型」との2つの型に分け、大審院連合部判決は、後者をもって原則的であると解していた（大判大13・12・

24民集3巻555頁)。しかし昭和42年以降の仮登記担保に関する一連の判例理論が譲渡担保にも多大な影響を与えた。すなわち仮登記担保において，債権者に「清算義務」を認めた判例（最判昭42・11・16民集21巻9号2430頁など）は，直ちに譲渡担保にも反映し，譲渡担保においても債権者に清算義務を課したのである（最判昭46・3・25民集25巻2号208頁）。判例の見解は，必ずしも明確ではないが，債権者に担保目的物の全価値を把握させるのではなく，債権額の範囲内でのみ把握させるという，判例の趣旨を鑑みれば，「所有権的構成」ではなく，次に説明する「担保権的構成」と理解してもよいだろう。

(2) 担保権的構成

所有権的構成に対し，譲渡担保権者の目的は，「債権の担保」を把握していれば十分であるとの認識から，譲渡担保を一種の「担保物権」として構成しようとするものである。この見解には次のようなものがある。

(a) 授権説　設定者に所有権が留保されており，譲渡担保権者は，自己の名において設定者の財産を担保することにより，目的物の管理・処分権限が付与されるとする説である。

(b) 二段的物権変動説　譲渡担保の設定により，観念的に目的物の所有権はいったん譲渡担保権者に移転され，同時に目的物の担保価値的側面を除いた部分（設定者留保権）が設定者に返還され，譲渡担保権者は，実質的に担保に当たる部分（担保権能）を留保するものとする説である。

(c) 物権的期待権説　譲渡担保の設定により，譲渡担保権者が取得するのは所有権を，設定者は被担保債権を弁済することによって所有権を取得する地位，すなわち「期待権」を取得するとする説である。

(d) 抵当権説　譲渡担保の設定により，譲渡担保権者は「抵当権」を，設定者は「所有権」を有するものとし，これは譲渡担保の設定が「担保のための所有権移転」であることから，本来の目的は所有権移転ではなく，抵当権設定を意図するものであるとする説である。

(e) 担保権説　(d)と同様な考え方で，譲渡担保権者は，譲渡担保という担保物権を取得するとする説である。

このように現在では，譲渡担保の法的効果を形式的側面である「所有権の譲渡」から，実質的側面である「債権の担保」に近づけようとする，担保権的構

成が通説的見解であるといえよう。

Step up

●「動産の譲渡担保」＝「動産抵当」　わが国では，動産を目的とする約定担保物権は質権のみ（342条）規定されている。ただ質権は占有質主義にもとづいて，担保物を債権者に引き渡さなければならない。この点譲渡担保は，債務者の手許に目的物を留めておきながら担保化しうる制度である。すなわち動産の譲渡担保は，動産抵当の役割を果たしているといえる。

〈CASE〉の事例では，目的物はダイヤモンドの研磨機ということで動産である。そうするとAは，質権（342条）を設定して金融を受けることも考えられる。しかし質権では債権者Bにこの機械を引き渡さなければならず，Aとしては，この機械がなければ仕事内容がダウンしてしまい，かなりの痛手となる。また債権者であるBも，このような機械を保管・管理するのがとても大変である。しかし譲渡担保を設定すれば，Aは機械を使用しながら収益をあげることができるし，なおかつ金融を受けることもできる。またBにとっても保管・管理をしなくてもよく，A・B間にとって好都合である。したがってAは，譲渡担保契約をBとの間で結べばよいだろう。

ただしこの譲渡担保は，多種多様な目的物を対象とし，理論的に不明確な問題点（たとえば対抗要件など）も多々あるので，各目的物ごとに分けて理解を深めることが望ましい。

Practice

下記の各問の正誤を答えなさい。
問1．譲渡担保は建物に設定することができる。　　　　　（　　　）
問2．譲渡担保はかつて判例法であったが，昭和53年に立法化され制定法となった。
　　　　　　　　　　　　　　　　　　　　　　　　　　（　　　）
問3．株式も譲渡担保の目的物となりうる。　　　　　　　（　　　）
問4．譲渡担保は倉庫内にあるゴルフクラブ100セットを一括して，担保の目的とすることができる。　　　　　　　　　　　　　　　　　　　　　（　　　）
問5．診療報酬権を担保の目的物として譲渡担保を設定することができる。
　　　　　　　　　　　　　　　　　　　　　　　　　　（　　　）

No. 51　譲渡担保の効力

〈CASE〉　Aは友人Bから1,000万円の融資を受けるにあったて，自己所有の土地X（価額3,000万円）に譲渡担保を設定した。その際登記名義をBに移している。BがAの返済期日前に第三者Cに土地Xを売却し，登記を移してしまった場合，それぞれ法律関係はどのようになるのだろうか。

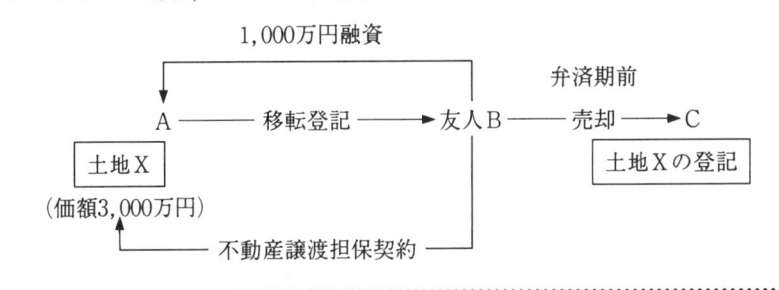

```
                1,000万円融資
           ┌─────────────────┐          弁済期前
           ↓                 │
           A ──── 移転登記 ────→ 友人B ──── 売却 ────→ C
    ┌────────┐                                    ┌──────────┐
    │ 土地X  │                                    │土地Xの登記│
    └────────┘                                    └──────────┘
  （価額3,000万円）
           ↑
           └──── 不動産譲渡担保契約 ────
```

1　不動産譲渡担保の意義

「土地」や「建物」を目的物とする「不動産の譲渡担保」は，「担保のため」に債務者または物上保証人所有の不動産の所有権を債権者に移転することにより設定される。そして目的物が不動産であるから，対抗要件は所有権の移転登記となる（177条）。通常は売買を登記原因とするが，譲渡担保を登記原因とすることも認められている。

不動産の譲渡担保が判例法上に登場したのは，古く明治時代の後半であり，当初は虚偽表示，脱法行為などにより無効と解されていたが（大判明39・10・10民録12輯1232頁など），大正時代初期には有効と解されるようになり，判例法の地位を築いた（大判大8・12・9民録25輯2268頁など）。正規の抵当権が規定してあるにもかかわらず，なぜこのような慣習法上の担保権を利用していたかという点については，債権者（高利貸し）がこの制度を利用し，債務者の窮地に乗じて，貸し金の何倍もの土地を丸取りして「うまみ」を得ていたとされる。しかし債務者があまりにも泣くケースが多いので，判例・学説は丸取り（暴利性）

の排除，すなわち「清算法理」の確立をなしたのである（最判昭43・3・7民集22巻3号509頁など）。この不動産譲渡担保は，法的構成をどのように理解するかにより，その内容も異なってくる。

2　譲渡担保の対内的効力

(1)　被担保債権の範囲

被担保債権は，現在成立している特定の債権に限らず，将来発生する債権でも，不特定の債権であってもよい（根譲渡担保）。そして譲渡担保によって担保される債権の範囲については，抵当権における374条の類推適用はないと解されている。不動産譲渡担保の場合は，後順位担保権者の出現の余地はなく，それらの者を保護する規定である374条は類推されないものとする。

(2)　効力の及ぶ目的物の範囲

通説は370条の類推適用を認め，付加物および従物にもその効力が及ぶものと解する。また従たる権利にもその効力が及ぶ。物上代位（304条）の趣旨は譲渡担保にも適用がある。

(3)　目的物の利用関係

目的物を債権者または設定者のいずれが占有・利用するかにつき，判例は「外部的にのみ移転型」の場合は，設定者は占有・利用しうるが，「内外部とも移転型」の場合には，特別の利用契約（賃貸借契約）を締結することにより占有・利用しうるものと解している。しかし学説は，譲渡担保の意義・機能からみて，設定者にその権限があるものと解している。

(4)　優先弁済—私的実行

譲渡担保権者は，債務の弁済を受けられないときには，目的不動産につき譲渡担保権を実行し，これにより優先弁済を受けることができる。具体的方法として，譲渡担保権者が目的不動産を第三者に売却して，その売却代金から清算する，「処分清算型」と譲渡担保権者自身が当該不動産を取得し，それを評価して被担保債権額との超過額を清算する「帰属清算型」とがある。いずれの方法によるかは，当事者間の契約内容によるとされるが，仮登記担保法の影響（仮登記担保法では帰属清算型のみ）から，帰属清算型を原則とすべきであるとする見解が主張されている。清算金がない場合には，担保権者から設定者に対し，

その旨の通知をすべきであろう。清算金の提供または清算金のない旨の通知があるまでは，目的不動産の所有権は，確定的には譲渡担保権者に移転しないものと解されている。

(5) 受 戻 権

設定者は債務の弁済期の到来後も，譲渡担保権者による換価処分が完結するまでは，債務を弁済して目的不動産を受け戻すことができる。このような権利を「受戻権」という。この権利は，仮登記担保法11条類推適用により，5年の期間の経過により消滅するものとされている。

3 対外的効力

(1) 譲渡担保権者側の第三者と設定者

(a) 譲渡担保権者が弁済期前に，目的不動産を第三者に処分した場合，従来の所有権的構成によれば，第三者は善意・悪意にかかわらず所有権を取得できるものと解されていたが，近時の判例では，177条構成によりそれが譲渡担保であり，弁済期到来前であることを知っていた第三者を背信的悪意者として，所有権の取得を否定する（東京高判昭46・7・29下民集22巻7＝8号825頁）。また第三者が善意・無過失のときには94条2項を類推適用し，所有権の取得を認める見解が主張されている。

(b) 譲渡担保権者の一般債権者が目的不動産を強制執行してきた場合，所有権的構成では，設定者は第三者異議の訴え（民執38条）を提起できないと解されていたが，近時は，担保権的構成から設定者は弁済して目的不動産の返還請求をし，第三者異議の訴えを提起できるものと解されている。

(c) 譲渡担保権者の破産・会社更生の場合，まず破産した場合には破産法88条が問題となり，かつては設定者の取戻権が否定されていたが，現在の担保権的構成においては，設定者に取戻権が認められている。また，同様に会社更生手続が開始した後でも，設定者は目的物を取り戻すことができるものと解されている（会更63条）。

(2) 設定者側の第三者と譲渡担保権者

(a) 目的不動産の登記名義は，担保権者のものとなっているので，設定者が処分することはほとんど考えられない。

Ⅵ 担保物権

(b) 設定者の一般債権者が目的不動産を強制執行してきた場合，所有権的構成では，第三者異議の訴えを提起できるものとされていたが，最近では，担保権的構成を採る関係から，優先弁済の訴え(旧民訴565条)を提起しうるにすぎないものと解されていた。しかし民事執行法は，この優先弁済の訴えを規定していないので，第三者異議の訴えをもって争うこととしている。なお判例は，特段の事情（目的物の価格が被担保債権を上回らない場合）がない限り第三者異議の訴えをもって，一般債権者がなした執行手続を排除できると解している（最判昭56・12・17民集35巻9号1328頁，最判昭58・2・2判時1078号76頁）。

(c) 設定者の破産・会社更生の場合に，担保権的構成により，破産の場合は取戻権（破87条）でなく別除権（破92条）が認められ，また会社更生手続が開始された場合には，担保権の取戻権（会更62条）を否定し，更生担保権（会更123条）として更生手続のなかで優先的取扱いを受けるものと解している（最判昭41・4・28民集20巻4号900頁）。

(3) **第三者による目的物の侵害**

譲渡担保の目的不動産を第三者が不法に占有する場合，所有権的構成によれば，譲渡担保権者にのみ返還請求権が認められることになるが，担保権的構成によれば，設定者にも返還請求権が認められると解している。また目的物が不法に滅失・毀損された場合には，譲渡担保権者・設定者に不法行為にもとづく損害賠償請求権が認められている。

Step up

譲渡担保権者Bが弁済期前に，目的不動産である土地Xを第三者Cに売却した場合，従来の見解である所有権的構成によれば，Cは善意・悪意にかかわらず所有権を取得できるものと解されていたが，近時の判例・学説は，177条構成によりそれが譲渡担保であり，弁済期到来前であることを知っていた第三者を背信的悪意者として，Cの所有権の取得を否定する。またBは無権利者（所有権はAに存在する）であるから，Cが善意・無過失のときには94条2項を類推適用し，所有権の取得を認める見解も有力に主張されている。

Practice

下記の各問の正誤を答えなさい。

問1．不動産譲渡担保は，かつては虚偽表示により無効であった。（　　　）

問2．不動産譲渡担保の対抗要件は「登記」である。（　　　）

問3．譲渡担保の被担保債権は「特定の債権」に限られる。（　　　）

問4．譲渡担保権者は担保権を実行する場合，「処分清算型」と「帰属清算型」の2つの方法が認められている。（　　　）

問5．譲渡担保権者の一般債権者が担保目的物につき，強制執行をしてきた場合，近時の担保権的構成によれば設定者は第三者異議の訴えを提起することができる。（　　　）

Ⅵ 担保物権

No.52 仮登記担保

〈CASE〉 AはBから1,000万円の融資を受ける際，返済期日に借入金を返済しない時には，自己の土地X（価額2,000万円）で弁済する旨の「代物弁済の予約」を締結し，かつ所有権移転請求権保全の仮登記をすませた。しかし，Aが返済期日を過ぎても借入金を返済しないので，Bは予約完結権を行使して，土地Xを自己の所有名義にしたいと考えている。はたしてこの行使は認められるであろうか。

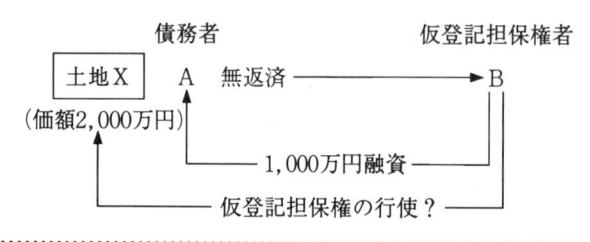

```
              債務者                 仮登記担保権者
  ┌──────┐
  │ 土地Ｘ  │   A ── 無返済 ────────→ B
  │(価額2,000万円)│
  └──────┘     ←─ 1,000万円融資 ──
       ↑
       └── 仮登記担保権の行使？ ──┘
```

1 仮登記担保の意義

「仮登記担保」とは，金銭債権を担保するため，その不履行があるときは，債権者が債務者または第三者（物上保証人）に属する所有権，その他の権利などを移転させることを目的として代物弁済予約，停止条件付代物弁済予約その他の契約を設定し，その契約による権利を仮登記または仮登録するという，「物的担保制度」である（仮担1条）。非占有担保である抵当権が規定されているにもかかわらず，あえて仮登記担保が利用されるのは，抵当権を実行するには経費と時間がかかり，また時価を下回る価格でしか競売できない点，仮登記担保では，目的物の所有権取得という簡便な私的実行方法で，被担保債権以上の価値の物を取得できたからである。すなわち，当初，仮登記担保権者には「清算義務」がなく，債務者の逼迫した経済状態に乗じて，貸金の何倍もの価値のある不動産を丸ごと取得できる「うまみ」があったことによる。さらに抵当権に不都合な制度（たとえば，後順位担保権者がいる場合の被担保債権の範囲制限

(374条)，また滌除や短期賃貸借の保護（378条・395条）を回避するなどの理由によるものである。判例は，被担保債権額と目的物の価格との差が著しい場合には，これを暴利行為として無効と解し，その後仮登記担保権者に清算義務を課し，さらに昭和49年の最高裁大法廷判決（最判昭49・10・23民集28巻7号1473頁）により，判例理論が確立したのを受けて，昭和53年に「仮登記担保契約に関する法律」（法78号）が制定されたのである。このように仮登記担保は，「権利移転型」の物的担保であり，抵当権に近似した効力を有する。したがって担保物権の通有性たる附従性，随伴性，不可分性，物上代位性を有するものとされる。

2 仮登記担保権の内容

(1) 仮登記担保権の設定

仮登記担保権の設定契約は，金銭債務の債権者と設定者（債務者または物上保証人）の間の合意によって成立する。この設定契約は，債務不履行があるときに債権者へ所有権その他の権利の移転・設定がなされることを内容とするものであり，「代物弁済予約」，「停止条件付代物弁済」，「売買予約」，「贈与予約」，「賃借権設定契約」などがこれにあたる。目的となりうるのは，仮登記・仮登録のできる所有権その他の権利（地上権・永小作権・工業所有権など）である（仮担1条・20条）。仮登記担保の公示は，仮登記，仮登録であり，この種の仮登記を「担保仮登記」と呼び，本来の仮登記と区別される。被担保債権は，金銭債務に限られるが（仮担1条），100万円あるいは2,000万円とかという特定の債権であることを要せず，また仮登記担保権設定の時にすでに現実に発生していることを要しない。なお，継続的取引関係から生じる不特定の債権も被担保債権とすることができる（根仮登記担保）。

(2) 仮登記担保権の効力

優先弁済権については，仮登記担保権者は，私的実行（流担保）によって目的物の所有権を取得することにより優先弁済を受ける（所有権取得的効力）。また他の債権者により競売手続開始されたときには，その順位にもとづいて優先弁済を受けるにとどまる（優先弁済的効力）。

3　仮登記担保権の実行

　仮登記担保権者は，その実行により目的物の所有権を取得しうる。すなわち債務者が債務不履行に陥り，仮登記担保契約において所有権が移転するとされる日以後に，仮登記担保権者が設定者に対し，清算金の見積額（清算金がないと認めるときはその旨）を通知し，通知の到達後2カ月の清算期間が経過した時点で目的物の所有権を取得することになる。

　(a)　仮登記担保権者は設定者へ実行通知をしなければならないが（仮担2条1項），その通知は，その到達の2カ月後（清算期間）の土地等の見積価格ならびにその時の債権および設定者が負担すべき費用で債権者が代わって負担したものの額を明らかにしなければならない（仮担2条2項）。

　(b)　仮登記担保権者は設定者に対して清算義務を負い，2カ月の清算期間が経過した時点における目的物の価額が被担保債権額より大きいときは，その差額を清算金として設定者に支払う（仮担3条1項）。この清算金の支払と本登記請求・目的物の引渡請求とは同時履行の関係に立つ（仮担3条2項）。以上の規定に反する特約で債務者に不利なもの（たとえば無清算特約など）は無効である。ただし清算期間経過後の特約はこの限りではない（仮担3条3項）。

　(c)　設定者は清算金の支払を受けるまでは，清算期間経過後，目的物の所有権が仮登記担保権者に移転しても，債権等の額を提供して目的物の所有権を受け戻すことができるとする「受戻権」が認められている（仮担11条本文）。この受戻権は形成権であり，一方的な意思表示によって行使される。ただし清算期間後5年を経過するか，第三者が目的物の所有権を取得したときには，設定者は受戻権を行使することはできない（仮担11条但書）。

　(d)　後順位担保権者との関係では，仮登記担保権者のほかに，目的不動産に後順位担保権者（担保仮登記以後登記もしくは仮登記した，先取特権者・質権者・抵当権者・仮登記担保権者など）がいた場合（仮担4条1項・2項），それらの者は，仮登記担保権者の提示した清算金の見積額で満足するときには，その清算金から優先弁済を受けるか，あるいは清算金の見積額に不満なときには，みずから競売の申立を行うかの2つの方法を選択しうる。

　(e)　また後順位担保権者以外の利害関係人（登記上の利害関係人）については，設定者への通知の到達時において，目的不動産上に，担保仮登記にもとづ

く本登記につき，登記上利害関係を有する第三者（たとえば第三取得者・後順位の地上権者など）がいる場合，担保権者はこれら第三者に対して，設定者へ通知した旨および清算金の額を通知することを要する（仮担5条2項）。これらの者に代位弁済させる機会を与えるためである。

Step up

●「清算義務」が明確化されたこと　仮登記担保法が制定される以前は，債権者は被担保債権の何倍もの価値のある不動産を丸取りにし，「うまみ」を得ていたのである（最判昭27・11・20民集6巻10号1015頁では約5倍，最判昭32・2・15民集11巻2号280頁では8倍余，暴利行為であり無効と判断された）。しかし昭和40年代の一連の最高裁判決により，担保権者に「清算義務」が課せられ，さらに昭和53年の法制度化により一層明確化されたのである。すなわち担保権者は，担保価値を把握していれば，それで十分であるとする，担保権的色彩を強めたのである。

〈CASE〉の事例では，Aは返済期日（履行期）までに，Bに対する1,000万円の債務を弁済していないため，Bは仮登記担保権の実行をなすことができる。したがってAに対して所定の手続，すなわち清算金見積額等を通知し，その通知到達後2カ月の経過により，Bは清算金をAに交付して，土地Xの所有権を取得することになる。

Practice

下記の各問の正誤を答えなさい。
問1．永小作権も仮登記担保権の目的とすることができる。　　　（　　　　）
問2．かつて仮登記担保権者には，目的不動産を丸取りできる「うまみ」があった。
　　　　　　　　　　　　　　　　　　　　　　　　　　　　（　　　　）
問3．物上保証人所有の不動産の上には，仮登記担保権を設定できない。
　　　　　　　　　　　　　　　　　　　　　　　　　　　　（　　　　）
問4．仮登記担保権の被担保債権は，金銭債権に限られる。　（　　　　）
問5．仮登記担保設定者には，担保目的物を受け戻す権利が認められている。
　　　　　　　　　　　　　　　　　　　　　　　　　　　　（　　　　）
問6．仮登記担保権者は，目的物の価格が被担保債権額より大きいときは，設定者に清算金を払わなければならない。　　　　　　　　　（　　　　）

解 答

解　答

ケースメソッド〔解答〕

No. 1
　問１．×
　問２．×　賃借権の物権化現象をはじめ，債権の譲渡性の法的保障や証券化といった法技術の存在は，排他性のある債権（債権的私的所有）が承認されていることを意味する。
　問３．×　少なくとも，日本民法上の所有権概念は，有体物所有権を基軸に成り立っている。
　問４．×

No. 2
　問１．×
　問２．×
　問３．○　同一の不動産上に複数の抵当権が成立し得ることと，その内容が同一であることとは別である。一番抵当と三番抵当とが担保価値において異なることは判明であろう。

No. 3
　問１．○　動産の善意取得・即時取得の制度は公信の原則によるものだとされる（通説）。
　問２．×
　問３．×
　問４．×　公信の原則と権利外観法理（民法94条２項は当法理を規定したものであるとされる）とを同一の原理に還元する見地もあるが，権利外観法理は登記そのものに公信力を付与したものというより，登記の変更を怠ったことについての真の権利者の責任と，登記を信頼したことについての「第三者」の合理性とを法的に評価するものであろう。

No. 4
　問１．×　物権行為の独自性を認める見地も，債権契約が物権的合意を含みつつ成立しうることを排除しない。問３．についても同様の考え方がとられている。
　問２．○
　問３．×
　問４．×

解　答

No. 5
　問1．×
　問2．×　通説・判例とも制限説を採っている。問題はむしろ第三者の範囲の確定にある。
　問3．×　物権の性質によっては，登記なくして第三者に対抗できるものがある。たとえば，留置権，入会権，占有権。
　問4．×　かかる際に対抗要件の有無は論点たりえない。Cは単なる加害者であって，権利関係においてAと相対立しているわけではない。また，不法行為責任の成立の可否と登記の有無とは無関係である。

No. 6
　問1．×
　問2．○
　問3．○
　問4．×　第三者が善意の場合には，取消を主張することはできない。

No. 7
　問1．○
　問2．○
　問3．×
　問4．×
　問5．○　相続により所有権を取得しても，実際に遺産分割が行われて，はじめて具体的な持分が決まるのであるから，法定相続分と分割による取分とが異なった場合には，登記が必要になる。たとえば，法定相続分を差し押さえた債権者は「第三者」に該当するであろう（なお，最判昭46・1・26民集25巻1号90頁）。

No. 8
　問1．○　このことによる被害者は，国家賠償を請求することが可能であろう。
　問2．×　たとえば，代金の支払と引換えに登記を移転するというケースでは，このように考えると，登記が有している担保的な意義が失われてしまう。
　問3．○

No. 9
　問1．×
　問2．×
　問3．×　たとえば，登記すべき旨の判決を付すれば，仮登記権利者が単独で申

解　答

請することができる。

No. 10
　問１．○
　問２．×　深海に沈んだ船舶は船骸であり，その譲渡については178条の適用がある（最判昭35・9・1民集14巻11号1991頁）。
　問３．○
　問４．○
　問５．○

No. 11
　問１．○
　問２．×
　問３．○
　問４．○　判例の考え方によればということである。
　問５．○

No. 12
　問１．×　判例・通説は，贈与が契約であることからこれを取引行為と解し，贈与による即時取得の成立を肯定する。
　問２．○　無償取得による即時取得の成立を肯定するとして，その利得が，不当利得との関係で「法律上ノ原因」を欠くかどうかについて，肯定する学説もある。
　問３．○
　問４．○　最判昭45・12・4民集24巻13号1987頁参照。
　問５．○

No. 13
　問１．×　前提とすることは必要ない。
　問２．×　193条は即時取得が阻止される２年の間，自らの意思によらず占有を失った者に，物の引渡を求める権利を与えた制度であると考えられる。
　問３．○　ただし，回復請求権の本質が請求権であるとして消滅時効期間であるとする見解もある。
　問４．○　手形法16条２項，小切手法21条等が有価証券所持人に特別の保護を与えている。
　問５．×　被害者は回復に代わる賠償を請求することもできないとされる（最判昭26・11・27民集5巻13号775頁）。

解　答

No. 14
問 1．×　明認方法のような不完全な方法で，複雑な物権変動を公示することは不適当であるから，認められない。
問 2．○
問 3．×　対抗要件としての明認方法をほどこさねばならない（最判昭35・3・1民集14巻3号307頁）。
問 4．○
問 5．○

No. 15
問 1．○
問 2．○
問 3．×　消滅することがありうる。
問 4．×　（大判大11・11・24民集1巻738頁）

No. 16
問 1．×
問 2．○
問 3．○
問 4．×
　所持とは，物に対する事実的支配をいい，必ずしも物理的に把握していることを要せず，社会観念上，物がその人の事実的支配内にあると認められる客観的関係があることである。

No. 17
問 1．×
問 2．○
問 3．×
問 4．×
　善意占有に対して認められている諸種の効果に照らし，本権を有すると信じている者のみを保護するのが妥当であり，本権の存在について疑いを有している場合には悪意の占有となる（大判大正8・10・13民録25輯1863頁）。

No. 18
問 1．×
問 2．×
問 3．○

261

解　答

問4．○
　通説・判例は，占有権の相続を認め，第三者が相続人の占有を侵害した場合には占有回収の訴えにより返還をもとめることができ，さらに相続により取得時効のための占有は継続したこととなる。そこに，現実の所持なき観念的な占有が一定期間存在するという新たな問題を生み出してしまった。相続人は，相続により観念的占有権を取得するが，さらに，相続開始後に，相続人が相続財産を所持するに至ったときは，相続財産上の占有権は彼固有の占有権としての性格をも有する。

No. 19
　問1．○
　問2．×
　問3．×
　問4．○
　善意占有者は，果実を取得して消費するのが普通だから，後で本権者がその返還や代償を請求できることにすると，善意占有者にとって過酷である。そのため民法は，善意の占有者は占有物から生ずる果実を取得することができる（189条）として，善意占有者について不当利得返還義務を全面的に免除したのである。

No. 20
　問1．×
　問2．○
　問3．×
　問4．○
　民法は妨害の排除および損害の賠償と規定し，その性質は不法行為にもとづく損害賠償請求権であり，その要件として妨害者の故意・過失を要する。妨害者の費用で現状回復を行うことを前提として，それが不可能となった場合に賠償されるべき損害は，占有の妨害によって生じた利用利益の喪失額，すなわち占有権の価格（利用利益）の喪失額である。

No. 21
　問1．×　所有権は，個人の意思の最大限の尊重を具現化したものであるから，基本的には，自由に所有物を使用・収益・処分できる。しかし，法律またはその委任を受けた命令によって制限されることもあるので，無制限の自由はない（206条）。
　問2．×　鉱業法2条は「国は，まだ採掘されていない鉱物について，これを採

掘し，及び取得する権利を賦与する権能を有する」と規定する。したがって，単に届け出るだけで直ちに所有権は取得できない。

問3．○ 所有権は公共の福祉のために制限されることがある（憲29条）。利用が適正であるか否かは，次元が異なる。

問4．○ 海は個人所有権の客体ではない。

No.22

問1．× 210条1項。

問2．× 境界の界標は相隣者折半において行う（224条）。

問3．× 境界を越えてはみ出した枝は，隣地の所有者に切ってもらうこととなる（233条1項）。

問4．×：1メートルではなく50センチメートル以上である（234条）。

No.23

問1．× 規約には対抗効果はない。対抗手段はあくまで登記である（区分所有法4条2項）。

問2．○ 東京地判昭53・2・1下民集31巻5＝8号230頁。

問3．× 特定承継の任意引き継がれる債務は，修繕費・管理費・修繕積立金であり，組合費等の料金は滞納者本人に請求（同法8条）。

問4．× 規約の変更等は区分所有者及び議決権の4分の3以上の集会の決議で行えるが，その内容が一部の区分所有者の権利に特別の影響を及ぼす場合は，その承諾を必要とする（同法31条）。

No.24

問1．× 漁夫を雇って漁労をする場合は，所持の機関の先占，すなわち，雇主の先占となる。

問2．○ 他人の物を拾得した者は速やかに届け出なければならない（遺失物法1条）。7日以内に届け出なければ拾得者としての権利を失う（同法7条）。

問3．○ 埋蔵物とは，土地その他の物（包蔵物）の中に埋蔵されて，外部から容易に目撃できない状態におかれ，その所有物が何人に属するかを容易に識別できない物である。自宅の蔵からの発見であるから所有者が識別できない物ではない。

問4．× 不動産の所有者は，原則として，附合した動産の所有権を取得する（242条本文）。「無断で他人の土地を耕作する」とは，権原ある者ではないから，原則どおりとなる。

解　答

No. 25
　問1．×　共有者の1人が相続人がなく死亡したときは，その持分は他の共有者に帰属する（255条）。
　問2．　各共有者は，共有物を区画し部分的に使用するのではなく，共有物全体についてその持分に応じて使用することができる（249条）。
　問3．○　253条1項。
　問4．×　各共有者は，他の共有者の同意がなければ共有物に変更を加えることができない（251条）。

No. 26
　問1．×　協議によって分割するときには，その方法に制限はない。したがって，他の方法もある。
　問2．○　各共有者はいつでも分割を請求できる。ただし，分割請求の制限契約は，5年以内の期間でしなければならない。
　問3．○　協議が調えば，かかる分割も有効である。
　問4．○　この場合の持分の移転と価格の支払いは，すべて売買の理論にしたがって解決する。

No. 27
　問1．×　判例はこれを肯定している（大判大14・4・14新聞2413号17頁）。
　問2．○　この特約は債権的効果しかないからである。
　問3．○　判例がある（最判昭50・2・13民集29巻2号83頁）。

No. 28
　問1．×　地上権は地代を要素としない。
　問2．○　民法369条。
　問3．×　民法272条は設定行為で禁止できるとする。
　問4．×　50年以上の期間は50年に短縮される（民法278条）。

No. 29
　問1．×　眺望地役権のように隣接していることは要件とならない。
　問2．○　重複設定可能である。
　問3．○　民法284条1項。
　問4．○　民法281条2項。

No. 30
　問1．○　質権と抵当権を約定担保物件という。
　問2．×　民法304条は先取特権について規定している。

解　答

問3．○　所有権留保や立法化されるまでの仮登記担保もこれに含まれる。
問4．○　根抵当権は，債権額がたとえ0になっても消滅しない，これを消滅における附従性の否定という。
問5．○　譲渡担保には留置的効力が多いため，担保権の公示に問題が多いとされる。
問6．×　不動産についても譲渡担保の設定が可能である。

No. 31
問1．○　必要費や有益費の償還請求権にもとづく家屋の留置が認められている。
問2．×　動産質権と同様，奪われたときは占有回収の訴えにより回復請求ができる。
問3．○　判例がこれを認めている（大判昭10・5・13民集14巻876頁）。
問4．×　民事執行法195条で認められている。
問5．○　民法297条。法定果実でもよいとされる。
問6．×　民法295条の「他人の物」には，債務者以外の者の所有物も入るとされる。

No. 32
問1．○　民法339条。338条の要件を備えていれば抵当権に優先する。
問2．×　留置権には，留置的効力があるから事実上先取特権に優先する。
問3．×　「一般の」とは「債務者の総財産の上に」という意味であるから，当然不動産にも及ぶ。
問4．×　民法319条による192条の準用がある。

No. 33
問1．×　民法371条は，一定時期まで果実には効力が及ばないとしている。
問2．○　管理期間が長期になり不動産が荒廃することを防ぐために，民法は，不動産質権の存続期間を10年としている（民法360条）。
問3．○　民法ではきわめて厳格に流質契約を禁止している（349条）。
問4．○　質権においては，後順位者がいることはほとんどないため，被担保債権の範囲は広く認められている（346条）。

No. 34
問1．○　質権設定は，質物の引渡によって成立する（344条）。
問2．○　指図による占有移転（184条）によって設定してもよいとされる。
問3．○　質物を取り返す方法は，占有回収の訴えによる場合に限られている（353条）。奪われた場合以外は取り返す方法はない。

解　答

問4．× 留置権の場合と異なり，請求が棄却されると解されている（大判大9・3・29民集26輯411頁）。
問5．○ 民法367条。
問6．× 民法358条により，不動産質では利息を請求することはできない。

No. 35
問1．× 民法348条の解釈では，設定者の承諾は不要とされている。
問2．○ 348条後段。原質権者に重い責任を課している。
問3．× 現在は，この要件も緩和されている。

No. 36
問1．○ 抵当権の特色である。
問2．○ 特別法（自動車抵当，船舶抵当等）がこれを認めている。
問3．× 質権には，流質契約は認められていない（349条）。
問4．× 設定者は，債務者以外に物上保証人が含まれる。

No. 37
問1．○ 庭木や敷石は370条の附加物に含まれるから，抵当権の効力が及ぶので，競売することができる。
問2．× 従物が370条の附加物に含まれるか否かについては議論があるが，抵当権の効力は従物に及ぶことから，競売することができる。
問3．○ 判例・学説により。
問4．○ 371条
問5．○ 判例・学説により。

No. 38
問1．○ 未登記抵当権者は，第三者に対する対抗力がなく優先弁済的効力は認められないが，競売権はある（民執181条1項の文書は必要）。
問2．×

No. 39
問1．○ 判例・学説により。
問2．× 判例・多数説により（債権者は，更地として評価していることから）。

No. 40
問1．○ 377条。
問2．× 抵当権者は滌除の申し出に応ずる義務はないから（378条）。

No. 41
問1．○ 抵当権の侵害により目的物の価値が減少したときは，抵当権の不可分

性から，たとえ目的物の価格が被担保債権額に十分であっても，物権的請求権を行使することができる。

問2．× 抵当権者は，侵害により抵当目的物の交換価値が減少して，被担保債権額が完済されない場合に，はじめて不法行為にもとづく損害賠償請求ができる（判例）。

No. 42

問1．× 375条1項前段より。

問2．○ 抵当権の順位の変更の合意については373条2項但書，抵当権の譲渡の効力は当事者の相対的効力であることから利害関係人の承諾は必要ではない。

No. 43

問1．× 抵当目的物の滅失・消滅時効・放棄・混同・代価弁済・滌除・競売によっても，抵当権は消滅するから。

問2．× 396条。

No. 44

問1．× 共同抵当権者は一部の目的不動産に抵当権の実行（競売）をすることができる（異時配当）。

問2．○

問3．○

問4．○

No. 45

問1．× 根抵当権は，普通の抵当権と異なり「不特定の債権」を担保するものである。

問2．○

問3．○

問4．○ 根抵当権は，昭和46年6月3日に立法化された（施行は昭和47年4月1日）が，それ以前は判例法上の担保物権として，民法典の不備を補う重要な役割を果たしていた。

問5．○

No. 46

問1．○

問2．× 確定期日は任意的確定事項であり，別段定めなくてもよい。

問3．○ 「商取引」，「問屋取引」などと同様に特定が不十分であるとし，登記

解　答

受理されない。

No. 47
　問1．○
　問2．×　根抵当権設定者の承諾を必要としない。
　問3．○

No. 48
　問1．○
　問2．×　登記が要求されているのは，純粋共同根抵当権の場合である。
　問3．○
　問4．○

No. 49
　問1．○
　問2．×　自動車は自動車抵当法4条・5条により，抵当権が設定される。したがって質権の目的物とはなりえない（自抵20条）。
　問3．×　運河財団抵当は物財団に属する。
　問4．○
　問5．○
　問6．○

No. 50
　問1．○
　問2．×　昭和53年に立法化されたのは，仮登記担保であり，譲渡担保は依然として判例法上の担保物権である。
　問3．○
　問4．○
　問5．○　最判昭53・12・15判時916号25頁。

No. 51
　問1．○
　問2．○
　問3．×　譲渡担保の被担保債権は特定債権に限らず，将来発生する債権，不特定債権であってもよいと解されている（根譲渡担保）。
　問4．○
　問5．○

解 答

No. 52

問1．◯
問2．◯
問3．◯ 仮登記担保は，債務者所有の不動産のみならず，第三者（物上保証人）所有の不動産に設定することができる（仮担1条）。
問4．◯
問5．◯
問6．◯

事項索引

あ行

悪意の占有者 …………………… *96*
遺失物拾得 ……………………… *132*
異時配当 ………………………… *219*
意思表示の取消 ………………… *31*
囲障設置権 ……………………… *119*
板付基地事件 …………………… *114*
一物一権主義 …………………… *2*
一不動産一登記用紙主義 ……… *44*
一部弁済 ………………………… *220*
囲繞地 …………………………… *118*
入会権 …………………………… *158*
受戻権 …………………………… *254*
宇奈月温泉事件 ………………… *114*
永小作権 ………………………… *155*
　──の消滅 …………………… *156*

か行

界標設置権 ……………………… *119*
確定期日 ………………………… *228*
果実収取権 ……………………… *167*
家畜外動物の取得 ……………… *98*
仮登記 ……………… *4, 44, 47, 48, 252*
仮登記担保 ……………………… *252*
簡易の引渡 ……………… *53, 86, 178*
慣習法上の物権 ………………… *5*
間接占有 ………………………… *83*
観念的物支配 …………………… *70*
管理組合 ………………………… *127*
帰属清算型 ……………………… *248*
寄託物の譲渡 …………………… *56*
境界線の工作物 ………………… *119*
共同相続 ………………………… *35*
共同担保目録 …………………… *218*

共同抵当 ………………………… *217*
共同根抵当 ……………………… *234*
　狭義の── …………………… *235*
共　有 …………………… *137, 138*
共有物の収益・処分 …………… *142*
共有物の分割 …………………… *144*
共用部分 ………………… *124, 127*
極度額 …………………………… *223*
区分所有権 ……………………… *124*
区分所有法 ……………………… *125*
区分地上権 ……………………… *152*
ゲヴェーレ ……………………… *72*
原始取得 ………………………… *131*
原質権設定者 …………………… *183*
現実の引渡 ………………… *53, 85*
権利移転型担保 ………………… *243*
権利外観法理 ……………… *34, 47*
権利質 …………………………… *176*
権利の推定 ……………………… *93*
権利保護資格要件 ……………… *30*
合　有 …………………………… *138*
行為請求権 ……………………… *9*
交互侵奪 ………………………… *107*
公示の原則 ………………… *18, 28*
公信の原則 ……………………… *19*
公信力説 ………………………… *47*
工場抵当権 ……………………… *240*
更生担保権 ……………………… *250*
公　売 ……………………… *17, 37*
公用徴収 ………………………… *37*
小作料 …………………………… *156*
ゴルフ会員権 …………………… *244*
混　同 ……………………… *16, 67*
コンピューターソフトウエア …… *244*
混　和 …………………………… *135*

271

さ行

債権行為 …………………………… 20
債権者平等の原則 …………… 170, 193
財産権ノ行使 ……………………… 75
財団抵当 ………………………… 239
先取特権 ………………………… 170
　——の効力 …………………… 172
　一般の—— …………………… 170
指図による占有移転 …………… 54, 87
敷地利用権 ……………………… 125
時効取得 ………………………… 36
自己占有 ………………………… 83
　——の消滅 …………………… 89
自己ノ為ニスル意思 …………… 72
事実的支配 ……………………… 70
自主占有 ………………………… 80
質　権 …………………………… 175
　——の設定 …………………… 178
借地権設定者 …………………… 151
社　債 …………………………… 240
集合動産 ………………………… 244
拾得物横領 ……………………… 62
従　物 …………………………… 190
受寄者 …………………………… 56
取得時効 ………………………… 71
順位保全効 ……………………… 49
準共有 ……………………… 146, 232
準共有物 ………………………… 146
純粋共同根抵当 ………………… 235
準占有 …………………………… 74
承役地 …………………………… 158
承継取得 ………………………… 131
証券抵当権 …………………… 15, 241
商事質権 ………………………… 181
譲渡性 …………………………… 155
譲渡担保 ………………………… 243
譲渡人 …………………………… 211

消滅時効 ………………………… 66
処分清算型 ……………………… 248
所有権 …………………………… 112
　——の取得 …………………… 131
　——の制限 …………………… 113
所有権的構成 …………………… 244
譲渡担保 ………………………… 243
所有の意思 ……………………… 80
自力救済の禁止 ………………… 101
推定力 …………………………… 48
随伴性 …………………………… 163
正権原 …………………………… 82
制限説 …………………………… 25
制限物権 ………………………… 3
清算義務 ………………………… 194
清算法理 ………………………… 248
制度間競合論 …………………… 11
責任転質 ………………………… 184
絶対権（対世権） ……………… 2
絶対的発生（原始取得） ……… 14
善意占有者 ……………………… 95
占有回収の訴え ………………… 106
占有改定 ……………………… 53, 86
占有機関 ………………………… 79
占有権 …………………………… 70
　——の効力 …………………… 93
　——の恒久性 ………………… 113
　——の取得 ………………… 59, 85
　——の消滅 …………………… 89
　——の相続 …………………… 87
　——の弾力性 ………………… 112
専有使用権 ……………………… 126
占有制度 ………………………… 70
占有訴権 …………………… 71, 101
　——の法律的性質 …………… 102
占有の訴え ……………………… 101
占有の取得 ……………………… 59
占有の代理 ……………………… 78

專有部分 …………………… *124, 127*
占有放棄の意思………………… *90*
占有保護機能…………………… *93*
占有保持の訴え ……………… *103*
占有補助者……………………… *79*
占有保全の訴え ……………… *105*
専用部分 ……………………… *125*
増価競売 ……………………… *204*
相　続 …………………………… *35*
相続性 ………………………… *155*
相対権（対人権）………………… *2*
相体的発生（承継取得）………… *14*
双務契約 ……………………… *165*
総　有 ………………………… *138*
遡及効 …………………………… *33*
即時取得（善意取得）…… *19, 58, 71*
　　──の成立要件………………… *58*
訴訟物理論……………………… *11*

た行

代価弁済 ……………………… *203*
代価弁償 ………………………… *63*
対抗要件…………… *71, 173, 178, 187*
対抗要件主義…………………… *28*
第三者異議の訴え …………… *249*
代物弁済予約 ………………… *252*
代　理 …………………………… *78*
代理占有 …………………… *78, 83*
　　──の消滅………………………… *90*
他主占有 ………………………… *80*
他主占有事情 …………………… *81*
建物の表示登記 ………… *151, 153*
短期賃貸借保護 ……………… *197*
単独相続………………………… *36*
担保仮登記 …………………… *253*
担保権的構成 ………………… *244*
担保物権 …………………… *4, 162*
地役権 ………………………… *158*

地上権 …………………… *150, 152*
地代の増減請求権 …………… *153*
中間省略登記 ………………… *50*
中間処分 ………………………… *49*
直接占有 ………………………… *83*
賃借権 …………………… *150, 156*
　　──の物権化現象 …………… *3, 151*
賃借人 …………………………… *29*
追加担保 ……………………… *218*
追及効（追及権）………………… *7*
停止条件付代物弁済予約 …… *252*
抵当権 ………………… *175, 186, 196*
　　──にもとづく物権的請求権 … *206*
　　──の効力 ………………………… *189*
　　──の時効消滅 ………………… *214*
　　──の順位 ………………………… *212*
　　──の譲渡 ………………………… *210*
　　──の消滅に関する特則 ……… *214*
　　──の処分 ………………………… *209*
　　──の侵害 ………………………… *206*
　　──の放棄 ………………………… *211*
　　──の目的である用益権の放棄によ
　　　　る消滅……………………………… *215*
抵当権者と他の債権者との優劣関係 … *193*
抵当権侵害に対する損害賠償請求権 … *206*
抵当権設定契約 ……………… *186*
抵当不動産の時効取得による消滅 …… *215*
抵当山林の伐木 ……………… *191*
抵当地上の建物の競売権 …… *201*
抵当不動産からの分離物 …… *191*
抵当不動産の従たる権利 …… *190*
抵当不動産の第三取得者の地位 …… *202*
手形割引契約 ………………… *227*
滌　除 ………………………… *204*
滌除権者 ……………………… *204*
典型担保物権 ………………… *162*
転　質 ………………………… *183*
転質権 ………………………… *183*

事項索引

転抵当 …………………… 209, 230
添　付 …………………………… 134
登　記 ……………………… 25, 35
登記請求権 ………………… 40, 45
登記・登録 ……………………… 54
当座貸越契約 ………………… 227
動産上の附合 ………………… 135
動産抵当 ……………………… 239
動産の先取特権 ……………… 171
動産の即時取得 ………………… 60
動産物権譲渡 ………………… 52
動産物権変動の対抗要件 ……… 52
同時配当の割付 ……………… 219
同時履行の抗弁権 ……… 165, 168
盗品・遺失物の特則 …………… 62
特定承継 ………………………… 15
取戻権 ………………………… 250

な行

二重譲渡 ………………………… 36
忍容請求権 ……………………… 9
根仮登記担保 ………………… 253
根抵当権 ……………………… 223
　　──の順位の変更 ……… 233
　　──の処分 ………………… 230
　　──の設定 ………………… 226
　　──の全部譲渡 …………… 230
　　──の分割譲渡 …………… 230

は行

賠償責任 ………………………… 96
背信的悪意者 …………………… 27
被担保債権 …………… 179, 187
必要的記載事項 ……………… 226
非典型担保 …………………… 243
標準管理規約 ………………… 129
費用償還請求権 ………… 97, 167
附加物 ………………………… 189

不可分性 ……………………… 163
附記登記 ……………………… 220
附　合 ………………………… 134
附合物 ………………………… 189
附従性 ………………………… 163
　　消滅による── …………… 224
　　成立による── …………… 224
物権行為 ………………………… 20
　　──の独自性 …………… 21, 23
　　──の無因性 ……………… 21
物権的請求権 ………………… 7, 8
物権的返還請求権 ……………… 9
物権の妨害排除請求権 ………… 9
物権の妨害予防請求権 ………… 9
物権の消滅原因 ………………… 66
物権の復帰的変動 ……………… 31
物権変動 ……………………… 20
物権変動論 …………………… 14
物権法定主義 ………………… 3, 5
物財団 ………………………… 240
物上代位性 …………… 164, 173
物上保証人 …………… 178, 247
物的編成主義 ………………… 40
不動産財団 …………………… 239
不動産上の附合 ……………… 134
不動産登記 …………………… 40
不動産の先取特権 …………… 172
不動産の譲渡担保 …………… 247
不動産物権変動 ………………… 26
　　──の対抗要件 …………… 25
浮動担保（フローティング・
　　チャージ）………………… 240
不当利得返還義務 ……………… 95
不法占拠者 ……………………… 28
別除権 ………………………… 250
別訴許容説 …………………… 108
弁済者代位の規定 …………… 220
変則担保 ……………………… 243

事項索引

妨害停止の請求 …………………103
包括承継………………………15
放　棄………………………66, 156
法治主義………………………101
法定解除………………………33
法定地上権……………………199
ポッセシオ……………………72
本　権…………………………4
本権公示機能…………………93
本権取得的機能………………93
本登記………………………41, 47

ま行

埋蔵物…………………………133
増担保…………………………207
回り小切手……………………227
回り手形………………………227
無主物先占……………………131
無制限説………………………25
無体物…………………………115
明認方法……………………18, 67
目的物の引渡…………………52
目的物の滅失…………………66
持分権の処分…………………140

や行

約定解除………………………33
約定担保物権…………………186
有益費…………………………98

優先弁済権………………172, 180, 193
優先弁済的効力………………7, 193
優先弁済の訴え………………250
有体物…………………………115
用益権…………………………196
要役地…………………………158
用益物権………………………4
要物契約性……………………178
予告登記……………………44, 50
予備登記………………………44

ら行

理念意思支配…………………112
流質契約の禁止………………181
流質権…………………………181
流担保…………………………253
留置権…………………………165
　──の効力…………………166
　──の消滅…………………168
留置的効力……………………180
　──の有無…………………175
流抵当（抵当直流）…………193
立　木…………………………238
立木抵当権……………………238
立木登記簿……………………44
隣地立入権……………………117
隣地通行権……………………117
累積式共同根抵当……………234

275

ケイスメソッド 民法 II 物権法
2002年9月5日 第1版第1刷発行

©著者
湯 大 工 舘 上 小 伊
川窪 藤 條 林 野
益久 幸 秀 琢
英代 農嗣 醇 年彦

発行 不磨書房
〒113-0033 東京都文京区本郷6-2-9-302
TEL(03)3813-7199／FAX(03)3813-7104

発売 ㈱信山社
〒113-0033 東京都文京区本郷6-2-9-102
TEL(03)3818-1019／FAX(03)3818-0344

制作：編集工房INABA 　印刷・製本／松澤印刷
2002, Printed in Japan

ISBN4-7972-9284-9 C3332

不磨書房

◇◇ **法学検定試験**を視野に入れた **ワークスタディ シリーズ** ◇◇　最新刊

1　ワークスタディ　刑法総論（第2版）　定価：本体 1,800円（税別）
　　島岡まな（亜細亜大学）編　／北川佳世子（海上保安大学校）／末道康之（清和大学）
　　松原芳博（早稲田大学）／萩原滋（愛知大学）／津田重憲（明治大学）／大野正博（朝日大学）
　　勝亦藤彦（海上保安大学校）／小名木明宏（熊本大学）／平澤修（中央学院大学）／
　　石井徹哉（奈良産業大学）／對馬直紀（宮崎産業経営大学）／内山良雄（九州国際大学）　9280-6

2　ワークスタディ　刑法各論　定価：本体 2,200円（税別）
　　島岡まな（亜細亜大学）編　／北川佳世子（海上保安大学校）／末道康之（清和大学）
　　松原芳博（早稲田大学）／萩原滋（愛知大学）／津田重憲（明治大学）／大野正博（朝日大学）
　　勝亦藤彦（海上保安大学校）／小名木明宏（熊本大学）／平澤修（中央学院大学）／
　　石井徹哉（奈良産業大学）／對馬直紀（宮崎産業経営大学）／内山良雄（九州国際大学）
　　関哲夫（国士舘大学）／清水真（東亜大学）／近藤佐保子（明治大学）　9281-4

3　ワークスタディ　商法（会社法）　定価：本体 2,400円（税別）
　　石山卓磨（日本大学）編　／河内隆史（神奈川大学）／中村信男（早稲田大学）
　　土井勝久（札幌大学）／土田亮（東亜大学）／松岡啓祐（専修大学）／松崎良（東日本国際大学）
　　王子田誠（東亜大学）／前田修志（東亜大学）／松本博（宮崎産業経営大学）／
　　大久保拓也（日本大学）／松嶋隆弘（日本大学）／川島いづみ（早稲田大学）　9289-X

ケイスメソッド　民　法　Ⅰ　総則　9282-2　【法学検定試験対応テキスト】
　　上條醇（山梨学院大学）／工藤農（東北福祉大学）／舘幸嗣（中央学院大学）
　　湯川益英（山梨学院大学）／大窪久代（近畿大学短期大学部）　定価：本体 2,000円（税別）

ケイスメソッド　民　法　Ⅱ　担保物権　9284-9　定価：本体 2,400円（税別）
　　上條醇（山梨学院大学）／工藤農（東北福祉大学）／舘幸嗣（中央学院大学）／湯川益英（山梨学院大学）
　　大窪久代（近畿大学短期大学部）／伊野琢彦（山梨学院大学）／小林秀年（東洋大学）

ドメスティック・バイオレンス　お茶の水女子大学教授　**戒能民江 著**
■沈黙を破った女たち■ジェンダーと女性への暴力■DV防止法の成立　9297-0
DV法の制定は、DV対応の一歩にすぎない。総合的な検証と取組みへの指針■3,200円（税別）

これからの　家族の法　帝京大学助教授　**奥山恭子 著**
　　1 親族法編　9233-4　　2 相続法編　9296-2　（2分冊）　■各巻 1,600円（税別）